Zum Verhältnis von Tat- und Täterbegriff im Strafrecht

Europäische Hochschulschriften Recht

European University Studies in Law

Publications Universitaires Européennes de Droit

Band/Volume **6095**

Tillmann Böß

Zum Verhältnis von Tat- und Täterbegriff im Strafrecht

PETER LANG

Bibliografische Information der Deutschen Nationalbibliothek
Die Deutsche Nationalbibliothek verzeichnet diese Publikation in der Deutschen Nationalbibliografie; detaillierte bibliografische Daten sind im Internet über http://dnb.d-nb.de abrufbar.

Zugl.: Heidelberg, Univ., Diss., 2018

D 16
ISSN 0531-7312
ISBN 978-3-631-79462-3 (Print)
E-ISBN 978-3-631-79554-5 (E-PDF)
E-ISBN 978-3-631-79555-2 (EPUB)
E-ISBN 978-3-631-79556-9 (MOBI)
DOI 10.3726/b15867

Peter Lang – Berlin · Bern · Bruxelles · New York · Oxford · Warszawa · Wien

Diese Publikation wurde begutachtet.

www.peterlang.com

Meiner Frau

Vorwort

Die vorliegende Arbeit wurde im Wintersemester 2018/2019 von der Juristischen Fakultät der Universität Heidelberg als Dissertation angenommen. Rechtsprechung und Literatur wurden bis zum Frühjahr 2018 berücksichtigt.

Mein aufrichtiger Dank gilt zuerst meinem Doktorvater und akademischen Lehrer, Herrn Prof. Dr. Dr. h. c. Thomas Hillenkamp, der meine Arbeit mit großem Interesse, viel Scharfsinn und Geduld begleitet hat. Auch möchte ich die Gelegenheit beim Schopfe packen und mich nochmals für die sehr lehrreiche und schöne Zeit, die ich an seinem Lehrstuhl in Heidelberg verbringen durfte, bedanken.

Ebenso schulde ich meinen ehemaligen Kolleginnen und Kollegen, die ich bei der gemeinsamen akademischen Arbeit am Institut für deutsches, europäisches und internationales Strafrecht und Strafprozessrecht kennenlernen durfte und die zu Freunden geworden sind, Dank für ihre Diskussionsbereitschaft und -freude. Diese haben bereits in einer frühen Phase meiner Arbeit zur deren Gelingen beigetragen. Besonders hervorzuheben sind hier Frau Dr. Nike Hengstenberg, Frau Dr. Eda Tekin und Herr Denis Patzker.

Ich danke meiner Mutter, meinem Vater, meinem Bruder sowie meinen Schwiegereltern für ihre Unterstützung und ihr immer wohlwollendes Interesse an meiner Arbeit.

Zu ganz besonderem Dank bin ich schließlich meiner Frau verpflichtet. Sie hat mir über die Entstehungsjahre dieser Arbeit hin immer unterstützend zur Seite gestanden und den Verlust unzähliger Wochenenden (zumeist) klaglos ertragen.

Darmstadt, im März 2019
Tillmann Böß

Inhaltsverzeichnis

I. Einleitung

1. Bestandsaufnahme

An Monographien, die sich mit der Täterschaft in Abgrenzung zur Teilnahme auseinandersetzen, mangelt es nicht.[1] Das gleiche gilt für Monographien, die sich mit dem Tatbegriff auseinandersetzen.[2] Die Berechtigung der hier vorliegenden Arbeit, die sich ebenfalls mit diesen altbekannten Fragen befasst, ergibt sich aus dem Versuch, das Verhältnis dieser beiden Themen zueinander zu beleuchten. Sicher lässt sich nicht behaupten, dass das Bestehen eines Zusammenhangs von Tat- und Täterbegriff bisher nicht gesehen worden ist – dafür ist dieser Zusammenhang zu offensichtlich: Tat und Täter stehen natürlich nicht beziehungslos nebeneinander. Er ist aber – so die hier vertretene These – doch noch nicht hinreichend bedacht. Vielmehr wird er nur beiläufig bei der Auseinandersetzung in der Hauptsache mit entweder der einen oder der anderen Frage thematisiert. Das mag daran liegen, dass dieser Zusammenhang auf den ersten Blick so selbstverständlich und daher vielleicht einer näheren Betrachtung nicht wert erscheint. Dabei ergibt sich ein Grundproblem beim wissenschaftlichen Disput um die Tat und die Täterschaft aber bereits daraus, dass begrifflich nicht klar danach differenziert wird, ob mit „Täter" im jeweiligen Kontext derjenige gemeint ist, der den Tatbestand verwirklicht – also eigentlich die Frage nach der Tatbestandsverwirklichung im Raume steht – oder derjenige, der in Abgrenzung zur Teilnahme und unter Berücksichtigung der gesetzlich in § 25 StGB verankerten Rechtsinstitute der Mittäterschaft und der mittelbaren Täterschaft letztlich als Täter bestraft wird – also nach der Täterschaft im engeren Sinne gefragt wird. Nur wenn man „Täterschaft" *begrifflich* nicht mit „Tatbestandsverwirklichung" gleichsetzt, sondern zwischen der Frage der Tatbestandsverwirklichung und der Frage der Täterschaft im engeren – das heißt die Rechtsinstitute der Teilnahme,

---

1 *Bloy*, Die Beteiligungsform als Zurechnungstypus im Strafrecht; *Bottke*, Täterschaft und Gestaltungsherrschaft; *Haas*, Die Theorie der Tatherrschaft und ihre Grundlagen; *Noltenius*, Kriterien der Abgrenzung von Anstiftung und mittelbarer Täterschaft; *Roxin*, Täterschaft und Tatherrschaft; *Schlösser*, Soziale Tatherrschaft.

2 *Bunn*, Extensiver und restriktiver Täterbegriff; *Conrad*, Die „akzessorische" Teilnahme und sog. mittelbare Täterschaft unter Berücksichtigung des Jugendgerichtsgesetzes; *Kloke*, Der strafrechtliche Täterbegriff; *Lange*, Der moderne Täterbegriff und der deutsche Strafgesetzentwurf; *Lony*, Extensiver oder restriktiver Täterbegriff?; *Renzikowski*, Restriktiver Täterbegriff und fahrlässige Beteiligung.

der Mittäterschaft sowie der mittelbaren Täterschaft berücksichtigenden – Sinne begrifflich und gedanklich differenziert, lässt sich das innere Verhältnis der Täterschaft zur Tatbestandsverwirklichung beleuchten. Andernfalls ergeben sich zwangsläufig Missverständnisse.

So ist es beispielsweise nicht richtig, wenn der formal-objektiven Theorie unterstellt wird, dass sie nur die eigenhändige Tatbestandsverwirklichung als Täterschaft gelten lassen wolle.[3] Richtig ist vielmehr, dass die formal-objektive Theorie im Rahmen einer generell engen Auslegung der Tatbestände nur eigenhändiges Verhalten als Tatbestandsverwirklichung gelten lassen will. Täter kann aber auch nach der formal-objektiven Theorie sein, wer den Tatbestand nicht (eigenhändig voll-)verwirklicht: Nämlich Mittäter, wenn der Betreffende zumindest eines von mehreren tatbestandlichen Verhaltensmerkmalen (bei enger Auslegung) erfüllt.[4]

2. Zielsetzung

Ziel dieser Monographie ist es, den Fokus auf die besagte Fragestellung zu richten und – wie es der Titel schon andeutet – das Verhältnis von Täterbegriff und Tatbegriff, also von Täterschaft und Tatbestandsverwirklichung, bei den gängigen Täterschaftskonzepten zu untersuchen und daraus folgend ein eigenes Konzept zu entwickeln. Der eigene Ansatz soll den verfassungsrechtlich abgesicherten rechtsstaatlichen Prinzipien des deutschen Strafrechts – insbesondere dem Gesetzlichkeits- und dem Schuldprinzip – besser gerecht werden als die bisherigen Konzepte, dabei aber die Praktikabilität nicht aus den Augen verlieren.

Es handelt sich vorliegend weder um eine rechtsphilosophische noch um eine rechtspolitische Arbeit, sondern um eine rechtsdogmatische auf den Grundlagen des bestehenden Straf- und Verfassungsrechts. Die übergeordnete Frage danach, welches Verhalten der Gesetzgeber unter Strafe stellen soll oder darf – die nach dem materiellen Verbrechensbegriff[5] – ist nicht Gegenstand der Arbeit. Ebenso wenig ist es Ziel dieser Arbeit, die in den §§ 25 ff. StGB artikulierten Grundsatzentscheidungen des Strafgesetzbuchs respektive des Gesetzgebers zu dem Themenkomplex Täterschaft und Teilnahme auf ihre Überzeugungskraft hin zu überprüfen. Die Konstituierung der unterschiedlichen Beteiligungsformen und die Zuordnung der Anstiftung und der Beihilfe zur Teilnahme sowie der mittelbaren Täterschaft und der Mittäterschaft zur Täterschaft werden nicht angegriffen, sondern zugrunde gelegt. Es wird „lediglich" der Versuch unternommen,

---

3 *Roxin*, AT II, § 25 Rn. 29.

4 Vgl. *zu Dohna*, Der Aufbau der Verbrechenslehre, S. 60.

5 Vgl. *Vormbaum*, Einführung in die moderne Strafrechtsgeschichte, S. 53.

ein möglichst überzeugendes Täterkonzept auf der Grundlage der bestehenden Rechtslage zu erarbeiten.

Zudem versteht sich diese Arbeit als Grundlagendissertation, im Rahmen derer das Augenmerk auf einige Aspekte gerichtet wird, die bisher zu wenig Beachtung gefunden haben. Sie erhebt nicht den Anspruch, die aufgestellten Thesen und deren Konsequenzen erschöpfend auszuarbeiten. Die Arbeit beschränkt sich dementsprechend auch weitgehend auf grundlegende Ausführungen. Konkretisierungen auf bestimmte Tatbestände erfolgen nur im Rahmen von Beispielen.

3. Gang der Untersuchung

Ausgangspunkt der Arbeit ist die strikte Differenzierung von Tat- und Täterbegriff. Zunächst ist diese in terminologischer Hinsicht zu klären. Daraufhin erfolgt eine Analyse der gängigsten Täterschaftskonzepte – der sogenannten subjektiven Theorie, der sogenannten formal-objektiven Theorie und der sogenannten materiell-objektiven Theorie – mit Blick auf die Frage, in welchem inneren Bezug Tat- und Täterbegriff bei den jeweiligen Konzepten stehen. Man kann es so formulieren: Die Untersuchung zielt hier auf die Frage ab, inwieweit diese Konzepte *inhaltlich* zwischen der Frage nach der Tat (dem Tatbegriff) und der Frage nach der Täterschaft (dem Täterbegriff) unterscheiden. Es wird sich dabei zeigen, dass zwar alle Täterkonzepte tatbestandsbezogen in einem weiteren Sinne sind – was insoweit wenig überrascht –, aber doch zwischen diesen beiden Fragen unterscheiden.

Im darauffolgenden Abschnitt wird begründet, warum eine Unterscheidung dieser beiden Fragen nicht überzeugt, sondern die Frage der Täterschaft unmittelbar an die der Tatbestandsverwirklichung zu binden ist. Nach einigen Überlegungen dazu, welche Konsequenzen sich aus einer Gleichsetzung der Frage nach der Täterschaft mit der nach der Tatbestandsverwirklichung ergeben, wird der Blick im Folgenden auf den Tatbegriff – also die Frage der Tatbestandsverwirklichung – gerichtet. Denn wenn man – wie es die vorliegende Arbeit vorschlägt – die Täterschaft ausschließlich als Tatbestandsverwirklichung versteht, stellt sich die Frage, ob und inwieweit die mittelbare Täterschaft und die Mittäterschaft – die dann beide auch Tatbestandsverwirklichung darstellen müss(t)en – begründet werden kann. Es wird sich zeigen, dass ein Täterkonzept, das sich konsequent an der Tatbestandsverwirklichung orientiert, nicht dazu führt, die mittelbare Täterschaft und die Mittäterschaft nicht strafrechtsdogmatisch begründen zu können. Ein abschließendes Kapitel ist schließlich auf die Eruierung einiger praxisrelevanter Auswirkungen gerichtet, die sich aus einem streng tatbestandsbezogenen Täterkonzept ergeben.

II. Zur Differenzierung von Tat- und Täterbegriff

1. Die terminologische Differenzierung von Tat- und Täterbegriff

Als methodische Grundlage zur Analyse der wesentlichen Theorien, die sich mit der Frage auseinandersetzen, wann Täterschaft vorliegt[6], wird hier eine strikte gedankliche und terminologische Differenzierung von Tatbegriff und Täterbegriff vorgenommen:

Der Terminus „*Tat*begriff" wird im Folgenden den *Bereich der Verwirklichung des (gesamten) Tatbestandes (des Besonderen Teils*[7]) kennzeichnen. Unter „Tat" wird demgemäß – in Übereinstimmung mit § 11 I Nr. 5 StGB – „Tatbestandsverwirklichung" verstanden. Sofern also von einer bestimmten Weite des Tatbegriffs die Rede sein wird, ist damit eine bestimmte Weite des Tatbestandsverständnisses gemeint, mit anderen Worten: eine bestimmte Weite der (Tatbestands-) Auslegung. Damit wird in der vorliegenden Arbeit dem Terminus „Tatbegriff" auch die Problemstellung zugeordnet, die in der wissenschaftlichen Diskussion regelmäßig unter der Bezeichnung „Täterbegriff" firmiert.[8] Die Bezeichnung „Tatbegriff" erfasst diese Problemstellung treffender als die Bezeichnung „Täterbegriff", weil es inhaltlich um die Frage geht, unter welchen allgemeinen Voraussetzungen ein Tatbestand (des Besonderen Teils) verwirklicht ist, wann also eine *Tat* im materiell-strafrechtlichen Sinn vorliegt.[9]

Der Terminus „*Täter*begriff" wird im Folgenden den *Bereich der Täterstrafbarkeit* kennzeichnen, also den Bereich, in dem eine *Bestrafung als Täter* erfolgt.

---

6 Sog. subjektive Theorie, sog. formal-objektive Theorie und sog. materiell-objektive Theorie (Tatherrschaftslehre); ein Überblick findet sich bei *Hillenkamp/Cornelius*, AT, 19. Problem.

7 Den Straftatbeständen „des Besonderen Teils" werden auch die strafbegründenden Tatbestände zugeordnet, die sich in Nebengesetzen finden, ohne dass dies im Folgenden extra erwähnt werden soll.

8 Vgl. nur die Titel folgender Monographien, die sich inhaltlich mit der Frage einer extensiven oder restriktiven Auslegung der Tatbestände auseinandersetzen: *Bunn*, Extensiver und restriktiver Täterbegriff; *Lange*, Der moderne Täterbegriff und der deutsche Strafgesetzentwurf; *Lony*, Extensiver oder restriktiver Täterbegriff?.

9 Dementsprechend wählt auch *Haas* zu Recht die Bezeichnung „Tatbegriff" (*Haas*, Die Theorie der Tatherrschaft und ihre Grundlagen, S. 58).

Die Notwendigkeit dieser Differenzierung zur Analyse der dogmatischen Zusammenhänge im Hinblick auf die Täterschaftsfrage mahnte auch schon *Bunn*[10] an, der aber aus der Erkenntnis, dass es sich um logisch zu unterscheidende Aspekte handelt, nicht die Konsequenz einer klaren begrifflichen Differenzierung zog.

2. Analyse der subjektiven, der formal-objektiven und der materiell-objektiven (Täterschafts-)Theorie im Hinblick auf den jeweils zugrunde gelegten Tat- und Täterbegriff

a) Die subjektive (Täterschafts-)Theorie

Grundlage der subjektiven Theorie, so wie sie von *v. Buri* vertreten wurde und über diesen Eingang in die Rechtsprechung des Reichsgerichts gefunden hat[11], ist ein (sehr) extensiver Tatbegriff.

Die Extensität des Tatbegriffs ergibt sich daraus, dass bereits jede Verursachung des tatbestandlichen Erfolges im Sinne der Äquivalenztheorie als objektiv tatbestandsverwirklichendes Verhalten angesehen wird. Zugleich bildet die Verursachung des tatbestandsmäßigen Erfolges – also diesem Verständnis nach die Tatbestandsverwirklichung – die äußerste Grenze strafrechtlicher Haftung. Dogmatisch sind daher alle Formen der Beteiligung[12] Straftatbestandsverwirklichung. Davon ausgehend stellt die Teilnahme eine Einschränkung der in den Straftatbeständen verankerten „Grundsatzhaftung" dar. Aus ihrer gesetzlich vorgegebenen Existenz[13] folgt diesem Verständnis nach, dass nicht jede Tatbestandsverwirklichung auch Täterschaft nach sich zieht. Der Bereich der Täterschaft (= der Täterbegriff) erfasst dementsprechend nur einen Teilbereich der Straftatbestandsverwirklichung.[14]

Die Abgrenzung der täterschaftlichen von der teilnehmerschaftlichen Tatbestandsverwirklichung kann auf dieser dogmatischen Grundlage nicht anhand objektiver Kriterien erfolgen, da sowohl der Täter als auch der Teilnehmer

---

10 *Bunn*, Extensiver und restriktiver Täterbegriff, S. 7 f.

11 Vgl. die grundlegenden Entscheidungen RGSt 2, 160 und RGSt 3, 181.

12 Entsprechend § 28 Abs. 2 StGB iVm §§ 25, 28 Abs. 1 StGB: Unmittelbare Täterschaft, mittelbare Täterschaft, Mittäterschaft, Anstiftung und Beihilfe.

13 In Betracht wäre danach auch die Nichtregelung der Teilnahme gekommen, was auf der Grundlage dieses (sehr) extensiven Tatbegriffs zu einem extensiven Einheitstäterbegriff geführt hätte.

14 Vgl. BGHSt 3, 4 sowie auch die Darstellungen bei *Kloke*, Der strafrechtliche Täterbegriff, S. 16 f. und SSW-StGB/*Murmann*, Vor §§ 25 ff. Rn. 3 ff.

gleichermaßen den tatbestandlichen Erfolg verursachen und damit gleichermaßen alle nach diesem Verständnis zu fordernden Voraussetzungen des objektiven Tatbestandes erfüllen. Folglich verbleibt nur die Möglichkeit der Abgrenzung anhand subjektiver Kriterien: Täter ist in Abgrenzung zum Teilnehmer, wer die Tat als eigene will – wer mit animus auctoris handelt –, Teilnehmer in Abgrenzung zum Täter, wer sie als fremde will – wer mit animus socii handelt.[15]

Täter ist damit unter dem Strich, wer den (sehr weit auszulegenden) Tatbestand verwirklicht *und* Täterwillen hat, Teilnehmer, wer den (sehr weit auszulegenden) Tatbestand verwirklicht *und* Teilnehmerwillen hat. Die Verwirklichung des Tatbestandes ist damit zwar notwendige, aber nicht hinreichende Bedingung für die Täterschaft. Hinzutreten muss zur Tatbestandsverwirklichung der Täterwille.

Da dogmatisch alle Formen der Beteiligung Straftatbestandsverwirklichung sind, kommt den vom Gesetz geregelten unterschiedlichen Formen der Beteiligung keine haftungsbegründende Bedeutung zu: In allen Fällen der Beteiligung ergibt sich die strafrechtliche Haftung aus der die Verwirklichung des jeweiligen Tatbestandes des Besonderen Teils darstellenden zumindest mittelbaren (Mit-)Verursachung des tatbestandlichen Erfolges.[16] Die Unterscheidung der einzelnen Beteiligungsformen hat danach also lediglich deklaratorischen Charakter respektive mit Blick auf die obligatorische Strafrahmenverschiebung gemäß § 27 Abs. 2 StGB Relevanz für die Strafzumessung.

Es erfolgt daher zum einen keine Verhaltenszurechnung im Rahmen der mittelbaren Täterschaft und der Mittäterschaft. Zum anderen leitet sich diesem Verständnis nach das Unrecht der Teilnahme nicht vom Unrecht der Haupttat ab, da der Teilnehmer selbst vermöge seiner eigenen Mitwirksamkeit den Straftatbestand verwirklicht, also gleichermaßen die Haupttat als Nebentäter (!) begeht. Die gesetzlich vorgegebene – wenn auch heute limitierte – Akzessorietät der Teilnahme ist nach diesem Verständnis verfehlt.

---

15 Dass aus dem Zugrundelegen dieses (sehr) extensiven Tatbegriffs auch zwingend eine Abgrenzung von Täterschaft und Teilnahme anhand subjektiver Kriterien folgen müsse, wurde verschiedentlich angezweifelt (*Kloke*, Der strafrechtliche Täterbegriff, S. 41; *Bunn*, Extensiver und restriktiver Täterbegriff, S. 299 ff.). Ob diese Schlussfolgerung überzeugend ist, kann hier aber dahinstehen: Möglicherweise führt der (sehr) extensive Tatbegriff nicht zwingend zur subjektiven Theorie, aber die subjektive Theorie setzt – jedenfalls in ihrer klassischen Ausprägung – den sehr extensiven Tatbegriff voraus.

16 *v. Buri*, Ueber Causalität und deren Verantwortung, S. 67; *ders.*, ZStW 2 (1882), 232, 251 f.; *ders.*, Die Causalität und ihre strafrechtlichen Beziehungen, S. 38 f.

Schematisch lässt sich das von der subjektiven Theorie (in ihrer klassischen Ausprägung) zugrunde gelegte Verständnis betreffend das Verhältnis von Tat- und Täterbegriff wie folgt darstellen:

Anmerkungen:

1. Der Bereich der Straftatbestandsverwirklichung, der über den Bereich der Täterschaft hinausgeht, entspricht dem Bereich der Teilnehmerstrafbarkeit.
2. Der Bereich der Täterschaft erfasst alle drei gesetzlichen Formen der Täterschaft gemäß § 25 StGB.
3. Die (weite) äußere Grenze wird durch die Kausalität im Sinne der Äquivalenztheorie gezogen, die innere durch den Täter- bzw. Teilnehmerwillen.

Tat- und Täterbegriff sind also inhaltlich inkongruent: Der Bereich der Täterschaft erfasst nur einen Teilbereich der Straftatbestandsverwirklichung. Es lässt sich daher in der hier zugrunde gelegten Terminologie formulieren:

Die subjektive Theorie (im Sinne *v. Buris*) geht von einem (sehr) extensiven Tatbegriff und von einem „überrestriktiven" Täterbegriff aus. „Überrestriktiv" ist der Täterbegriff, weil nicht wenigstens derjenige, der den Straftatbestand verwirklicht, auch Täter ist.[17] Die Tatbestandsverwirklichung ist notwenige, aber nicht hinreichende Bedingung der Täterschaft.

b) Die formal-objektive (Täterschafts-)Theorie

Die formal-objektive Theorie legt dagegen einen (sehr) restriktiven Tatbegriff zugrunde, indem sie davon ausgeht, dass nur dasjenige Verhalten den Tatbestand verwirklicht, das sich „ohne weiteres" nach dem natürlichen Sprachgebrauch unter den Tatbestand subsumieren lässt.[18] Der Tatbestand wird also sehr eng anhand des natürlichen Sprachgebrauchs ausgelegt. Insbesondere Überlegungen zur Teleologie treten demgegenüber zurück. Dabei wird jedenfalls heute ein Verhalten, das sich nach dem natürlichen Sprachgebrauch (vermeintlich) „völlig unproblematisch" unter den Tatbestand subsumieren lässt, regelmäßig als „eigenhändig" bezeichnet[19], weil der Betreffende hier das tatbestandliche Verhaltensmerkmal im wahrsten Sinne des Wortes mit eigener Hand – oder jedenfalls dem eigenen Körper – verwirklicht, zum Beispiel zusticht, zuschlägt, einsteckt. Man kann es daher so formulieren:

---

17 Ein Täterbegriff, der davon ausgeht, dass jeder, der einen Straftatbestand verwirklicht, auch Täter ist, würde bei Zugrundelegung des beschriebenen (sehr) extensiven Tatbegriffs zu einem extensiven Einheitstäterbegriff führen (und damit der gesetzlich vorgegebenen Differenzierung von Täterschaft und Teilnahme nicht entsprechen).

18 *Beling*, Die Lehre vom Verbrechen, S. 248 ff.; *v. Hippel*, Deutsches Strafrecht II, S. 398, 400 f., 453 f. Der von *Beling* und von *v. Hippel* in diesem Zusammenhang genutzte Begriff der Ausführung(-shandlung) entspricht der früheren Gesetzesterminologie in den §§ 43 Abs. 1, 47 StGB a.F. Mit „ausführendem Handeln" ist indessen tatbestandsverwirklichendes Verhalten gemeint. Denn: „Ausführung ist vielmehr die Verwirklichung des Tatbestandskerns im Gegensatz zu Vorbereitungs-, Neben- und Nachhandlungen, die sozusagen als bloßes Zubehör der Ausführung erscheinen." (*Beling*, Die Lehre vom Verbrechen, S. 249). Dabei darf man sich auch von der Formulierung „Tatbestandskern" nicht irritieren lassen. Verwirklichung des „Tatbestandskerns" meint Tatbestandsverwirklichung, denn: „Allem nicht zum Tatbestandskern gehörigen Handeln (...) gilt gemeinsam, dass es dem Typus nicht genügt und sonach grundsätzlich straflos ist." (*Beling*, Die Lehre vom Verbrechen, S. 249) und: „In die Außenzone fällt dasjenige Handeln, das (...) für sich allein nicht als Tatbestandsverwirklichung erscheint." (*Beling*, Die Lehre vom Verbrechen, S. 250 f.). Deutlicher noch *Beling*, Die Lehre vom Verbrechen, S. 398: „‚Ausführung'= Tatbestandsverwirklichung".

19 Vgl. LK/*Roxin*, 11. Aufl., § 25 Rn. 34.

Die formal-objektive Theorie geht von einem (sehr) restriktiven Tatbegriff aus, da sie nur eigenhändiges als subsumierbares Verhalten und damit als Tatbestandsverwirklichung ansieht.

Bezüglich der Frage der Täterschaft geht die formal-objektive Theorie davon aus, dass derjenige Täter ist, der den Tatbestand verwirklicht oder – mit Blick auf die Mittäterschaft – zumindest mitverwirklicht, wer also die – respektive bei der Mittäterschaft wenigstens eine der – im Tatbestand des Besonderen Teils beschriebenen Verhaltensweisen an den Tag legt.[20] Daraus folgt, dass bei Tatbeständen, die nur ein Verhaltensmerkmal aufweisen, nur derjenige Täter sein kann, dessen Verhaltensweise der geforderten entspricht, dessen Verhalten also bei enger Auslegung (!) unter das gesetzliche Verhaltensmerkmal subsumiert werden kann, und bei Tatbeständen, die mehrere Verhaltensmerkmale aufweisen – wie zum Beispiel § 249 StGB –, nur derjenige (Mit-)Täter sein kann, der durch sein Verhalten zumindest eines der die geforderten Handlungen beschreibenden Tatbestandsmerkmale verwirklicht.

Die Teilnahme ist dementsprechend keine Verwirklichung – auch keine Teilverwirklichung – des (eng auszulegenden) Straftatbestandes und die §§ 26 und 27 StGB sind demgemäß haftungsbegründende Strafausdehnungsgründe.

Der Mittäterschaft kommt nach der formal-objektiven Theorie insofern Bedeutung zu, als sie dazu führt, dass der Täter nicht unbedingt den gesamten Tatbestand verwirklichen muss, sondern bei Tatbeständen, die mehrere unterschiedliche Verhaltensweisen voraussetzen (zum Beispiel § 249 StGB), auch Täter sein kann, wer mit seinem Verhalten nur eines der Verhaltensmerkmale verwirklicht, wenn ein anderer in bewusstem Zusammenwirken mit ihm das andere Verhaltensmerkmal verwirklicht.[21] Es findet insoweit eine wechselseitige Verhaltenszurechnung statt.[22]

---

20 *Beling*, Die Lehre vom Verbrechen, S. 408 ff.; *zu Dohna*, Der Aufbau der Verbrechenslehre, S. 59 f.; *v. Hippel*, Deutsches Strafrecht II, S. 453 f.; *v. Liszt/Schmidt*, Lehrbuch des deutschen Strafrechts, S. 334 f.

21 *zu Dohna*, Der Aufbau der Verbrechenslehre, S. 60.

22 *Beling*, Die Lehre vom Verbrechen, S. 406: Jeder Mittäter „begeht eine ganze Tat". Denn: „Ist dagegen jeder der mehreren dem Tatbestande unterstellbar und liegt Tatbestandsverwirklichungseinheit vor, so ist die Sache nunmehr so anzusehen, als habe ein jeder außer seinem eigenen Tatanteil auch diejenigen übertragbaren Tatbestandsstücke beigesteuert, die den anderen zur Last liegen. Die Verwirklichungseinheit bedeutet ja eben die Zusammenlegung dieser übertragbaren Stücke, (...)." (*Beling*, Lehre vom Verbrechen, S. 409).

Im Hinblick auf die mittelbare Täterschaft stand die formal-objektive Theorie zumindest bis zur Einführung des § 25 Abs. 1 2. Var. StGB durch das Zweite Gesetz zur Reform des Strafrechts (2. StrRG) vom 04.07.1969[23] vor folgendem Begründungsproblem: Auf der Grundlage des (sehr) restriktiven Tatbegriffs kommt keine ausnahmsweise an teleologischen Gesichtspunkten orientierte weite Auslegung der Tatbestände in Betracht, mittels derer dem mittelbaren Täter selbst tatbestandsverwirklichendes Verhalten attestiert werden könnte.[24] Zum Beispiel lässt sich im klassischen Schulfall zur mittelbaren Täterschaft, in dem der Arzt der Krankenschwester eine Spritze mit Gift gibt, die diese dem Patienten in dem Glauben, es handele sich um ein Medikament, verabreicht und an der der Patient stirbt, zwar noch im Rahmen der Wortlautgrenze unter Berücksichtigung teleologischer Gesichtspunkte annehmen, dass der Arzt durch sein Verhalten „getötet" habe. Gerade den Zugriff auf die teleologische Argumentation verbaut sich die formal-objektive Theorie aber durch den (sehr) restriktiven Tatbegriff. Nimmt man an, dass nur dasjenige Verhalten den Tatbestand verwirklicht, das sich „ohne weiteres" nach dem natürlichen Sprachgebrauch unter den Tatbestand subsumieren lässt, so hat nur die Krankenschwester mittels Verabreichen der Giftspritze „getötet". Nur sie hat eigenhändig gehandelt. Und auch eine „Gesamttatkonstruktion", wie sie die formal-objektive Theorie bei der Mittäterschaft in engen Grenzen zulässt, scheidet zur Begründung der Haftung des mittelbaren Täters aus. Denn dieser verwirklicht auch nicht eines von mehreren Verhaltensmerkmalen, so dass ihm wenigstens Tatbestandsteilverwirklichung attestiert werden könnte.

Von diesem Verständnis ausgehend, stellen sowohl die §§ 26, 27 StGB wie auch § 25 Abs. 1 2. Var. StGB – der freilich zur Zeit der Herausbildung der formal-objektiven Theorie noch nicht (auch nicht sinngemäß) existierte – und § 25 Abs. 2 StGB konstitutive Strafausdehnungsgründe dar.

Schematisch lässt sich das von der formal-objektiven Theorie zugrunde gelegte Verständnis betreffend das Verhältnis von Tat- und Täterbegriff wie folgt darstellen:

---

23 BGBl. I S. 717 ff.

24 Dies wurde teilweise von den Vertretern der formal-objektiven Theorie selbst zumindest im Hinblick auf die Erfolgsdelikte anders gesehen (vgl. *Beling*, Die Lehre vom Verbrechen, S. 236 f.). Zu Recht wurde der formal-objektiven Theorie insofern aber entgegengehalten, dass sie durch eine Anerkennung der mittelbaren Täterschaft ihre eigenen dogmatischen Grundlagen konterkarieren würde (vgl. *Roxin*, Täterschaft und Tatherrschaft, S. 36 f.).

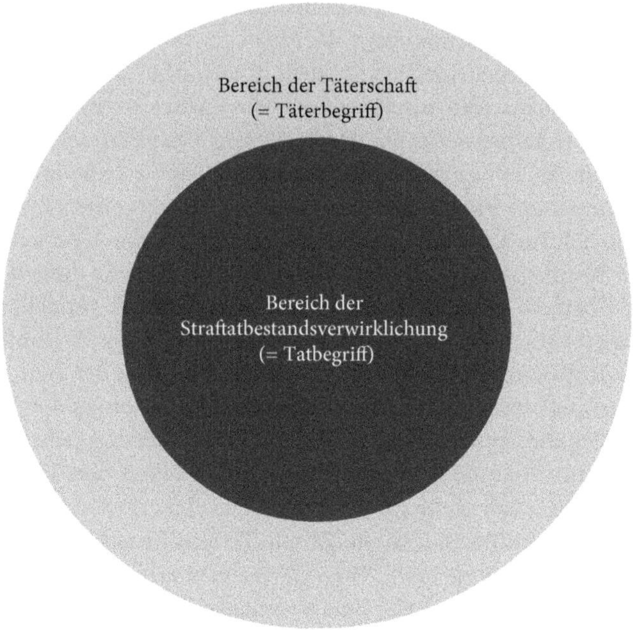

Anmerkungen:

1. Der Bereich der Teilnehmerstrafbarkeit schließt sich außen an den Bereich der Täterschaft an.
2. Die innere Grenze wird durch die (vollständige) Verwirklichung des (sehr eng anhand des natürlichen Sprachgebrauchs auszulegenden) Tatbestandes gezogen. Der Bereich der Straftatbestandsverwirklichung entspricht dem der Alleintäterschaft.
3. Die äußere Grenze wird durch die Teilverwirklichung des (sehr eng anhand des natürlichen Sprachgebrauchs auszulegenden) Tatbestandes gezogen. Der Bereich der Täterschaft, der über den Bereich der Straftatbestandsverwirklichung hinausgeht, entspricht dem der Mittäterschaft.
4. Um Missverständnissen vorzubeugen sei darauf hingewiesen, dass die Mittäterschaft den Täterbegriff über den Bereich der Tatbestandsverwirklichung hinaus erweitert, obwohl der Mittäter nur einen Teil des Tatbestandes verwirklicht, weil durch das Schaubild der Bereich der Täterschaft lediglich ins

Verhältnis zur Gesamtstraftatbestandsverwirklichung (= Haftung unmittelbar aus dem Tatbestand des Besonderen Teils) gesetzt wird. Täter kann aber auch nach der formal-objektiven Theorie nicht nur derjenige sein, der den Straftatbestand verwirklicht, sondern darüber hinaus aufgrund der Verhaltenszurechnung im Rahmen der Mittäterschaft auch derjenige, der den Straftatbestand nicht (vollständig) verwirklicht – wenn der Bereich der über die Straftatbestandsverwirklichung hinausgehenden (Mit-) Täterschaft durch die Forderung der Teilverwirklichung auch eng gehalten ist.

Tat- und Täterbegriff sind also auch bei der formal-objektiven Theorie inhaltlich inkongruent: Der Bereich der Täterschaft geht – wenn auch nur in geringem Umfang – über den Bereich der Straftatbestandsverwirklichung hinaus. Es lässt sich daher in der hier zugrunde gelegten Terminologie formulieren:

Die formal-objektive Theorie (im Sinne *Belings*) geht von einem (sehr) restriktiven Tatbegriff und von einem „gemäßigt-extensiven" Täterbegriff aus. „Extensiv" ist der Täterbegriff, weil nicht nur derjenige, der den Straftatbestand verwirklicht, auch Täter ist. „Gemäßigt-extensiv" ist der Täterbegriff, weil der Bereich der Täterschaft, die auch ohne (vollständige eigene) Straftatbestandsverwirklichung möglich ist (Mittäterschaft), zumindest durch die Forderung der Teilverwirklichung eng begrenzt ist. Dementsprechend ist die Straftatbestandsverwirklichung hinreichende Bedingung für die Täterschaft, notwendig ist aber lediglich eine Teilverwirklichung des Straftatbestandes.

c) Die materiell-objektive (Täterschafts-)Theorie

Die heute in der Literatur herrschende, maßgeblich von *Roxin* geprägte, materiell-objektive Theorie (auch Tatherrschaftslehre genannt) legt einen „gemäßigt-extensiven" Tatbegriff zugrunde.

Der Tatbegriff ist extensiv, weil zumindest im Bereich der Erfolgsdelikte nicht ausschließlich das eigenhändige, nach dem allgemeinen Sprachgebrauch ohne weiteres subsumierbare Verhalten als tatbestandsverwirklichend betrachtet wird, sondern als allgemeine Voraussetzung für die Tatbestandsverwirklichung zunächst auch lediglich die im Sinne der Äquivalenztheorie kausale Verursachung des tatbestandlichen Erfolges verlangt wird. Der Tatbegriff ist allerdings nur „gemäßigt-extensiv", weil allein die im Sinne der Äquivalenztheorie kausale Verursachung des tatbestandlichen Erfolges nicht zur Tatbestandsverwirklichung genügt, sondern darüber hinaus verlangt wird, dass der Erfolg dem Betreffenden aufgrund seines kausalen Verhaltens auch objektiv zurechenbar ist. Nur wenn sich der Erfolg aufgrund des jeweiligen Verhaltens auch als Werk des

Handelnden darstellt, erfüllt dieser den Tatbestand.[25] Die Tatbestände werden also grundsätzlich weiter ausgelegt, als das bei dem (sehr) restriktiven Tatbegriff der formal-objektiven Theorie der Fall ist, aber aufgrund des normativen Korrektivs der objektiven Zurechnung enger als bei dem (sehr) extensiven Tatbegriff der subjektiven Theorie.

Dabei wird im Grundsatz anerkannt, dass eine in dieser Weise „gemäßigt-extensive" Auslegung nur bei Tatbeständen möglich ist, die den Eintritt eines bestimmten Außenwelterfolgs verlangen und im Hinblick auf die Verhaltensbeschreibung hinreichend offen gestaltet sind, das tatbestandliche Verhaltensmerkmal also auch einen entsprechenden Auslegungsspielraum zulässt. Ist das nicht der Fall, weil das tatbestandliche Verhaltensmerkmal entsprechend eng gefasst ist, scheidet eine „gemäßigt-extensive" Auslegung, die auf die zurechenbare Verursachung eines bestimmten Erfolges in sonstiger Weise reduziert ist, aus. Hier spricht man üblicherweise von verhaltensgebundenen Delikten oder – wenn überhaupt kein tatbestandlicher Außenwelterfolg verlangt ist – auch Tätigkeitsdelikten.[26]

Im Hinblick auf die Frage des Verhältnisses der Täterschaft zur Tatbestandsverwirklichung gibt die Tatherrschaftslehre kein einheitliches Bild ab. Einigkeit besteht weitgehend darüber, dass derjenige, der einen Straftatbestand verwirklicht, auch Täter ist[27], sowie darüber, dass die §§ 26, 27 StGB Strafausdehnungsnormen sind, dass also der Teilnehmer den Straftatbestand des Besonderen Teils nicht verwirklicht[28]. Ob aber jeder Täter (das heißt auch der mittelbare und der Mittäter) den Straftatbestand verwirklicht und damit unmittelbar aus diesem haftet, oder ob die §§ 25 Abs. 1 2. Var. und 25 Abs. 2 StGB konstitutive Strafausdehnungsnormen sind, ist umstritten.

Dem erstgenannten Standpunkt entspricht ein Verständnis der §§ 25 Abs. 1 2. Var. und 25 Abs. 2 StGB als bloß deklaratorische Auslegungshinweise.[29] Dem

---

25 Vgl. *Rengier*, AT, § 13 Rn. 1 ff.; *Roxin*, AT I, § 11 Rn. 1 ff.; *Wessels/Beulke/Satzger*, Rn. 246 ff.

26 Vgl. *Fischer*, Vor § 13 Rn. 18; *Rengier*, AT, § 10 Rn. 7 und § 25 Rn. 19; *Wessels/Beulke/Satzger*, Rn. 36, 1028.

27 *Krey/Esser*, AT, Rn. 827; *Kühl*, AT, § 20 Rn. 17; *Roxin*, Täterschaft und Tatherrschaft, S. 547 ff.; LK/*Schünemann*, 12. Aufl., § 25 Rn. 53; *Wessels/Beulke/Satzger*, Rn. 741.

28 *Bloy*, Beteiligungsform als Zurechnungstypus, S. 263; NK/*Schild*, § 25 Rn. 8; *Otto*, FS f. Spendel, 271, 272; *Roxin*, AT II, § 25 Rn. 5; Sch/Sch/*Heine*/*Weißer*, Vorbem. §§ 25 ff. Rn. 5; *Schumann*, Prinzip der Selbstverantwortung, S. 43.

29 Also als Hinweise darauf, dass die Tatbestände gerade nicht eng auszulegen sind, so dass nur eigenhändiges Verhalten den Tatbestand verwirklicht, sondern „materiell"; vgl. LK/*Roxin*, 11. Aufl., § 25 Rn. 34; *Roxin*, AT II, § 25 Rn. 29, 45, 188.

zweitgenannten Standpunkt entspricht das gängige Verständnis der §§ 25 Abs. 1 2. Var. und 25 Abs. 2 StGB als Verhaltenszurechnungsnormen.[30] Teilweise wird diese Frage auch differenzierend beantwortet.[31]

Welcher dieser Standpunkte bzw. ob überhaupt einer dieser Standpunkte Zustimmung verdient, soll an dieser Stelle nicht entschieden werden, da hier zunächst lediglich eine Analyse unternommen wird. Der eigene Standpunkt wird im weiteren Verlauf der Arbeit entwickelt und begründet werden.

Es lässt sich dementsprechend zumindest die Aussage treffen, dass die Straftatbestandsverwirklichung nach der Tatherrschaftslehre hinreichende Bedingung der Täterschaft ist. Denn wer den Straftatbestand des Besonderen Teils verwirklicht, ist – jedenfalls nach ganz überwiegend innerhalb der Tatherrschaftslehre vertretener Ansicht – auch Täter.[32] Ob die Straftatbestandsverwirklichung aber auch notwendige Bedingung der Täterschaft ist, darüber gehen die Meinungen der Befürworter der Tatherrschaftslehre auseinander.

Eine einheitliche schematische Darstellung des von der Tatherrschaftslehre zugrunde gelegten Verständnisses betreffend das Verhältnis von Tat- und Täterbegriff ist folglich nicht möglich.

Die Ausprägung der Tatherrschaftslehre, die die §§ 25 Abs. 1 2. Var. und 25 Abs. 2 StGB als bloß deklaratorische Auslegungshinweise versteht, also davon ausgeht, dass jeder Täter den Straftatbestand verwirklicht, lässt sich betreffend das Verhältnis von Tat- und Täterbegriff folgendermaßen darstellen:

30 So die hM; z.B. *Kühl*, AT, § 20 Rn. 6; *Küper*, Versuchsbeginn und Mittäterschaft, S. 60; *ders.*, GA 1997, 301, 311 f.; SK/*Hoyer*, Vor § 25 Rn. 9; *Wessels/Beulke/Satzger*, Rn. 756, 758.

31 *Krey/Esser*, AT, Rn. 804.

32 Es sei aber bereits darauf hingewiesen, dass sich die Frage aufwirft, wie sich diese Annahme mit dem Postulat der Tatherrschaftslehre in Einklang bringen lassen soll, dass sich die Frage der Täterschaft nach der Tatherrschaft richte, dass also Täter sei, wer Tatherrschaft hat (*Roxin*, AT II, § 25 Rn. 13, 27). Hierauf wird zurückzukommen sein.

Anmerkungen:

1. Der Bereich der Täterschaft entspricht dem Bereich der Straftatbestandsverwirklichung.
2. Der Bereich der Straftatbestandsverwirklichung (= Täterschaft) erfasst alle drei gesetzlichen Formen der Täterschaft.
3. Der Bereich der Teilnahme schließt sich außen an den Bereich der Straftatbestandsverwirklichung (= Täterschaft) an.
4. Wodurch die äußere Grenze gezogen wird, bleibt unklar: Im Hinblick auf die von dieser Ausprägung der Tatherrschaftslehre selbst angenommene unmittelbare Bindung der Täterschaft an die Straftatbestandsverwirklichung (jeder Täter verwirklicht den Straftatbestand) liegt die Antwort „durch die Straftatbestandsverwirklichung" nahe. Mit Blick auf das Postulat der Tatherrschaftslehre, dass Täter ist, wer Tatherrschaft hat, liegt indessen die Antwort „durch

die Tatherrschaft" nahe. Es bleibt letztlich ungeklärt, in welchem Verhältnis die Tatbestandsverwirklichung und die Tatherrschaft stehen.[33]

Tat- und Täterbegriff sind aber zumindest nach dem Selbstverständnis dieser Ausprägung der Tatherrschaftslehre inhaltlich kongruent.

Es lässt sich in der hier zugrunde gelegten Terminologie formulieren:

Die Tatherrschaftslehre (im Sinne *Roxins*) proklamiert einen „gemäßigt-extensiven" Tatbegriff und einen restriktiven Täterbegriff. Restriktiv ist der Täterbegriff, weil nur derjenige, der den Straftatbestand (bei „materieller" Auslegung) verwirklicht, Täter ist, und derjenige, der den Straftatbestand verwirklicht, auch immer Täter ist.

Die Ausprägung der Tatherrschaftslehre, die davon ausgeht, dass der mittelbare Täter und der Mittäter den Straftatbestand nicht (selbst) verwirklicht und die §§ 25 Abs. 1 2. Var., 25 Abs. 2 StGB als Strafausdehnungsnormen, die eine Verhaltenszurechnung ermöglichen, versteht, lässt sich betreffend das Verhältnis von Tat- und Täterbegriff folgendermaßen schematisch darstellen:

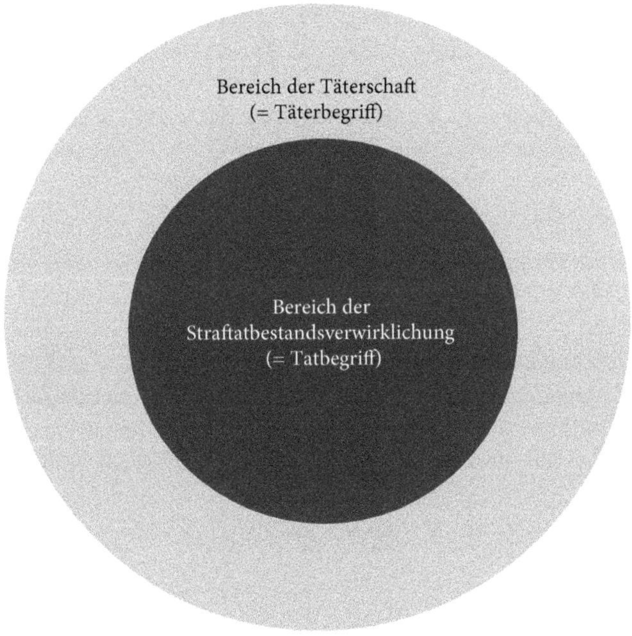

33 Auf diese dogmatische Unklarheit wird noch zurückzukommen sein.

Anmerkungen:

1. Der Bereich der Teilnehmerstrafbarkeit schließt sich außen an den Bereich der Täterschaft an.
2. Die äußere Grenze wird durch die Tatherrschaft gezogen. Der Bereich der Täterschaft, der über den Bereich der Straftatbestandsverwirklichung hinausgeht, entspricht dem der mittelbaren Täterschaft und der Mittäterschaft. Insoweit findet eine Zurechnung des tatbestandsverwirklichenden Verhaltens eines anderen über §§ 25 Abs. 1 2. Var., 25 Abs. 2 StGB statt.
3. Die innere Grenze wird durch die (eigene) Straftatbestandsverwirklichung gezogen.

Tat- und Täterbegriff sind nach dieser (herrschenden) Ausprägung der Tatherrschaftslehre also auch inhaltlich inkongruent.

Es lässt sich in der hier zugrunde gelegten Terminologie formulieren:

Die herrschende Ausprägung der Tatherrschaftslehre geht von einem „gemäßigt-extensiven" Tatbegriff und von einem extensiven Täterbegriff aus. Extensiv ist der Täterbegriff, weil nicht nur derjenige, der den Straftatbestand verwirklicht, Täter ist und zudem der Täter den Straftatbestand auch nicht – wie bei der formal-objektiven Theorie – teilverwirklichen muss, sondern der Bereich der Täterschaft durch die Zurechnung des tatbestandsverwirklichenden Verhaltens eines anderen auf der Grundlage des Tatherrschaftsgedankens weiter gefasst wird.

d) Zur Relativität des Täterbegriffs

Wie sich aus der vorangegangenen Analyse ergibt, stehen Tat- und Täterbegriff – was nicht weiter verwundert – nicht beziehungslos nebeneinander: Zumindest Ausgangspunkt aller Überlegungen zur Täterschaft ist der Straftatbestand. Der Täterbegriff ist folglich vom Tatbegriff abhängig.[34] Insofern ist der Täterbegriff nach allen Täterschaftstheorien in einem weiteren Sinne tatbestandsbezogen.

Die Beschreibung der unterschiedlichen Täterbegriffe der verschiedenen Täterschaftstheorien durch Wort (zum Beispiel „überrestriktiver" Täterbegriff) und Bild (Schemata) setzt diese vorliegend – entsprechend dem gewählten Untersuchungsgegenstand – immer lediglich ins Verhältnis zum Tatbegriff.

34 Das stellt allerdings nicht die gedankliche und begriffliche Differenzierung zwischen Tat- und Täterbegriff in Frage, da nur mittels dieser das Verhältnis von Täterschaft und Straftatbestandsverwirklichung beleuchtet werden kann und Aussagen zu diesem getroffen werden können.

Da den verschiedenen Täterschaftstheorien aber – wie gesehen – bereits unterschiedliche Tatbegriffe zugrunde liegen, lassen sich allein den hier vorgenommenen Beschreibungen der verschiedenen Täterbegriffe noch keine Hinweise auf den Bereich der absoluten Täterstrafbarkeit entnehmen. Aussagen zu diesem können aufgrund der Abhängigkeit des Täterbegriffs vom Tatbegriff nur unter Berücksichtigung von Täter- *und* Tatbegriff getroffen werden.

So bedeutet beispielsweise „überrestriktiver" Täterbegriff (subjektive Theorie) vorliegend nicht, dass der Bereich der Täterstrafbarkeit unter dem Strich sehr eng gefasst wird, sondern lediglich, dass der Bereich der Täterstrafbarkeit im Verhältnis zur Straftatbestandsverwirklichung eng(er) gefasst wird. Im Zusammenspiel mit einem (sehr) extensiven Tatbegriff ergibt sich beispielsweise ein durchaus vergleichbarer Bereich der absoluten Täterstrafbarkeit mit dem, der sich aus der Kombination eines restriktiven Täterbegriffs mit einem „gemäßigt-extensiven" Tatbegriff (Tatherrschaftslehre im Sinne *Roxins*) ergibt. Dies zeigt sich schon daran, dass die subjektive Theorie und die Tatherrschaftslehre trotz der unterschiedlichen dogmatischen Konstruktion im Hinblick auf die Frage der Täterschaft letztlich doch beim Großteil aller Lebenssachverhalte zum selben Ergebnis kommen.[35]

Dagegen schränkt die formal-objektive Theorie den absoluten Bereich der Täterstrafbarkeit stark ein, obwohl sie einen „gemäßigt-*extensiven*" Täterbegriff annimmt. Dies ist auf das Zugrundelegen eines (sehr) restriktiven Tatbegriffs und die starke Beschränkung der Extension der Täterschaft über die Straftatbestandsverwirklichung hinaus durch die Forderung der Tatbestandsteilverwirklichung zurückzuführen.

3. Zwischenergebnis

Voraussetzung für eine differenzierte Betrachtung der Frage des Tatbegriffs und der Frage des Täterbegriffs ist zunächst eine entsprechend differenzierte terminologische Kennzeichnung dieser zu unterscheidenden Fragestellungen.

Die Untersuchung der gängigen Theorien, die sich mit der Frage der Täterschaft auseinandersetzen, hat im Hinblick auf den jeweils zugrunde gelegten Tat- und Täterbegriff zu folgenden Ergebnissen geführt:

Die subjektive Theorie (im Sinne *Buris*) geht von einem (sehr) extensiven Tatbegriff und von einem „überrestriktiven" Täterbegriff aus. „Überrestriktiv"

35 Eine Ausnahme stellt z.B. der eben deshalb berühmt gewordene Badewannen-Fall (RGSt 74, 84) dar.

ist der Täterbegriff, weil nicht zumindest derjenige, der den Straftatbestand verwirklicht, auch Täter ist. Die subjektive Theorie betrachtet die Tatbestandsverwirklichung zwar als notwendige, nicht aber als hinreichende Bedingung der Täterschaft.

Die formal-objektive Theorie (im Sinne *Belings*) geht dagegen von einem (sehr) restriktiven Tatbegriff und von einem „gemäßigt-extensiven" Täterbegriff aus. „Extensiv" ist der Täterbegriff, weil nicht nur derjenige, der den Straftatbestand verwirklicht, auch Täter ist. „Gemäßigt-extensiv" ist der Täterbegriff, weil der Bereich der Täterschaft, der auch ohne eigene Straftatbestandsverwirklichung möglich ist (Mittäterschaft), zumindest durch die Forderung der Tatbestandsteilverwirklichung eng begrenzt ist. Die formal-objektive Theorie betrachtet die Tatbestandsverwirklichung zwar als hinreichende, nicht aber als notwendige Bedingung der Täterschaft.

Die materiell-objektive Theorie schließlich geht von einem „gemäßigt-extensiven" Tatbegriff aus. Hinsichtlich des Täterbegriffs gibt sie kein einheitliches Bild ab:

Die Mehrheit ihrer Vertreter nimmt einen extensiven Täterbegriff an. Extensiv ist der Täterbegriff, weil nicht nur derjenige, der den Straftatbestand verwirklicht, Täter ist und zudem der Täter den Straftatbestand auch nicht – wie bei der formal-objektiven Theorie – teilverwirklichen muss, sondern der Bereich der Täterschaft durch die Zurechnung des tatbestandsverwirklichenden Verhaltens eines anderen auf der Grundlage des Tatherrschaftsgedankens weiter gefasst wird. Dieser Ausprägung der materiell-objektiven Theorie nach ist die Tatbestandsverwirklichung zwar hinreichende, nicht aber notwendige Bedingung der Täterschaft.

Die Tatherrschaftslehre (im Sinne *Roxins*) proklamiert dagegen einen „gemäßigt-extensiven" Tatbegriff und einen restriktiven Täterbegriff. Restriktiv ist der Täterbegriff, weil nur derjenige, der den Straftatbestand (bei „materieller" Auslegung) verwirklicht, Täter ist, und derjenige, der den Straftatbestand verwirklicht, auch immer Täter ist. Die Tatbestandsverwirklichung ist danach hinreichende und notwendige Bedingung der Täterschaft.

Der Täterbegriff ist dabei nach allen Ansätzen in einem weiteren Sinne tatbestandsbezogen, da Ausgangspunkt aller Überlegungen zur Täterschaft die Straftatbestandsverwirklichung ist. Er ist insofern nach allen Ansätzen vom Tatbegriff abhängig.

III. Zur unmittelbaren Bindung des Täterbegriffs an den Tatbegriff

Von dem dargelegten Meinungsspektrum ausgehend wird im Folgenden der Versuch unternommen, die Richtigkeit des restriktiven Täterbegriffs, also des Postulats, dass die Straftatbestandsverwirklichung notwendige und hinreichende Bedingung der Täterschaft ist, zu begründen.[36] Mit anderen Worten: Dogmatische Grundannahme muss im heute hierzulande geltenden Strafrecht richtigerweise sein, dass sich die Frage der Täterschaft in der nach der Straftatbestandsverwirklichung erschöpft, dass Täter nur, aber auch immer derjenige ist, der einen Straftatbestand (vollständig und selbst) verwirklicht.

1. Vorüberlegungen

Mit der Befürwortung des restriktiven Täterbegriffs wird letztlich für nichts anderes als ein konsequentes Verständnis der im Grunde wohl ohnehin allseits anerkannten „Tatbestandsbezogenheit des Täterbegriffs"[37] plädiert. Dies erscheint sowohl strafrechtsdogmatisch als auch rechtsstaatlich gewinnbringend, weil es eine methodische Vereinfachung mit sich bringt, die zu mehr Rechtsklarheit führt.

Eine strafrechtsdogmatische Vereinfachung bringt der restriktive Täterbegriff insofern mit sich, als er die Täterschaft in allen drei in § 25 StGB verankerten Erscheinungsformen zunächst auf einen einfachen gemeinsamen Nenner – nämlich die Straftatbestandsverwirklichung – bringt und damit wenigstens im methodischen Ausgangspunkt zu einer Vereinheitlichung der Antwort auf die Frage der Täterschaft führt.

Das daraus resultierende Plus an Rechtsklarheit vereinfacht dabei nicht nur dem Rechtsanwender, sondern auch dem Adressaten der Strafgesetze, nämlich dem in der Regel rechtsunkundigen Bürger, den Zugang: Für diesen stellt die Botschaft: „Du wirst zum Straftäter, wenn du eine der in den Straftatbeständen dargelegten Straftaten allein, durch einen anderen oder mit anderen gemeinschaftlich begehst!" einen einfacheren Ausgangspunkt dar als die Botschaft: „Du

36 *Insoweit* besteht Übereinstimmung mit der Tatherrschaftslehre in der Ausprägung *Roxins*, der davon ausgeht, dass *jeder* Täter den Straftatbestand („materiell") verwirklicht, s.o. S. 25 ff.; vgl. auch *Roxin*, Kriminalpolitik und Strafrechtssystem, S. 20.

37 Z.B. *Wessels/Beulke/Satzger*, Rn. 741.

wirst zum Straftäter, wenn du eine der in den Straftatbeständen bezeichneten Straftaten begehst oder aber, wenn dir die Straftatbegehung eines anderen als mittelbarem Täter oder als Mittäter zugerechnet wird!". Dabei soll das Maß der Vereinfachung hier nicht überzeichnet werden: Natürlich ist die Frage nach der Tatbestandsverwirklichung selbst nur allzu häufig nicht einfach zu beantworten. Aber immerhin entfällt das das Verständnis für den juristischen Laien erschwerende Rechtsinstitut der Verhaltenszurechnung.

Das Plus an Rechtsklarheit beruht nicht zuletzt darauf, dass der restriktive Täterbegriff schon auf der Grundlage semantischer Erwägungen als der naheliegendste erscheint: So steht der restriktive Täterbegriff mit der banalen Erkenntnis in Einklang, dass „Täter" nicht ohne „Tat" gedacht werden kann. Erst und nur die Tat macht den Täter. Bezogen auf das Strafrecht: Erst und nur die Straftat macht den Straftäter. „(Straf-)Täter" ist also, wer eine „Straftat" begeht.[38] Was aber eine Straftat ist, definieren in einem rechtsstaatlich-deduktiven Strafrechtssystem alleine die Straftatbestände des Besonderen Teils (Art. 103 Abs. 2 GG). Daher ist die Begehung einer Straftat die Vornahme eines Verhaltens durch eine Person, das einem Straftatbestand des Besonderen Teils entspricht, diesen also verwirklicht. Folglich ist Täter, wer den Straftatbestand verwirklicht.[39] Der Teilnehmer hingegen definiert sich negativ gerade dadurch, dass er nicht Täter ist, also nicht das im Tatbestand definierte Verhalten an den Tag legt, sondern das tatbestandsverwirklichende Verhalten eines Täters befördert.

Ein Plus an Rechtsklarheit ist dabei gerade im Bereich des Strafrechts als „schärfstem Schwert des Staates" von rechtsstaatlichem Interesse. Es muss das Bestreben eines Rechtsstaates sein, die Kommunikation zum Bürger in einem so grundrechtsintensiven Bereich wie dem Strafrecht so verständlich wie möglich zu halten, damit dieser die an ihn gestellten Verhaltensanforderungen erkennen und sich auf diese einstellen kann. Dies gilt nicht nur im Hinblick auf den Strafgesetzgeber, der die Strafnormen möglichst klar und verständlich zu formulieren hat, sondern auch im Hinblick auf die Judikative, der aufgrund des notwendigerweise vielfach hohen Abstraktionsgrades der Strafrechtsnormen im Rahmen der durch das Analogieverbot gezogenen Grenze bei der Konkretisierung der Strafrechtsnormen durch Auslegung auch eine rechtschöpfende Funktion zukommt.[40]

---

38 Vgl. *Kohlrausch/Lange*, Vor § 47, S. 158; im Duden, Deutsches Universalwörterbuch, findet sich unter „Täter": „jmd., der eine Tat begeht, begangen hat".

39 Vgl. auch *Kohlrausch/Lange*, a.a.O.

40 Vgl. auch *Küper*, JuS 1996, 783, 785, Fn. 11; *Roxin*, AT I, § 5 Rn. 27 f., 79. Die Verhaltenszurechungsdogmatik ist dabei sicherlich nicht zu unbestimmt i.S.d. Rechtsprechung

2. Zum überrestriktiven Täterbegriff der subjektiven (Täterschafts-)Theorie

Die subjektive Theorie (in ihrer klassischen Ausprägung) geht davon aus, dass die Straftatbestandsverwirklichung zwar notwendige, nicht aber hinreichende Bedingung der Täterschaft ist. Das heißt: Nicht jeder, der den Straftatbestand verwirklicht, ist auch Täter.[41] Demgegenüber steht die These, dass jedenfalls derjenige, der den Straftatbestand verwirklicht, auch Täter ist, welche von formal-objektiver und materiell-objektiver Theorie gleichermaßen zugrunde gelegt wird.

Es entspricht zu Recht der heute herrschenden Meinung in der Literatur, dass jedenfalls derjenige, der einen Straftatbestand verwirklicht, auch Täter ist.[42] Nachdem es zunächst so schien, als würde sich die Rechtsprechung nach Einführung des § 25 StGB in seiner heutigen Fassung dieser Auffassung anschließen[43], ließ sich der Bundesgerichtshof bezüglich dieser Frage regelmäßig eine Hintertür offen, indem er formulierte, dass derjenige, der den Tatbestand verwirkliche, „grundsätzlich" Täter sei[44] oder offen ließ, ob in „extremen Ausnahmefällen"

---

des BVerfG (s. BVerfGE 92, 1). Es soll lediglich der rechtsstaatliche Wert einer für den Bürger möglichst gut nachvollziehbaren Strafrechtsdogmatik herausgestellt werden. Dies gilt umso mehr, als es sich mit dem strafrechtlichen Täterbegriff um eine sehr grundlegende Frage des Strafrechts handelt.

41 Zudem heißt das: Aber jeder Täter verwirklicht den Tatbestand. Der Blick wird indessen hier zunächst auf die Frage gerichtet, ob nicht jeder, der den Straftatbestand verwirklicht, auch Täter ist.

42 *Beulke/Hillenkamp*, JuS 1975, 312; *Fischer*, § 25 Rn. 3; *Freund*, AT, § 10 Rn. 40; *Gropp*, AT, § 10 Rn. 91 ff.; *Herzberg*, Täterschaft und Teilnahme, S. 1, 5; *Jakobs*, AT, 21. Abschn. Rn. 36; *Jescheck/Weigend*, AT, S. 651, 652; *Köhler*, AT, S. 505; *Krey/Esser*, AT, Rn. 871; *Kühl*, AT, § 20 Rn. 17, 21–23; *Lackner/Kühl/Heger*, § 25 Rn. 1; LK/*Roxin*, 11. Aufl., § 25 Rn. 47 ff.; LK/*Schünemann*, 12. Aufl., § 25 Rn. 53 f.; Matt/Renzikowski/*Haas*, § 25 Rn. 2; *Maurach/Gössel/Zipf*, AT II, 7. Aufl., § 47 Rn. 54; MK/*Joecks*, § 25 Rn. 32, 35, 37; *Roxin*, Täterschaft und Tatherrschaft, S. 547 ff.; *Sax*, ZStW 69 (1957), 432; *ders.*, JZ 1963, 329 ff.; Sch/Sch/*Heine/Weißer*, Vorbem. §§ 25 ff. Rn. 74; SK/*Hoyer*, § 25 Rn. 28 f.; *Stratenwerth/Kuhlen*, AT, § 12 Rn. 28; *Wessels/Beulke/Satzger*, Rn. 741; wohl auch NK/*Schild*, § 25 Rn. 47. A.A. *Baumann/Weber/Mitsch*, AT, § 29 Rn. 43 inkl. Fn. 67; *Fell*, JuS 1994, 624; *Geerds*, Jura 1990, 173, 176; *Hillenkamp*, FS f. Schünemann, 407, 419 f.; *Otto*, GK StR, § 21 Rn. 52 f; *Schlösser*, JR 2006, 102, 107 f.; *Weber*, ZStW 96 (1984), 376, 402; wohl auch *Heinrich*, Rechtsgutszugriff und Entscheidungsträgerschaft, S. 190 f.

43 OLG Stuttgart NJW 1978, 715.

44 BGHSt 38, 315; BGH NStZ-RR 2000, 22.

etwas anderes gelten könne[45]. Seit BGHSt 50, 252 ist der Bundesgerichtshof nun – ganz im Sinne des überrestriktiven Täterbegriffs der subjektiven Theorie – dazu übergegangen, im Rahmen der Betäubungsmitteldelikte denjenigen, der nach seiner (weiten) Auslegung gemäß § 29 Abs. 1 Nr. 1 BtMG „Handel treibt", dennoch bei geringem Einfluss auf das Gesamttatgeschehen oder mangelndem Eigeninteresse an der Tat lediglich als Gehilfen zu bestrafen.[46]

Da die Antwort auf die Frage, ob derjenige, der den Straftatbestand (selbst und vollständig) verwirklicht, auch immer Täter ist, von tragender Bedeutung für das hier vorgeschlagene, konsequent an der Frage der Tatbestandsverwirklichung ausgerichtete Täterkonzept ist, soll näher auf die Problemstellung eingegangen werden.[47]

a) Das „Selbst-Begehen" der Straftat gemäß § 25 Abs. 1 1. Var. StGB

Vielfach wird bereits in der Aufnahme der Formulierung „Als Täter wird bestraft, wer die Straftat selbst (...) begeht" in den Allgemeinen Teil des Strafgesetzbuchs durch das Zweite Gesetz zur Reform des Strafrechts (2. StrRG) vom 04.07.1969[48] eine definitive Entscheidung des Gesetzgebers gegen die Möglichkeit gesehen, denjenigen, der den Tatbestand (vollständig) verwirklicht, nur als Teilnehmer zu bestrafen.[49]

Dafür, in der Aufnahme der Selbst-Begehens-Variante eine Entscheidung des Gesetzgebers gegen einen überrestriktiven Täterbegriff zu sehen, lässt sich der gesetzgeberische Wille anführen, wie er sich aus den Gesetzgebungsmaterialen ergibt.[50] Insoweit ist insbesondere zu berücksichtigen, dass die besagte

---

45 BGH NStZ-RR 1999, 186.

46 BGHSt 51, 221; BGH NStZ-RR 2007, 88; BGH NJW 2008, 1460.

47 Eine zusammenfassende Darstellung dieser Streitfrage findet sich bei *Hillenkamp/Cornelius*, AT, 19. Problem, S. 168 f.

48 BGBl. I S. 717 ff.

49 *Fischer*, § 25 Rn. 3; *Freund*, AT, § 10 Rn. 40 („kaum zu vereinbaren"); *Gropp*, AT, § 10 Rn. 91; *Herzberg*, Täterschaft und Teilnahme, S. 5; *Jescheck/Weigend*, AT, S. 651; *Köhler*, AT, S. 505; *Krey/Esser*, AT, Rn. 871; *Kühl*, AT, § 20 Rn. 23; *Lackner/Kühl/Heger*, § 25 Rn. 1; LK/*Roxin*, 11. Aufl., § 25 Rn. 47 ff.; LK/*Schünemann*, 12. Aufl., § 25 Rn. 35, 53; Matt/Renzikowski/*Haas*, § 25 Rn. 2; MK/*Joecks*, § 25 Rn. 37; *Roxin*, Täterschaft und Tatherrschaft, S. 549; *Wessels/Beulke/Satzger*, Rn. 741.

50 Ausführlich und mit einer detaillierten Aufarbeitung der Materialien zum Gesetzgebungsprozess hierzu *Roxin*, Täterschaft und Tatherrschaft, S. 546 ff. Am deutlichsten wird die gesetzgeberische Entscheidung gegen den überrestriktiven Täterbegriff in der folgenden Passage der Begründung zu dem mit dem heutigen § 25 StGB im Wortlaut übereinstimmenden § 29 des Entwurfs eines StGB E 1962 (S. 149): „Absatz 1 spricht zunächst vom unmittelbaren Täter. Der Entwurf versteht darunter einen Täter, der

gesetzgeberische Entscheidung im zeitlichen und sachlichen Kontext des wissenschaftlichen Disputs um die berühmt gewordenen und viel kritisierten Entscheidungen des Reichsgerichts – des „Badewannen-Falls“[51] – und des Bundesgerichtshofs – des „Staschynskij-Falls“[52] – stand, in denen das Reichsgericht respektive der Bundesgerichtshof eine Angeklagte, die den Straftatbestand des Besonderen Teils selbst voll verwirklicht hatte, bzw. einen Angeklagten, der den Straftatbestand des Besonderen Teils selbst voll verwirklicht hatte, jeweils lediglich als Gehilfin bzw. als Gehilfen verurteilte. Dass der Gesetzgeber mit der Einführung des § 25 StGB in seiner heutigen Fassung insgesamt keine abschließende allgemeine Definition des Täters im Sinne eines allgemeingültigen Täterbegriffs schaffen wollte[53] und dies auch nicht getan hat[54], steht der Annahme eines gesetzgeberischen Willens, eine Entscheidung im Sinne der an dieser Stelle vertretenen These herbeizuführen, nicht entgegen, da diese „nur“ eine *allgemeingültige Teildefinition des Täters* bedeutet. Eine solche wollte der Gesetzgeber indes durch die Formulierung in § 25 Abs. 1 1. Var. StGB gerade festschreiben. Auch ergeben sich keine Widersprüche daraus, dass der Gesetzgeber keine abschließende Entscheidung zugunsten des Tatherrschaftsgedankens treffen wollte[55]: Ob und wenn, inwiefern dem Gedanken der Tatherrschaft bei der

---

die Straftat selbst begeht‘, *d. h. alle Tatbestandsmerkmale in seiner Person verwirklicht.* (…) Diese begriffliche Bestimmung macht deutlich, dass, wer die Tat selbst begeht, *also z. B. in eigener Person ‚tötet‘ (§ 134), ‚Unzucht treibt‘ (§211), ‚wegnimmt‘ (§ 235), ‚beschädigt‘ (§ 249) oder ‚falsch schwört‘ (§ 432), stets Täter ist, und nicht* etwa wegen fehlenden Täterwillens *Teilnehmer sein kann,* wie in der Rechtsprechung früher bisweilen angenommen worden ist.“ (Hervorhebungen durch den Verfasser).

51 RGSt 74, 84; hier stufte das RG die Schwester der Kindesmutter, die das kurz zuvor geborene Kind (eigenhändig) in der Badewanne ertränkte, als Gehilfin ein, weil sie im Interesse der Schwester gehandelt habe.

52 BGHSt 18, 87; hier stufte der BGH einen Agenten, der (eigenhändig) tötete, als Gehilfen ein, weil er im Interesse seines Geheimdienstes gehandelt habe.

53 Siehe die Begründung zu dem mit dem heutigen § 25 StGB im Wortlaut übereinstimmenden § 29 des Entwurfs eines StGB E 1962 (S. 149): „Auch im übrigen enthält § 29 keine in sich abgeschlossene und erschöpfende Begriffsbestimmung des Täters.“

54 Hierzu hätte die in § 25 Abs. 1 2. Var. StGB verankerte mittelbare Täterschaft und die in § 25 Abs. 2 StGB verankerte Mittäterschaft ausgestaltet werden müssen: Der Gesetzgeber hat die (Täter-)Haftung des mittelbaren Täters und des Mittäters zwar angeordnet, er hat aber sowohl deren dogmatische Einordnung offen gelassen als auch den Anwendungsbereich der §§ 25 Abs. 1 2. Var. StGB und 25 Abs. 2 StGB, also die Frage, bei welchen Straftaten mittelbare Täterschaft und Mittäterschaft möglich ist.

55 Siehe die Begründung zu dem mit dem heutigen § 25 StGB im Wortlaut übereinstimmenden § 29 des Entwurfs eines StGB E 1962 (S. 147 f.): „Der Entwurf gibt dem

Frage, ob letztlich Täterschaft oder Teilnahme vorliegt, Platz einzuräumen ist, ist damit noch nicht gesagt, sondern lediglich, dass sowohl die Tatherrschaftslehre als auch die formal-objektive Theorie bezüglich der an dieser Stelle in Rede stehenden These von einer richtigen dogmatischen Prämisse ausgehen.[56] Dennoch ist zuzugestehen, dass sich aus den umfangreichen Gesetzgebungsmaterialien zu dem langwierigen Gesetzgebungsprozess, der dem Zweiten Gesetz zur Reform des Strafrechts vorausging, bei einer Gesamtbetrachtung ein so klares Bild des gesetzgeberischen Willens nicht wird zeichnen lassen, dass man daraus den Schluss ziehen könnte, die Annahme von Teilnahmestrafbarkeit bei vollständiger Verwirklichung des Tatbestandes verletze auch in „besonderen Ausnahmefällen" eindeutig den Willen des Gesetzgebers.[57]

Darüber hinaus ist zu bedenken, dass der Wille des historischen Gesetzgebers zwar als ein – durchaus erheblicher – Gesichtspunkt bei der Auslegung von § 25 Abs. 1 1. Var. StGB heranzuziehen ist, aber nur dann zu einer keine Ausnahmen zulassenden Ablehnung eines überrestriktiven Täterbegriffs zwingt, wenn sich der dahingehende gesetzgeberische Wille ohne jeden Interpretationsspielraum im Gesetzeswortlaut niedergeschlagen hat.

Bei unvoreingenommener Betrachtung spricht viel dafür, die Formulierung „Als Täter wird bestraft, wer die Straftat selbst (…) begeht" mit der Anordnung, dass jedenfalls derjenige als Täter bestraft wird, der den Straftatbestand verwirklicht, gleichzusetzen. Ein semantischer Unterschied ist hier kaum erkennbar. Der Begriff der „Straftat" nimmt die Straftatbestände des Besonderen Teils in Bezug. Straftat ist die Tat, so wie sie im jeweiligen Straftatbestand des Besonderen Teils beschrieben ist. Ein anderes Verständnis wäre mit der deduktiven Konzeption des Strafgesetzbuchs nicht in Einklang zu bringen. Zudem folgt dies auch aus § 11 Abs. 1 Nr. 5 StGB. Der Begriff „selbst" verweist auf das Subjekt des

---

(…) Gedanken der Tatherrschaft Raum. Er verzichtet jedoch darauf, ihn gesetzlich festzulegen, um einer weiteren Entwicklung in Rechtsprechung und Rechtslehre nicht vorzugreifen."

56 § 25 Abs. 1 1. Var. StGB darf dementsprechend auch nicht so verstanden werden, dass sich aus ihm schon eine definitive Entscheidung gegen den Gedanken des Täterwillens ergebe: Aus ihm ergibt sich lediglich eine definitive Entscheidung zuungunsten der Prämisse der subjektiven Theorie (in ihrer klassischen Ausprägung), die besagt, dass die Tatbestandsverwirklichung nicht hinreichende Bedingung der Täterschaft ist. Ob nicht dennoch subjektive Kriterien bei der Frage, ob letztlich Täterschaft oder Teilnahme vorliegt, eine Rolle spielen können, ist damit nicht geklärt.

57 Kritisch insoweit insbesondere *Hillenkamp*, FS f. Schünemann, 407, 417, und *Lesch*, Das Problem der sukzessiven Beihilfe, S. 90 ff.

jeweiligen Straftatbestandes, auf die Person, die sich in der beschriebenen Weise verhält. Und der Begriff „Begehen" steht für die Vornahme des im jeweiligen Straftatbestand bezeichneten Verhaltens, mithin für die Verwirklichung dessen, was der jeweilige Tatbestand des Besonderen Teils notwendig (mehr oder weniger) abstrakt beschreibt. Gerade am Begriff des „Begehens" setzen hingegen die Gegner der „Unvereinbarkeitsthese" an und geben zu bedenken, dass es sich hierbei um einen normativen, interpretationsoffenen Begriff handele, der insoweit auch im Gegensatz zum davor vom Strafgesetzbuch für die Mittäterschaft verwendeten Begriff des „Ausführens" stehe.[58] Dem ist allerdings zu entgegnen, dass auch die Annahme von Wertungsoffenheit des Begriffs „Begehen" sowie dessen Wahl durch den Gesetzgeber anstelle des plastischeren Begriffs „Ausführen" nicht mit der hier vertretenen These in Konflikt steht. Denn, dass wertend zu beurteilen ist, wann „Begehung" der Straftat vorliegt, steht außer Zweifel. Zugespitzt formuliert: Wenn sich aus dieser Formulierung schon abschließend ergäbe, wer Täter ist, bedürfte es des gesamten Besonderen Teils nicht. Richtigerweise betrifft der Bewertungsspielraum, den der Terminus „Begehen" lässt, aber nicht den Täterbegriff, sondern den Tatbegriff: Die wertende Konkretisierung des „Begehens" erfolgt nicht, indem danach gefragt wird, ob der den Tatbestand Verwirklichende denn zudem die Straftat „begeht", sondern im Zuge der wertenden Auslegung des jeweiligen Tatbestandes beim Subsumtionsakt, also bei der Beantwortung der Frage, ob Tatbestandsverwirklichung vorliegt. Ist diese Frage durch Auslegung und Subsumtion geklärt und bejaht, liegt die „Begehung" einer „Straftat" vor. Dementsprechend betrifft auch die Verwendung des Begriffs „Begehen" anstelle des Begriffs „Ausführen" den Tatbegriff. Auch bei Verwendung der Formulierung „Als Täter wird bestraft, wer die Straftat selbst (…) ausführt" wäre „Ausführung einer Straftat" mit „Verwirklichung eines Straftatbestandes" gleichzusetzen gewesen. Allerdings hätte der plastischere Begriff des „Ausführens" für einen eher restriktiven Tatbegriff gesprochen.[59]

Als Zwischenergebnis ist daher festzuhalten, dass der Wortlaut des § 25 Abs. 1 1. Var. StGB und seine Entstehungsgeschichte gegen die Option der Einordnung einer den Straftatbestand voll verwirklichenden Person als Teilnehmer und damit gegen einen überrestriktiven Täterbegriff sprechen. Eine Rechtszwang mit

---

58 *Fell*, JuS 1994, 624; *Hillenkamp*, FS f. Schünemann, 407, 417; *Lesch*, Das Problem der sukzessiven Beihilfe, S. 90; *Schlösser*, JR 2006, 102, 107 f.

59 Also für eine generell enge Auslegung der Tatbestände. Ähnlich *Roxin*, Täterschaft und Tatherrschaft, S. 551.

sich bringende Deutlichkeit der Formulierung in § 25 Abs. 1 1. Var. StGB wird man aber wohl nicht annehmen können.[60]

b) Die Tatbestände des Besonderen Teils und die Teilnahmevorschriften

Des Weiteren führt eine Betrachtung der Straftatbestände des Besonderen Teils zu dem folgerichtigen Ergebnis, dass jedenfalls derjenige, der den Straftatbestand verwirklicht, Täter ist. Denn diesen ist die Beschreibung des Täters immanent, wenn sie statuieren, dass derjenige („wer“[61]), der sich unter bestimmten Voraussetzungen in einer bestimmten Weise verhält, mit einer bestimmten Strafe belegt wird. Jedenfalls dieser „wer“ ist Täter der jeweiligen Straftat.[62]

Dies folgt in systematischer Hinsicht auch aus den Teilnahmevorschriften, die denjenigen, der nicht dieser „wer“ des Straftatbestandes des Besonderen Teils ist, aber diesen „wer“ bei „dessen“ (!) Tat unterstützt bzw. diesen „wer“ zu „dessen“ (!) Tat anstiftet, mit einer Teilnehmerstrafe belegen. Es wird hierdurch unterstrichen, was an sich selbstverständlich ist: Dass die in den Tatbeständen des Besonderen Teils festgeschriebene Strafe die Täterstrafe ist. Der Umstand, dass in den Allgemeinen Teil mit den Teilnahmevorschriften Regelungen aufgenommen worden sind, die die strafrechtliche Haftung auf einen Bereich der akzessorischen Teilnahmehaftung expandieren, vermag den unmittelbaren Zusammenhang von Täterschaft und Tatbestand nicht zu relativieren. Die Teilnahmevorschriften haben *teilnahmehaftungsbegründende* Funktion in einem sich – bildlich gesprochen – außen an den Bereich der täterschaftlichen Haftung anschließenden Bereich und keine *täterhaftungsenthebende* Funktion innerhalb des durch den Tatbestand definierten Bereichs der Täterhaftung. Letzteres stünde im Widerspruch zur Akzessorietät der Teilnahme. Ginge man von einer täterhaftungsenthebenden Funktion der Teilnahmevorschriften aus, so müsste es

---

60 Insoweit hätte durchaus noch deutlicher formuliert werden können. So hätte der Gesetzestext zum Beispiel an der Formulierung der oben genannten Gesetzesbegründung orientiert werden können: „Wer alle Tatbestandsmerkmale in seiner Person verwirklicht, ist stets Täter.“

61 Dass dieser „wer“ in einigen Fällen (v.a. bei einigen Sonderdelikten) gleich näher beschrieben wird – z.B. „Ein Amtsträger“ oder „Ein Richter“ – spielt insoweit keine Rolle: es hätte gleichermaßen formuliert werden können: „wer als Amtsträger“ beziehungsweise „wer als Richter“.

62 *Krey/Esser*, AT, Rn. 791; *Kühl*, AT, § 20 Rn. 5; *Herzberg*, Täterschaft und Teilnahme, S. 1, 5; Schnürer, Das Gesamtgeschäft beim Handeltreiben mit Betäubungsmitteln, S. 104, 118; ähnlich auch *Freund*, AT, § 10 Rn. 40.

auch die „Tat ohne Täter“ geben. Eine Tat ohne Täter, sondern nur mit Teilnehmer(n), kann es aber aufgrund der Akzessorietät der Teilnahme nicht geben.[63]

c) Die Teilnahme als Schuldkorrektiv

Das Motiv derjenigen, die der – dogmatisch konsequenten – Ablehnung eines überrestriktiven Täterbegriffs entgegentreten, ist wohl in der Erwägung zu finden, dass die Teilnahmevorschriften als „Notfallkorrektiv“ zur Sicherstellung gerechter, schuldangemessener Ergebnisse dienen könnten, wenn der im Tatbestand festgelegte Strafrahmen im Einzelfall nicht schuldangemessen erscheint, weil der Tatbestand oder dessen Auslegung zu weit geraten ist.[64]

Der Beweggrund vermag zu überzeugen. Zweifelsohne ist es nicht ausgeschlossen, dass der Rechtsanwender vereinzelt auf dieses Problem stößt, für das er angesichts des im verfassungsrechtlichen Verhältnismäßigkeitsgrundsatz wurzelnden strafrechtlichen Prinzips der Schuldangemessenheit von Strafe einen gangbaren Lösungsweg finden muss.[65] Nicht überzeugend bleibt indessen, die Lösung dieses Problems über die rechtsfolgenorientierte Einordnung von tatbestandsverwirklichendem (und damit täterschaftlichem) Verhalten als Teilnahme zu suchen, da die „dogmatischen Kosten“, die sich daraus ergeben, bei gleichzeitig bestehenden Alternativen zu hoch sind.

Zunächst ist die Frage, ob „täterschaftliches“ oder nur „teilnehmerschaftliches“ Verhalten eines an einer Straftat Beteiligten vorliegt, eine Frage, die bereits auf der Unrechtsebene zu beantworten ist. Entsprechend der Deliktsstruktur lassen sich aus dem Unrechtsgehalt einer Straftat (in bedingtem Umfang) Rückschlüsse auf den Schuldgehalt ziehen, nicht aber andersherum. Die Einordnung

---

63 In diese Richtung auch *Herzberg*, Täterschaft und Teilnahme, S. 6; MK/*Joecks*, § 25 Rn. 37.

64 Vgl. *Fell*, JuS 1994, 624; *Hillenkamp*, FS f. Schünemann, 407, 417 ff.; zu den Hintergründen der „Badewannen-Entscheidung“ des Reichsgerichts *Hartung*, JZ 1954, 430.

65 Als Beispiel hierfür sei auf die Diskussion um die einschränkende Auslegung der Mordmerkmale und die Rechtsfolgenlösung des BGH verwiesen. Der Mordtatbestand bietet sich hier als Beispiel besonders an, weil das Reichsgericht und der Bundesgerichtshof in der „Badewannen-Entscheidung“ (RGSt 74, 84) und der „Staschynskij-Entscheidung“ (BGHSt 18, 87) das Problem, dass der Mordtatbestand nur eine rigorose Rechtsfolge ohne richterlichen Strafzumessungsspielraum bei gleichzeitig zum Teil recht „leicht“ erfüllbaren Mordmerkmalen vorsieht, gerade über die Anwendung der Beihilfevorschrift „gelöst“ hat, da ihm die Todesstrafe respektive lebenslange Freiheitsstrafe nicht angemessen erschien (zur „Badewannen-Entscheidung“ vgl. insoweit *Hartung*, JZ 1954, 430).

eines Verhaltens als „täterschaftlich" oder nur „teilnehmerschaftlich" von Schuldgesichtspunkten abhängig zu machen, ist daher (delikts-)strukturwidrig.

Weiterhin führt die Akzessorietät der Teilnahme dazu, dass dieser Weg praktisch nur gangbar ist, wenn wenigstens ein weiterer Beteiligter als Täter „zur Verfügung" steht.[66] Das wiederum führt zu dem fragwürdigen Ergebnis, dass die Einordnung eines den Tatbestand verwirklichenden und (unter Umständen) im Hinblick auf den Schuldgehalt identischen Verhaltens zur Täterschaft oder zur Teilnahme in der Praxis davon abhängt, ob sich – mehr oder weniger zufällig – eine weitere Person als Täter beteiligt.

Schließlich ergibt sich aus diesem Lösungsweg aber auch ein zu großes Maß an Rechtsunsicherheit.[67] Dies begründet sich darin, dass – auch wenn man zumindest davon ausgeht, dass Tatbestandsverwirklichung *grundsätzlich* Täterschaft bedeutet – die Unbestimmtheit, die § 25 Abs. 1 1. Var. StGB durch die Anerkennung eines an Schuldgesichtspunkten orientierten Ausnahmevorbehalts erhält, auf alle Tatbestände des Besonderen Teils zurückwirkt und diese letztlich ausnahmslos mit der Einschränkung versieht, dass der Rechtsanwender den Strafrahmen (im Einzelfall) nicht für überhöht hält.[68]

Dabei stehen dogmatisch korrekte(re), eine derartige Breitenwirkung vermeidende und dennoch praktikable Lösungswege offen, die besser auf den jeweils konkreten Fall zugeschnitten sind.[69] Zum einen kann (und muss gegebenenfalls) an der Auslegung des jeweiligen Tatbestandes des Besonderen Teils angesetzt werden. Ist die Auslegung zu weit geraten, so ist es Sache des Rechtsanwenders,

---

66 Es wird davon ausgegangen werden dürfen, dass auch die Verfechter einer Lösung des besagten Problems über die Teilnahme diesen Weg verwerfen, wenn eine Zuordnung zur Teilnahme mangels eines zur Verfügung stehenden Täters zur Straflosigkeit führen würde. An der „Badewannen-Entscheidung" (RGSt 74, 84) und der „Staschynskij-Entscheidung" (BGHSt 18, 87) orientierte Beispiele hierfür nennt *Herzberg*, Täterschaft und Teilnahme, S. 6.

67 Dieser Vorhalt entspricht einem generell gegen die subjektive Theorie vorgebrachten Vorwurf, was insofern schlüssig ist, als die Möglichkeit, Teilnahme trotz Tatbestandsverwirklichung annehmen zu können, eine wesentliche dogmatische Prämisse der subjektiven Theorie ist. Das „Rechtsunsicherheitsargument" findet sich bei *Herzberg*, Täterschaft und Teilnahme, S. 7; *Otto*, Jura 1987, 246, 248; SK/*Hoyer*, § 25 Rn. 31; *Stratenwerth/Kuhlen*, AT, § 12 Rn. 14; *Wessels/Beulke/Satzger*, Rn. 750.

68 SK/*Hoyer*, § 25 Rn. 31.

69 Vgl. auch LK/*Schünemann*, 12. Aufl., § 25 Rn. 56 ff.; *Roxin*, Täterschaft und Tatherrschaft, S. 552.

durch präzisere Definition(en) zu einer restriktiveren Auslegung zu gelangen.[70] Ist schon die Norm selbst zu weit gefasst, so ist die teleologische Reduktion der methodisch überzeugende Ansatz. Die Schuld verringernde Gesichtspunkte können jedenfalls im Rahmen der Strafzumessung berücksichtigt werden, sofern nicht sogar ein Entschuldigungsgrund eingreift. In außergewöhnlichen Sonderfällen kommt die Bildung und Anwendung eines übergesetzlichen Entschuldigungsgrundes oder zumindest eine analoge Anwendung des § 49 StGB in Betracht. Zwar ist einzuräumen, dass auch diese Lösungswege nicht immer leicht zu beschreiten sind und Raum für Auseinandersetzungen bieten[71], im Ganzen betrachtet werden sie aber der Deliktsstruktur und dem konkreten Einzelfall – in dem Sinn, dass mit ihnen keine oder jedenfalls eine geringere Rechtsunsicherheit schaffende Breitenwirkung einhergeht – besser gerecht.

d) Ergänzende Überlegungen

Wichtig ist allerdings, sich nochmals vor Augen zu führen, dass die vorangegangenen Feststellungen lediglich die Frage des Täterbegriffs im Sinne einer Entscheidung gegen einen „überrestriktiven" Täterbegriff betreffen. Eine Aussage zum Tatbegriff – also der Frage, wann ein Straftatbestand verwirklicht ist – ist damit nicht getroffen.[72] In diesem Zusammenhang sind einige Bemerkungen im Hinblick darauf angezeigt, dass von den Vertretern der auch hier vertretenen These teilweise formuliert wird, dass jedenfalls derjenige Täter sei, der den Straftatbestand *eigenhändig* verwirkliche.[73] Diese Aussage ist zwar nicht unrichtig. Denn derjenige, der den Tatbestand eigenhändig *verwirklicht*, verwirklicht den Tatbestand und ist damit Täter. Sie ist aber in zweierlei Hinsicht irreführend:

Zum einen ist sie auf der Grundlage des heute in der Literatur herrschenden[74], durch die Kriterien der Kausalität und der objektiven Zurechnung

70 Diesen Weg hat unlängst *Schnürer* beschritten (Das Gesamtgeschäft beim Handeltreiben mit Betäubungsmitteln, S. 135 ff.), der der Rechtsprechung des Bundesgerichtshofes zum Handeltreiben mit Betäubungsmitteln, welche die Auslegungsweite des Merkmals „Handeltreiben" über die Annahme von Beihilfe auch in Fällen vollständig eigener Tatbestandsverwirklichung einzuschränken sucht, ein Konzept entgegensetzt, das an einer restriktiveren Auslegung des Begriffs „Handeltreiben" ansetzt.

71 *Hillenkamp*, FS f. Schünemann, 407, 419.

72 In diese Richtung auch LK/*Schünemann*, 12. Aufl., § 25 Rn. 56.

73 Vgl. insbesondere *Roxin*: *Roxin*, AT II, § 25 Rn. 11; *ders.*, Täterschaft und Tatherrschaft, S. 547; LK/*Roxin*, 11. Aufl., § 25 Rn. 47; aber z.B. auch HK-GS/*Ingelfinger*, § 25 Rn. 9 („eigenkörperlich"); LK/*Schünemann*, 12. Aufl., § 25 Rn. 53.

74 Und auch von Roxin vertretenen: *Roxin*, AT I, § 11 Rn. 1 ff.

gekennzeichneten gemäßigt-extensiven Tatbegriffs zu restriktiv. Denn danach kann im Bereich der Erfolgsdelikte prinzipiell auch nicht eigenhändiges, sondern lediglich mittelbar kausales Verhalten subsumiert werden und somit Tatbestandsverwirklichung darstellen.[75] Insoweit kann aber hinsichtlich der Feststellung, dass jedenfalls derjenige, der den Straftatbestand verwirklicht, Täter ist, nichts anderes gelten: Kommt man durch Auslegung zu dem Ergebnis, dass auch der nicht eigenhändig Handelnde den Tatbestand verwirklicht (zum Beispiel „tötet" gemäß § 212 Abs. 1 StGB), so ist auch der nicht eigenhändig Handelnde der „wer" des Tatbestandes und damit selbstverständlich Täter.

Zum anderen suggeriert diese Formulierung, dass eigenhändiges Verhalten *immer* den Tatbestand verwirklicht und damit zur Täterschaft führt.[76] Diese Annahme wäre indessen auf der Grundlage des heute in der Literatur herrschenden gemäßigt-extensiven Tatbegriffs auch nicht zutreffend. Denn danach verwirklicht derjenige, der den tatbestandlichen Erfolg eigenhändig herbeiführt, zwar in der Regel, aber nicht unbedingt den Tatbestand: Ausnahmsweise kann auch bei eigenhändigem Verhalten der tatbestandliche Erfolg nicht objektiv zurechenbar sein.[77]

3. Zu den extensiven Täterbegriffen der formal-objektiven und der materiell-objektiven (Täterschafts-)Theorie

Sowohl die formal-objektive Täterschaftstheorie als auch viele Vertreter der Tatherrschaftslehre gehen davon aus, dass die Tatbestandsverwirklichung zwar hinreichende, aber nicht notwendige Bedingung der Täterschaft ist: Täter kann

---

75 Z.B. in den Konstellationen des „Dazwischentretens eines Dritten/des Opfers" oder des „Zweiaktigen Geschehens" (letztere werden auch „dolus-generalis-Fälle" genannt), in denen die objektive Zurechnung bejaht wird, aber auch in den Fällen der „actio libera in causa", wenn man von der herrschenden Tatbestandslösung ausgeht. In diesem Sinne auch NK/*Schild*, § 25 Rn. 47.

76 Wobei ihr dieser Inhalt – genau besehen – nicht entnommen werden kann, da sie nur denjenigen erfasst, der durch das eigenhändige Verhalten auch den Tatbestand verwirklicht. Insoweit wohl a.A. *Heinrich*, Rechtsgutszugriff und Entscheidungsträgerschaft, S. 191 inkl. Fn. 204.

77 Z.B. in den Fällen der „Risikoverringerung", aber auch in den – freilich seltenen – Fällen, in denen ein eigenhändiges Verhalten vorliegt, aber die objektive Zurechnung wegen der Atypizität des Kausalverlaufs dennoch zu verneinen ist. Letzteres wäre z.B. der Fall, wenn A den B mit einer Nadel ins Bein pikst, um ihn zu ärgern, und der B vor Schreck einen – ohnehin kurz bevorstehenden – Herzschlag erleidet und verstirbt. Siehe auch LK/*Schünemann*, 12. Aufl., § 25 Rn. 56.

auch sein, wer den Straftatbestand nicht (selbst und vollständig) verwirklicht, nämlich mittelbarer Täter oder Mittäter mittels Zurechnung des tatbestandsverwirklichenden Verhaltens eines anderen.[78]

Die entsprechende Gegenthese, deren Richtigkeit im Folgenden zu begründen versucht wird, lautet: Nur wer den Straftatbestand verwirklicht, ist Täter. Was bedeutet: Auch mittelbarer Täter und Mittäter kann nur sein, wer den Straftatbestand (selbst und vollständig) verwirklicht.

a) § 25 StGB

§ 25 StGB ist im Hinblick auf die Frage, ob nur Täter sein kann, wer einen Straftatbestand verwirklicht, ob also auch die mittelbare Täterschaft und die Mittäterschaft die (eigene) Straftatbestandsverwirklichung voraussetzen, interpretationsoffen:

Er lässt sich seinem Wortlaut nach so lesen, dass jeder Täter – auch der mittelbare Täter und der Mittäter – die Straftat „begehen" muss.[79] Was eine Straftat ist, definieren im deutschen Strafrechtssystem die Straftatbestände (Art. 103 Abs. 2 GG). Man kann § 25 StGB seinem Wortlaut nach also so verstehen, dass jeder Täter die Straftat, so wie sie die Straftatbestände des Besonderen Teils beschreiben, begehen, das heißt, den Straftatbestand, so wie er im Besonderen Teil beschrieben ist, verwirklichen muss.[80] Dieser Lesart nach enthielten § 25 Abs. 1 2. Var. StGB und § 25 Abs. 2 StGB keine konstitutiven (Täter-)Haftungserweiterungen, sondern lediglich eine Auslegungsvorgabe, die besagt, dass die Tatbestände des Besonderen Teils nicht restriktiv, sondern teleologisch in der Weise auszulegen sind, dass (möglichst) auch eine Subsumtion im Falle des Handelns durch einen anderen bzw. mit anderen gemeinsam möglich ist. Die §§ 25 Abs. 1 1. Var., 25 Abs. 1 2. Var. und 25 Abs. 2 StGB zeigten danach lediglich verschiedene phänotypische Ausprägungen der Straftatbegehung auf, die aber mangels konstitutiven Charakters der §§ 25 Abs. 1 2. Var. und 25 Abs. 2 StGB

---

78 S.o. S. 22, 26 f.: Die formal-objektive Theorie und die Tatherrschaftslehre sind sich zwar im Hinblick auf den zugrunde zulegenden Tatbegriff uneinig und auch darüber, wie weit die Täterschaft über den Bereich der Tatbestandsverwirklichung hinaus ausgedehnt werden kann. Es besteht aber – jedenfalls mit Blick auf die Mehrheit der Vertreter der Tatherrschaftslehre – Einigkeit darüber, dass mittels der Verhaltenszurechnungsdogmatik auch prinzipiell derjenige Täter sein kann, der den Tatbestand nicht (selbst und vollständig) verwirklicht.

79 Auf das „Begehen der Straftat" als dem gemeinsamen Nenner jeder Täterschaft nach § 25 StGB stellt *Heinrich*, Rechtsgutszugriff und Entscheidungsträgerschaft, S. 190 f. ab.

80 Zum „Begehen" der Straftat auch schon oben S. 36 ff.

nichts daran änderten, dass auch der mittelbare Täter und der Mittäter selbst den Straftatbestand so, wie er im Besonderen Teil formuliert ist, verwirklichen muss.

Demgegenüber lässt sich § 25 StGB seinem Wortlaut nach aber auch ohne weiteres so lesen, dass der mittelbare Täter und der Mittäter die Straftatbestände, so wie sie im Besonderen Teil gefasst sind, nicht selbst verwirklicht, da er die Begehung „durch einen anderen" bzw. mit anderen „gemeinschaftlich" der „Selbst-Begehung" gerade gegenüberstellt. Dieser Lesart nach enthielten § 25 Abs. 1 2. Var. StGB und § 25 Abs. 2 StGB jedenfalls konstitutive Strafbarkeitserweiterungen. Damit würden der mittelbare Täter und der Mittäter den Straftatbestand, so wie im Besonderen Teil formuliert, gerade nicht verwirklichen. Dem darüber hinausgehenden Verständnis der §§ 25 Abs. 1 2. Var. StGB und 25 Abs. 2 StGB als Verhaltenszurechnungsnormen steht der Wortlaut weder entgegen noch erzwingt er ein solches Verständnis.[81]

Der Formulierung des § 25 StGB lässt sich also keine klare Stellungnahme des Gesetzes zu der Frage entnehmen, ob Täter nur ist, wer einen Straftatbestand verwirklicht.

Zur Unklarheit der Formulierung des § 25 StGB seien an dieser Stelle noch einige exkursorische Überlegungen erlaubt: Diese lässt sich damit erklären, dass der Gesetzgeber mit der Schaffung der vermeintlich einheitlichen Regelung des § 25 StGB bei genauer Betrachtung in der Sache zu unterscheidende Zielsetzungen verfolgt hat: § 25 Abs. 1 1. Var. StGB soll – wie oben dargestellt[82] – der Klarstellung dienen, dass jedenfalls derjenige, der einen Straftatbestand verwirklicht, auch Täter ist. Dabei handelt es sich um eine *allgemeingültige*, das heißt jeden Tatbestand des Besonderen Teils betreffende, *dogmatische Feststellung zum Täterbegriff*, die aber den Tatbegriff – also die Frage, wann ein Tatbestand verwirklicht ist –, nicht berührt. Mit § 25 Abs. 1 2. Var. und § 25 Abs. 2 StGB verfolgte der Gesetzgeber dagegen „lediglich" die Zielsetzung, die grundsätzliche Möglichkeit der (Täter-)Strafbarkeit desjenigen sicherzustellen, der phänotypisch nicht alleine, sondern durch einen instrumentalisierten Dritten bzw. arbeitsteilig mit anderen das deliktische Geschehen (mit-)bewirkt.[83] Mit

81 Es wird noch zu zeigen sein, dass ein Verständnis der §§ 25 Abs. 1 2. Var. StGB und 25 Abs. 2 StGB als konstitutive Strafausdehnungsnormen nicht gleichzeitig zu deren Verständnis als Verhaltenszurechnungsnormen zwingt und nicht im Widerspruch zu der These steht, dass die Täterschaft notwendig Straftatbestandsverwirklichung voraussetzt.

82 S. 36 ff.

83 Vgl. die Begründung zu dem mit dem heutigen § 25 StGB im Wortlaut übereinstimmenden § 29 des Entwurfs eines StGB E 1962, S. 149: „Absatz 1 erläutert ferner den Begriff des mittelbaren Täters. Der Entwurf beschränkt sich darauf, ihn als Täter zu

„grundsätzlicher Möglichkeit" ist dabei gemeint, dass auch der Gesetzgeber davon ausging, dass eine (Täter-)Strafbarkeit desjenigen, der phänotypisch nicht alleine, sondern durch einen instrumentalisierten Dritten bzw. arbeitsteilig mit anderen das deliktische Geschehen (mit-)bewirkt, nicht im Hinblick auf jeden Tatbestand des Besonderen Teils überzeugt und damit für die §§ 25 Abs. 1 2. Var. und 25 Abs. 2 StGB gerade *keine Allgemeingültigkeit* beansprucht.[84] Zudem stand die Frage, *wie* die Strafbarkeit desjenigen, der phänotypisch nicht alleine, sondern durch einen instrumentalisierten Dritten bzw. arbeitsteilig mit anderen das deliktische Geschehen (mit-)bewirkt, *dogmatisch zu konstruieren* ist – ob bzw. inwieweit sie alleine durch eine teleologische Auslegung der Tatbestände des Besonderen Teils oder nur durch eine Extension des strafbaren Bereichs über die Tatbestände des Besonderen Teils hinaus erreicht werden kann und, sofern letzteres der Fall ist, wie diese Extension wiederum zu konstruieren ist (ob zum Beispiel mittels der gängigen Verhaltenszurechnungsdogmatik) – nicht im Blickpunkt des gesetzgeberischen Interesses. Während § 25 Abs. 1 1. Var. StGB seinem Telos nach also eine allgemeingültige die Dogmatik betreffende Aussage enthält, gilt das für die §§ 25 Abs. 1 2. Var. und 25 Abs. 2 StGB nicht. Letztere beanspruchen keine Allgemeingültigkeit und sollen außerdem zwar Aussagen zur (Täter-)Strafbarkeit treffen, nicht aber zur dogmatischen Konstruktion dieser Strafbarkeit. Diese Uneinheitlichkeit der Zielsetzungen manifestiert sich in der Unklarheit der Formulierung, der sich insbesondere nicht entnehmen lässt, in welchem Verhältnis die Begehung „durch einen anderen" bzw. mit anderen „gemeinschaftlich" zur „Selbst-Begehung" steht.

b) Die strukturellen Defizite der Verhaltenszurechnungsdogmatik

Um Missverständnissen vorzubeugen, sei bereits auf Folgendes hingewiesen: Mit der Infragestellung der Verhaltenszurechnungsdogmatik geht keine Ablehnung

---

kennzeichnen, der die Straftat ‚durch einen anderen begeht'. (…) Im übrigen ist es auch sachgemäß und der Volksanschauung entsprechend, den mittelbaren Täter ebenso zu behandeln wie den unmittelbaren" und „Absatz 2 handelt vom Mittäter. Die Vorschrift entspricht dem § 47 StGB und bringt sachlich nichts Neues. Sie hält daran fest, daß jeder als Täter bestraft wird, wenn mehrere die Straftat gemeinschaftlich begehen.".

84 Vgl. hierzu die Begründung zu dem mit dem heutigen § 25 StGB im Wortlaut übereinstimmenden § 29 des Entwurfs eines StGB E 1962 (S. 149): „Auch im übrigen enthält § 29 keine in sich abgeschlossene und erschöpfende Begriffsbestimmung des Täters. (…) So verzichtet sie darauf, ausdrücklich hervorzuheben, daß bisweilen Straftatbestände nur eigenhändig begangen werden können und insoweit auch eine mittelbare Täterschaft nicht möglich ist…".

der Überlegungen zum konstitutiven Charakter der §§ 25 Abs. 1 2. Var. und 25 Abs. 2 StGB einher.[85] Lediglich die konstruktive Umsetzung in Form der Verhaltenszurechnungsdogmatik, die zu einer Loslösung der Frage der Täterschaft von der der Tatbestandsverwirklichung führt, wird kritisch hinterfragt.

aa) Das Verständnis der §§ 25 Abs. 1 2. Var. und 25 Abs. 2 StGB als Verhaltenszurechnungsnormen

Wie bereits erläutert, erreicht die herrschende Meinung innerhalb der Tatherrschaftslehre und die formal-objektive Theorie[86] die Expansion des Täterbegriffs über den Tatbegriff hinaus – also die Ausdehnung der Täterstrafbarkeit über den Bereich der Verwirklichung des Tatbestandes des Besonderen Teils hinaus – mittels der Verhaltenszurechnungsdogmatik: Die §§ 25 Abs. 1 2. Var. StGB und 25 Abs. 2 StGB werden als Zurechnungsnormen begriffen, mittels derer im Falle des Vorliegens ihrer Voraussetzungen das tatbestandsverwirklichende Verhalten eines anderen am Geschehen Mitwirkenden dem auf seine Strafbarkeit hin Geprüften zugerechnet werden kann, wenn letzterer kein den Tatbestand (vollständig) verwirklichendes Verhalten an den Tag legt.[87] Maßgebliches Argument für das Verständnis der §§ 25 Abs. 1 2. Var. und 25 Abs. 2 StGB als Verhaltenszurechnungsnormen ist dabei deren notwendig konstitutive, gegenüber den Straftatbeständen des Besonderen Teils strafbarkeitserweiternde Funktion[88]: Es

85 Die Annahme eines konstitutiven Charakters der §§ 25 Abs. 1 2 Var. und 25 Abs. 2 StGB wird geteilt, S.u. S. 102 ff.

86 Für die formal-objektive Theorie gilt das nun folgend Gesagte allerdings aufgrund des nicht mit dem der Tatherrschaftslehre übereinstimmenden Gesamtkonzeptes nur teilweise. Der an dieser Stelle entscheidende Gesichtspunkt ist aber, dass sie – wenn auch in viel restriktiverem Ausmaß als die herrschende Meinung innerhalb der Tatherrschaftslehre (nämlich nur im Hinblick auf die Mittäterschaft bei Verwirklichung zumindest eines restriktiv auszulegenden tatbestandlichen Verhaltensmerkmals) – auch das Modell der durch Verhaltenszurechnung konstruierten Gesamttat zugrunde legt.

87 *Bloy*, GA 1996, 424, 437 f.; *Haas*, Die Theorie der Tatherrschaft und ihre Grundlagen, S. 80 ff., 112 f.; *Krüger*, Der Versuchsbeginn bei mittelbarer Täterschaft, S. 44 f.; *Kühl*, JuS 1983, 180, 182; *Küper*, Versuchsbeginn und Mittäterschaft, S. 60; *ders.* JZ 1983, 361, 369; *Woelk*, Täterschaft bei zweiaktigen Delikten, S. 106 f.

88 *Haas*, Die Theorie der Tatherrschaft und ihre Grundlagen, S. 83; *Krüger*, Der Versuchsbeginn bei mittelbarer Täterschaft, S. 44 f.; *Küper*, Versuchsbeginn und Mittäterschaft, S. 60. Dass und warum diese Annahme *insoweit* richtig ist, wird sich im Weiteren noch zeigen. Zum besseren Verständnis des Hintergrunds der

besteht unter teleologischen Gesichtspunkten das Bedürfnis und entspricht dem in den §§ 25 Abs. 1 2. Var. und 25 Abs. 2 StGB gesetzlich niedergelegten gesetzgeberischen Willen, dass derjenige, der phänotypisch nicht alleine, sondern durch einen instrumentalisierten Dritten bzw. arbeitsteilig mit anderen das deliktische Geschehen (mit-)bewirkt, gleichermaßen – also auch nicht bloß als Teilnehmer, soweit dies aufgrund der Akzessorietät der Teilnahme überhaupt in Betracht kommt – bestraft wird wie derjenige, der phänotypisch das deliktische Geschehen alleine gestaltet. Dieser gesetzlich festgelegten Zielsetzung kann bloß durch eine teleologische Auslegung der Straftatbestände wegen deren rechtsstaatlicher Funktion in der Ausprägung des Analogieverbots (Art. 103 Abs. 2 GG) nicht genügt werden, weil sich das Verhalten desjenigen, der phänotypisch nicht alleine, sondern durch einen instrumentalisierten Dritten bzw. arbeitsteilig mit anderen das deliktische Geschehen (mit-)bewirkt, auch bei weitester Auslegung nur bei einfachen Erfolgsdelikten unter das Verhaltensmerkmal des Tatbestandes subsumieren lässt. Es lässt sich dagegen nicht bei den (häufig vorkommenden) Tatbeständen subsumieren, deren Verhaltensmerkmal(e) aufgrund ihrer semantischen Bedeutung nicht als zurechenbare Verursachung eines bestimmten Erfolgs in sonstiger Weise interpretiert werden können, sondern (auch) eine bestimmte Vorgehensweise beschreiben und daher nur wenig bzw. für die besagte Zielsetzung nicht genügend Auslegungsspielraum zulassen.[89] Denn der Wortsinn darf wegen des Analogieverbots aus Art. 103 Abs. 2 GG bei der Interpretation nicht überschritten werden.[90] Da also der in den §§ 25 Abs. 1 2. Var. und 25 Abs. 2 StGB gesetzlich verankerten Vorgabe der (grundsätzlichen Täter-)Strafbarkeit desjenigen, der phänotypisch nicht alleine, sondern durch einen instrumentalisierten Dritten bzw. arbeitsteilig mit anderen das deliktische Geschehen (mit-)bewirkt, wegen des Analogieverbots nicht bzw. nicht hinreichend durch teleologische Auslegung der Tatbestände des Besonderen Teils entsprochen werden kann[91] – die §§ 25 Abs. 1 2. Var. und 25 Abs. 2 StGB mithin konstitutiv sind – soll es ihres Verständnisses als Verhaltenszurechnungsnormen bedürfen, um ihrem konstitutiven Charakter konstruktiv gerecht werden zu können. Verhaltenszurechnung bedeutet dabei Rechtsfiktion durch

---

Verhaltenszurechnungsdogmatik soll diese – mit der hier vertretenen Ansicht übereinstimmende – Prämisse aber schon vorgreiflich kurz dargelegt werden.

89 In diesem Sinne auch *Fuhrmann*, Das Begehen der Straftat gem. § 25 Abs. 1 StGB, S. 212.

90 BVerfGE 73, 206, 235; *Küper*, GA 1997, 301, 313.

91 Vgl. auch LK/*Hillenkamp*, 12. Aufl., § 22 Rn. 156, der bzgl. der mittelbaren Täterschaft davon ausgeht, dass in aller Regel erst der Tatbeitrag des Tatmittlers den Tatbestand erfüllt.

Repräsentation[92]: Der Adressat der Verhaltenszurechnung wird normativ so gestellt, als habe er selbst das tatbestandsverwirklichende Verhalten gezeigt. Das tatbestandsverwirklichende Fremdverhalten wird als solches des Zurechnungsadressaten fingiert.

bb) Das Strukturdefizit der Verhaltenszurechnung im Hinblick auf das Schuldprinzip

aaa) Das Schuldprinzip

Bekanntlich ist die Frage, was unter strafrechtlicher Schuld zu verstehen ist, sehr umstritten.[93] Die Diskussion über die hergebrachten Schuldkonzepte und etwaige Alternativen hat insbesondere wieder an Fahrt aufgenommen, seitdem neue Erkenntnisse der Hirnforschung die Vorstellung von der Willensfreiheit des Menschen (angeblich) zunehmend in Frage stellen[94], da der überwiegende Teil der vertretenen Schuldkonzepte eine Entscheidungsfreiheit des Menschen voraussetzt. Der Frage, welches Schuldkonzept gegebenenfalls de lege ferenda überzeugt, soll im Rahmen der vorliegenden Untersuchung indessen nicht weiter nachgegangen werden. Die vorliegende Arbeit beschränkt sich insoweit auf das durch das Strafgesetzbuch und das Grundgesetz de lege lata vorgezeichnete und durch die Rechtsprechung des Bundesverfassungsgerichts und des Bundesgerichtshofs konkretisierte Verständnis von strafrechtlicher Schuld.[95] Danach ist unter Schuld persönliche Vorwerfbarkeit zu verstehen.[96] Mit der Feststellung der Schuld „wird dem Täter vorgeworfen, daß er sich nicht rechtmäßig verhalten, daß er sich für das Unrecht entschieden hat, obwohl er sich rechtmäßig verhalten, sich für das Recht hätte entscheiden können".[97]

Zwar lassen das Strafgesetzbuch und das Grundgesetz de lege lata auch gewisse Spielräume zu, was das Verständnis von Schuld und Vorwerfbarkeit angeht. Man wird aber zugrunde legen können, dass essentieller Kern des strafrechtlichen Schuldprinzips als „zentralem Gerechtigkeitsaxiom des modernen Strafrechts"[98]

---

92 *Haas*, Die Theorie der Tatherrschaft und ihre Grundlagen, S. 80 ff., 112 ff.; *Kindhäuser*, FS f. Hollerbach, 627, 645 ff.; *ders.*, AT, § 40 Rn. 2.

93 Siehe nur die Darstellungen bei *Geisler*, Zur Vereinbarkeit objektiver Bedingungen der Strafbarkeit mit dem Schuldprinzip, S. 108 ff. und *Roxin*, AT I, § 19 Rn. 1 ff.

94 Siehe hierzu *Hillenkamp*, JZ 2005, 313; *ders.*, ZStW 127 (2015), 10 ff.

95 Ein Überblick hierzu findet sich bei *Hillenkamp*, JZ 2005, 313, 315 ff.

96 BVerfGE 20, 323, 331; BGHSt 2, 194, 200.

97 BGHSt 2, 194, 200.

98 *Geisler*, Zur Vereinbarkeit objektiver Bedingungen der Strafbarkeit mit dem Schuldprinzip, S. 19.

die Vorstellung ist, dass man nur für dasjenige bestraft werden darf, für das man „etwas kann“.[99] Es ist diese Idee, die hinter dem Konzept der Schuld als „persönlicher Vorwerfbarkeit“ steht. Denn es kann einem gerade nur das zum Vorwurf gemacht werden, wofür man „etwas kann“.[100]

Freilich lässt sich nun auch die Frage, wofür man (noch) „etwas kann“, recht unterschiedlich beantworten. Zurecht weist *Kaufmann* darauf hin, dass selbst eine aus heutiger Sicht antiquierte und mit dem im Sinne des Strafgesetzbuchs und des Grundgesetzes verstandenen Schuldprinzip nicht zu vereinbarende, nur auf Kausalität abstellende strafrechtliche „Erfolgshaftung“ nicht unbedingt als Haftung „ohne Schuld“ begriffen werden muss, sondern auch als Ausdruck eines – sicherlich sehr weitgehend – divergierenden Verständnisses im Hinblick auf die Frage begriffen werden kann, wann man etwas für ein bestimmtes Geschehen kann, also „Schuld hat“.[101]

Allein entscheidend im vorliegenden Kontext ist aber Folgendes: *Anknüpfungspunkt* für den Schuldvorwurf kann immer nur das *eigene Verhalten* sein. Nur für dieses kann man per se etwas können. Zwar kann sich der Schuldvorwurf auch auf Geschehen erstrecken, das nicht eigenes Verhalten ist, aber auf solches immer nur infolge des eigenen Verhaltens. Die Verantwortungszuweisung (auch) für Fremdverhalten muss aber an ein Eigenverhalten anknüpfen können. Letzteres ist Ausgangspunkt für die strafrechtliche Verantwortungszuweisung. Das ist damit gemeint, wenn hier formuliert wird: *Anknüpfungspunkt* für den Schuldvorwurf kann immer nur das eigene Verhalten sein. Nur das eigene Verhalten ist Ausdruck der selbstbestimmten Entscheidung, deren das Grundgesetz und das Strafgesetzbuch den Menschen für fähig hält, und deren Kehrseite nach Vorstellung des Grundgesetzes und des Strafgesetzbuchs die Eigenverantwortung ist, auf der die strafrechtliche Verantwortungszuweisung und damit der Schuldvorwurf im Kern beruht.[102]

Völlig selbstverständlich wird der Schuldvorwurf daher auf das *Verhalten des Täters* bezogen respektive ein *eigenes Verhalten des Täters* als Grundlage und

---

99 *Geisler*, Zur Vereinbarkeit objektiver Bedingungen der Strafbarkeit mit dem Schuldprinzip, S. 19; *Rengier*, AT, § 24 Rn. 1; *Welzel*, Das deutsche Strafrecht, § 19, S. 139; *Wessels/Beulke/Satzger*, Rn. 619.

100 *Hillenkamp*, JZ 2005, 313, 316.

101 *Arthur Kaufmann*, Das Schuldprinzip, S. 217 ff. Der Schuldvorwurf würde dann also auf der Überlegung beruhen, dass der Betreffende für den Erfolgseintritt „etwas kann“, (allein) weil er mit seinem Verhalten kausal für diesen geworden ist.

102 Siehe zur Verankerung und Prägung des Schuldprinzips im/durch das „Menschenbild des Grundgesetzes“ ausführlich *Hörnle*, FS f. Tiedemann, 325 (insb. 334 ff.).

Ausgangspunkt des Schuldvorwurfs vorausgesetzt: Es sei nur nochmals an die Grundsatzausführungen des Bundesgerichtshofs zur Schuld erinnert, die lauten: „Strafe setzt Schuld voraus. Schuld ist Vorwerfbarkeit. Mit dem Unwerturteil der Schuld wird dem Täter vorgeworfen, daß *er sich* nicht rechtmäßig *verhalten*, daß er sich für das Unrecht entschieden *hat*, obwohl *er sich* rechtmäßig *verhalten*, sich für das Recht *hätte* entscheiden *können*" (Hervorhebungen durch den Verfasser).[103]

Erkennt man an, dass der Schuldvorwurf und damit auf der Grundlage des Grundsatzes „nulla poena sine culpa" die strafrechtliche Haftung nur an ein *eigenes Verhalten* des Betreffenden anknüpfen kann[104], kommt jedenfalls ein Anknüpfen des Schuldvorwurfs *an einem zugerechneten tatbestandsverwirklichenden (Fremd-) Verhalten* nicht in Betracht. Dem läge die Idee zugrunde, dass das Fremdverhalten „zuerst" zugerechnet und damit das Fremdverhalten „als eigenes" deklariert wird und erst „danach" die Frage nach der Schuld für das dann „als eigenes" deklarierte Verhalten gestellt wird. Die Verhaltenszurechnung ist und bleibt aber eine Rechtsfiktion, derer es gerade bedürfen soll, weil der Betreffende das unter das Verhaltensmerkmal des Tatbestandes des Besonderen Teils subsumierbare Verhalten nicht selbst an den Tag gelegt hat. Das tatbestandsverwirklichende Verhalten des anderen ist als solches evident nicht Ausdruck der selbstbestimmten Entscheidung desjenigen, dem das Verhalten zugerechnet wird bzw. werden soll. Es ist – mit anderen Worten – schlicht nicht tatsächlich eigenes Verhalten desjenigen, der Adressat der Verhaltenszurechnung ist. Strafrechtliche Schuld kann nicht fingiert oder übertragen werden.[105] Hierzu steht die Teilnahmestrafbarkeit trotz ihrer (limitierten) Akzessorietät nicht im Widerspruch, da bei der Teilnahme die Strafbarkeit zwar auch ein Fremdverhalten im Rahmen der Begehung der Haupttat voraussetzt, Anknüpfungspunkt für den Schuldvorwurf und damit die (Teilnahme-)Strafbarkeit aber auch hier gerade das *eigene* Förderungsverhalten (die Teilnahmehandlung) ist.

Dabei darf die Annahme, dass wegen des Schuldprinzips für Fremdverhalten keine originäre strafrechtliche Verantwortung bestehen kann, sondern nur in Anknüpfung an ein Eigenverhalten, allerdings nicht als Reduzierung des

---

103 BGHSt 2, 194, 200. Vgl. auch *Frister*, Schuldprinzip, Verbot der Verdachtsstrafe und Unschuldsvermutung als materielle Grundprinzipien des Strafrechts, S. 17; *Hörnle*, FS f. Tiedemann, 325, 340.

104 Es also „übertragbare Strafrechtsschuld" nicht geben kann (*Jakobs*, FS f. Lüderssen, 559, 566), weil sonst die Idee der persönlichen Verantwortung konterkariert würde.

105 Vgl. auch *Jakobs*, FS f. Lüderssen, 559, 566.

Verantwortlichkeitszusammenhangs auf den Gedanken der Kausalität verstanden werden.[106] Insofern ist *Küper* darin Recht zu geben, dass eine Betrachtung, die die mittelbare Täterschaft und die Mittäterschaft allein über Kausalitäten zu erfassen sucht, deren jeweiligen Strukturen nicht gerecht zu werden vermag.[107] Die Struktur der mittelbaren Täterschaft und die der Mittäterschaft ist nicht allein dadurch gekennzeichnet, dass das Verhalten des anderen durch das Eigenverhalten mitbestimmt wird, sondern im Fall der mittelbaren Täterschaft spezifisch durch die Instrumentalisierung des Tatmittlers durch den Hintermann und im Fall der Mittäterschaft spezifisch durch das arbeitsteilig-funktionale Vorgehen.[108] Dies vermag indessen nichts daran zu ändern, dass wegen des nulla-poena-sine-culpa-Grundsatzes die strafrechtliche Haftung auch im Hinblick auf die mittelbare Täterschaft und die Mittäterschaft – wie jede strafrechtliche Haftung – nur an einem *eigenen Verhalten* des Betreffenden anknüpfen kann und dieses deshalb die Grundlage der Strafbarkeit bilden muss.

bbb) Anknüpfen des Schuldvorwurfs an ein nicht tatbestandliches Verhalten?

Dies zugrunde gelegt stellt sich die Frage, ob sich die Verantwortungszuweisung für das zugerechnete tatbestandsverwirklichende Fremdverhalten aber möglicherweise mit der vorgelagerten[109] bzw. teilweise auch zeitlich parallelen[110] Einflussnahme auf das tatbestandsverwirklichende Fremdverhalten *durch Eigenverhalten* begründen lässt. Die Verantwortungszuweisung für das tatbestandsverwirklichende Fremdverhalten und damit die Schuldbegründung würde dann auf der Erwägung beruhen, dass das tatbestandsverwirklichende Fremdverhalten (auch) unter dem Eindruck des Eigenverhaltens steht.

Das scheint auf den ersten Blick ein gangbarer Weg zu sein, da es nach heute herrschender und überzeugender Dogmatik im Grunde nichts Ungewöhnliches ist, dass für Fremdverhalten infolge von Eigenverhalten strafrechtliche Verantwortung bestehen kann[111], und Anknüpfungspunkt für den Schuldvorwurf

---

106 Insoweit nicht überzeugend *Schilling*, Der Verbrechensversuch des Mittäters und des mittelbaren Täters, S. 104 ff.

107 Vgl. *Küper*, Versuchsbeginn und Mittäterschaft, S. 57 ff.; *ders.*, JZ 1983, 361, 369.

108 Überzeugend insoweit *Küper* a.a.O.

109 Nämlich der Instrumentalisierung bei der mittelbaren Täterschaft und der Mitwirkungszusage im Rahmen des gemeinsamen Tatentschlusses bei der Mittäterschaft.

110 In den Situationen des funktionalen Zusammenwirkens vor Ort bei der Mittäterschaft.

111 Vgl. nur BGH MDR 1956, 526; BGH NStZ 2001, 29. Generell ist hier auf die Fälle der mittelbaren über ein Fremdverhalten vermittelten Kausalität zu verweisen, in denen die objektive Zurechnung bejaht wird.

dann das das Fremdverhalten (mit-)bestimmende *Eigenverhalten* wäre. Insoweit bedürfte es keiner Fiktion.

Es stellt sich dann allerdings das strukturelle Problem, dass die Unrechtsbegründung auf ein anderes Verhalten gestützt wird – namentlich das tatbestandsmäßige als eigenes fingierte Fremdverhalten – als der Schuldvorwurf – namentlich das vorgelagerte (unter Umständen auch „nebengelagerte") tatsächliche Eigenverhalten. Insofern liegt der Fall hier anders als in den Fällen, in denen bei nur mittelbarer Kausalität des Eigenverhaltens die objektive (Erfolgs-)Zurechnung über ein Fremdverhalten erfolgt. Dort wird das Eigenverhalten in der Zusammenschau mit den daraus resultierenden Folgen als (selbst) tatbestandsmäßig charakterisiert und der Schuldvorwurf hieran geknüpft.

Problematisch ist besagte Divergenz, weil es nicht ein beliebiges Verhalten ist, das schuldhaft sein muss, sondern dasjenige, an das die Strafe geknüpft wird (nulla poena sine culpa). Eben dieses Verhalten ist es aber auch, das einem (hinreichend bestimmten) Strafgesetz unterfallen muss (nulla peona sine lege). Schuld- und Gesetzlichkeitsprinzip geben kumulativ Antwort auf dieselbe (grundsätzliche) Frage, nämlich wann – im Sinne von: unter welchen Voraussetzungen – Strafe im Grundsatz rechtsstaatlich möglich ist: Die gleiche Tat (!) muss sowohl einem (hinreichend bestimmten) Strafgesetz unterfallen als auch schuldhaft begangen sein. Dieses sogenannte Koinzidenzprinzip hat seinen einfachgesetzlichen Niederschlag in den §§ 17, 19, 20, 21 StGB gefunden, die schuldhaftes Verhalten „bei Begehung der Tat" verlangen. Deshalb korrespondieren Schuld und Unrecht: Es ist gerade das unrechte, mithin tatbestandsmäßige und nicht gerechtfertigte Verhalten, das (auch) schuldhaft sein muss. Daraus folgt, dass nur an das Verhalten, an das der Schuldvorwurf geknüpft werden kann, auch die Strafbarkeit insgesamt geknüpft werden kann, was wiederum dessen Tatbestandsmäßigkeit voraussetzt. Der Schuldvorwurf kann (oder besser: sollte) nicht auf ein nicht tatbestandsmäßiges Verhalten gestützt werden[112], also bei der

---

112 Im Allgemeinen scheint dies anerkannt zu sein. So formuliert z.B. *Beulke* lapidar, aber treffend: „Anknüpfungspunkt für das Schuldurteil ist die Unrechtshandlung." (*Wessels/Beulke*, 42. Aufl., Rn. 402). Auch entspricht dem in der Sache die h.M. zur actio libera in causa (die „echte" Tatbestandslösung/Vorverlegungstheorie), die – sofern man eine Bestrafung vor dem Hintergrund der Wortlautgrenze aus Art. 103 Abs. 2 GG überhaupt für möglich erachtet – anerkennt, dass der Schuldvorwurf wegen des Koinzidenzprinzips nicht an ein außertatbestandliches Vorverhalten geknüpft werden kann: Vgl. *Behrendt*, Affekt und Vorverschulden, S. 64 ff.; *Bertel*, JZ 1965, 53 f.; *Bohner*, Jura 1996, 38 f.; *Dold*, GA 2008, 427 ff.; *Ellbogen*, Jura 1998, 483, 486; *Hirsch*, NStZ 1997, 230 ff.; *ders.*, FS f. Nishihara, 88 ff.; *ders.*, FS f. Lüderssen, 253 262 ff.; *Horn*, GA

mittelbaren Täterschaft und der Mittäterschaft auch nicht mit nicht tatbestandsmäßigem Vor- oder Parallelverhalten begründet werden.

Zwar ist insofern zu bedenken, dass auch, wenn die §§ 25 Abs 1 2. Var. und 25 Abs. 2 StGB als Verhaltenszurechnungsnormen begriffen werden und damit einhergehend das Vorliegen eines tatbestandsmäßigen Verhaltens des Zurechnungsadressaten lediglich fingiert wird, zumindest die Verhaltenszurechnungsnorm, sofern man sie als solche versteht, gesetzlich fixiert ist. Insofern kann Vorwurf nicht sein, dass seine Bestrafung für den Mittäter und den mittelbaren Täter nicht (hinreichend) vorhersehbar gewesen wären. Das ändert an dem strafrechtsdogmatischen Problem, dass Unrechts- und Schuldvorwurf divergieren, weil das unrechtsbegründende (zugerechnete Fremd-)Verhalten und das schuldbegründende (Eigen-)Verhalten nicht identisch sind, indessen nichts. Ausgehend hiervon mag das Konzept der Verhaltenszurechnung zwar als attraktive konstruktive Lösung des Problems erscheinen, wie dem in § 25 Abs. 1 2. Var. und § 25 Abs. 2 StGB gesetzlich niedergelegten und teleologisch überzeugenden gesetzgeberischen Willen, denjenigen, der phänotypisch nicht alleine, sondern durch einen instrumentalisierten Dritten bzw. arbeitsteilig mit anderen das deliktische Geschehen (mit-)bewirkt, grundsätzlich wie den Alleintäter zu bestrafen, konstruktiv entsprochen werden kann. Wegen des dargelegten strukturellen Defizits erscheint es aber angezeigt, sich um eine konstruktive Lösung zu bemühen, die dieses Defizit nicht aufweist.[113] Anders als in anderen Bereichen unserer Rechtsordnung – man denke zum Beispiel an die zivilrechtliche Rechtsscheinshaftung – sind im Strafrecht aufgrund seiner besonderen Grundrechtsintensität erhöhte Anforderungen an die Konsistenz der Verantwortungs- und Haftungszuweisung zu stellen.

cc) Das Strukturdefizit der Verhaltenszurechnung im Hinblick auf die Unrechtsbegründung

Des Weiteren führt das Konzept der Verhaltenszurechnung zu Friktionen in der Unrechtsbegründung. Während nach hier vorgeschlagenem Verständnis die Frage der Täterschaft – auch der mittelbaren Täterschaft und der

---

1969, 289, 294; *Hoyer*, GA 2008, 711 ff.; *Jäger*, AT, Rn. 177; *Kolz*, Die Problematik der actio libera in causa, S. 52 f.; LK/*Schöch*, 12. Aufl., § 20 Rn. 198; *Oehler*, JZ 1970, 380 ff.; *Rengier*, AT, § 25 Rn. 15 ff.; *Roxin*, AT I, § 20 Rn. 58 ff.; *Satzger*, Jura 2006, 513, 515 f.; *Schlüchter*, FS f. Hirsch, 345, 347.

113 Vgl. auch *Puppe*, FS f. Dahs, 173, 187; *Schilling*, Der Verbrechensversuch des Mittäters und des mittelbaren Täters, S. 58, 64 f., 92 ff.

Mittäterschaft – eine Frage der Tatbestandsmäßigkeit ist, bleibt ein die Verhaltenszurechnungsdogmatik zugrunde legendes Verständnis letztlich die Antwort auf die Frage schuldig, wie sich die Frage der Täterschaft in die gesetzlich vorgezeichnete Deliktsstruktur eingliedern lässt.

aaa) Die Tatbestandsebene

So wird zum einen die Frage der Verhaltenszurechnung zwar auf der Ebene der Tatbestandsmäßigkeit verortet, sie führt aber materiell zu der Feststellung, dass sich der Betreffende zwar nicht tatbestandsmäßig verhalten hat, aber mittels der Verhaltenszurechnung ein tatbestandsmäßiges Fremdverhalten als tatbestandsmäßiges Eigenverhalten fingiert wird. Offen bleibt dabei allerdings, wieso die Fiktion der Tatbestandsmäßigkeit zur Begründung der Tatbestandsmäßigkeit ausreichen soll. Insofern erscheint es jedenfalls naheliegender und dogmatisch „unverdächtiger", danach zu fragen, ob nicht das Verhalten, das die Zurechnung des Fremdverhaltens und damit die Rechtsfiktion auslösen soll, selbst als unrechtsbegründend (bzw. auf Tatbestandsebene zunächst: unrechtsindizierend) betrachtet werden kann.

Dafür dürften letztlich auch Strafwürdigkeitserwägungen sprechen: Der mittelbare Täter soll eben nicht dafür bestraft werden, dass er selbst das in den Tatbeständen des Besonderen Teils beschriebene Verhalten zeigt, sondern dafür, dass er einen anderen dazu bringt, das beschriebene Verhalten an seiner statt für ihn an den Tag zu legen, indem er ihn instrumentalisiert. Lässt sich beispielsweise jemand von einem Kind eine seiner falschen Behauptung nach ihm gehörende Jacke von einer Garderobe in Zueignungsabsicht bringen, so soll der Betreffende nicht bestraft werden, weil er selbst die Jacke „wegnimmt", sondern weil er das Kind instrumentalisiert und es so dazu bringt, für ihn „wegzunehmen" und dies der (Selbst-)Wegnahme im Unwertgehalt nicht nachsteht. Im Hinblick auf den Hintermann ist also weniger entscheidend, dass – um im Beispiel zu bleiben – der andere wegnimmt, sondern dass er den anderen instrumentalisiert und so zur Wegnahme in seinem Interesse bewegt. Selbstredend ist die Wegnahme durch den anderen insofern zur Erfassung des deliktischen Geschehens in Bezug auf den Hintermann mitentscheidend – aber nur als Folge der Instrumentalisierung. Hinsichtlich der Mittäterschaft stellt sich dies – wenn diese auch durch andere Strukturen geprägt ist – prinzipiell entsprechend dar: Auch der Mittäter wird nicht bestraft, weil andere bestimmte Verhaltensweisen an den Tag legen, sondern weil er selbst am deliktischen Geschehen in arbeitsteilig-funktionaler Weise mitwirkt.

bbb) Die Rechtswidrigkeitsebene

Zum anderen wirft das Konzept der Verhaltenszurechnung Probleme struktureller Natur im Hinblick auf die Rechtswidrigkeitsprüfung auf: Weil die Frage der Rechtswidrigkeit mit der Frage der Tatbestandsmäßigkeit korrespondierend die Frage nach dem Unrecht beantwortet[114], müsste sich die durch Verhaltenszurechnung konstruierte Gesamttat auf Tatbestandsebene konsequenterweise auch auf der Rechtfertigungsebene fortsetzen. Dies aber lassen die Rechtfertigungsnormen, die – wie die Straftatbestände des Besonderen Teils – immer den jeweiligen Täter in den Blick nehmen, nicht zu. Anderes würde in den Fällen, in denen sich bei wechselseitiger Verhaltenszurechnung die Rechtfertigungsfrage bei verschiedenen Mittätern unterschiedlich stellt, auch zu untragbaren Ergebnissen führen.

Zur Verdeutlichung des Strukturproblems sei folgendes Beispiel gebildet: A, B, C und D sind gemeinsam auf Abenteuerurlaub im australischen Outback. D wird von einer giftigen Schlange gebissen. Das Gift führt ohne Verabreichung eines Antiserums innerhalb kürzester Zeit zum Tod. A ist im Besitz eines ihm gehörenden Fläschchens mit dem benötigten Antiserum, denkt aber aufgrund eines vorangegangenen Streits nicht daran, dieses herauszugeben. Daraufhin fordert B den C dazu auf, dem A das Antiserum mit ihm gemeinsam unter Einsatz von Zwang abzunehmen. B bedroht daraufhin den A mit dem von ihm mitgeführten Revolver, während C dem A das Antiserum abnimmt. B verabreicht dem D das Mittel, woraufhin dieser überlebt. Allerdings handelte nur B in der Absicht den D zu retten, während C, dem der Schlangenbiss entgangen war, davon ausging, dass das Ziel der Aktion lediglich war, sich in den Besitz des wertvollen Antidots zu bringen.

B und C haben hier gemeinsam den Tatbestand des Raubes gemäß § 249 Abs. 1 StGB (bzw. des schweren Raubes gemäß § 250 Abs. 2 Nr. 1 StGB) erfüllt. Im Hinblick auf die Frage der Rechtswidrigkeit erfüllt allerdings B alle Voraussetzungen des rechtfertigenden Notstands nach § 34 StGB, C dagegen nicht: es mangelt ihm an dem (mit der herrschenden Meinung richtigerweise zu verlangenden[115]) subjektiven Rechtfertigungselement. Die Frage ist, wie mit dieser Situation in der rechtlichen Bewertung umzugehen ist. Nicht zuletzt vom Ergebnis her gedacht liegt es nahe, die Frage der Rechtswidrigkeit für jeden der Mittäter separat zu beantworten: B ist nach § 34 StGB gerechtfertigt, C dagegen nicht – unabhängig davon, ob C nun wegen Vollendung oder nur nach den Versuchsregeln zu

114 *Fischer*, Vor § 32 Rn. 2; *Wessels/Beulke/Satzger*, Rn. 386 ff.

115 Siehe zu dieser Fragestellung *Hillenkamp/Cornelius*, AT, 4. Problem.

bestrafen ist. Auf den ersten Blick kann man mit der Verhaltenszurechnung auch problemlos zu einer separaten Betrachtung der Frage der Rechtswidrigkeit kommen, nämlich indem man die Frage der Mittäterschaft zu einem Problem allein des objektiven Tatbestandes erklärt, die Mittäter separat prüft, bei den objektiven Verhaltensmerkmalen, die sie jeweils nicht verwirklicht haben, auf die Verhaltenszurechnung abstellt, und – entsprechend der separaten Prüfung – die Rechtswidrigkeit für jeden Mittäter individuell beantwortet. Im vorliegenden Beispiel lässt sich also zuerst B auf seine Strafbarkeit hin prüfen. Im objektiven Tatbestand wird festgestellt, dass er zwar mit gegenwärtiger Gefahr für Leib oder Leben gedroht, nicht aber weggenommen hat. Die durch C erfolgte Wegnahme wird ihm aber zugerechnet, womit er den objektiven Tatbestand erfüllt haben soll. Die Voraussetzungen des subjektiven Tatbestandes liegen bei ihm vor. Allerdings erfüllt er die Voraussetzungen des § 34 StGB, ist somit gerechtfertigt und nicht strafbar. Hinsichtlich C wird im objektiven Tatbestand festgestellt, dass er zwar weggenommen, nicht aber genötigt hat. Die durch B erfolgte Drohung wird ihm aber zugerechnet, womit er den objektiven Tatbestand erfüllt hat bzw. haben soll. Die Voraussetzungen des subjektiven Tatbestandes liegen auch bei ihm vor. Er erfüllt die Voraussetzungen des § 34 StGB allerdings nicht und ist damit nicht gerechtfertigt, mithin strafbar.

Auf den zweiten Blick ist diese Lösung auf der Grundlage des Konzeptes der Verhaltenszurechnung aber keineswegs selbstverständlich, da diese auf dem Gedanken der von den Mittätern durch gegenseitige Ergänzung begangenen Gesamttat fußt.[116]. Wenn es aber erst und nur die Gesamttat ist, die durch wechselseitige Verhaltenszurechnung für alle Mittäter einheitlich Tatbestandsmäßigkeit bedeutet, so ist es auch nur die durch Verhaltenszurechnung gewonnene Gesamttat, die für alle einheitlich das Unrecht indiziert, und es scheint nur naheliegend und konsequent, dass dann auch die Frage der Rechtswidrigkeit – also die Frage nach der Bestätigung oder Widerlegung dieses Indizes – nur einheitlich für die Gesamttat in diesem Sinne, mithin für alle Mittäter einheitlich beantwortet werden kann. Es scheint aufgrund der im Hinblick auf die Frage nach dem Unrecht bestehenden Korrelation zwischen Tatbestandsmäßigkeit und Rechtswidrigkeit zumindest zweifelhaft, ob das, was auf der Tatbestandsebene soeben durch wechselseitige Verhaltenszurechnung zu einer einheitlichen tatbestandsmäßigen Gesamttat zusammengefügt wurde, auf der Rechtswidrigkeitsebene sogleich wieder auseinanderdividiert werden kann. Die Gesamttat in diesem Sinne müsste sich konsequenterweise auf der Rechtswidrigkeitsebene fortsetzen.

---

116 *Küper*, Versuchsbeginn und Mittäterschaft, S. 17 f.; *Wessels/Beulke/Satzger*, Rn. 756.

Es erschiene zumindest inkonsistent, auf den Prüfungsebenen von Tatbestandsmäßigkeit und Rechtswidrigkeit einmal auf eine generalisierende (im Sinne von: die Frage für alle Mittäter vereinheitlichende) Betrachtung und einmal auf eine individualisierende Betrachtung abzustellen: Entweder die Frage, ob (strafrechtliches) Unrecht vorliegt, ist einheitlich oder sie ist individuell für die Mittäter zu beantworten. In der gutachterlichen Prüfung stößt man auf das Problem, wenn man – was alleine dem Gedanken der Gesamttat entspräche – die potentiellen Mittäter, im vorliegenden Beispiel also B und C, nicht getrennt, sondern zusammen prüft, im objektiven Tatbestand das Verhalten des anderen jeweils wechselseitig zurechnet und dann auf der Rechtwidrigkeitsebene vor der Frage steht, ob diese von B und C gemeinsam begangene Gesamttat nun gerechtfertigt ist oder nicht. Eine individuelle Betrachtung der Rechtswidrigkeitsfrage, deren Richtigkeit – schon weil § 34 StGB mehr nicht verlangt – im Ergebnis evident sein dürfte, kann also widerspruchsfrei nur bei individueller Betrachtung auch der Tatbestandsmäßigkeit erfolgen. Der „Trick", die Mittäter separat zu prüfen und für jeden die Tatbestandsmäßigkeit mittels Verhaltenszurechnung separat zu begründen, widerspricht dem zugrundeliegenden Gesamttatgedanken.[117]

Gegen das soeben gebildete Beispiel ließe sich gegebenenfalls einwenden, dass der Gesichtspunkt, der zu einer unterschiedlichen Beantwortung der Frage nach der Strafbarkeit für B und C führt, hier im subjektiven Rechtfertigungselement zu finden ist und subjektive Rechtfertigungsvoraussetzungen auch auf der Grundlage des Gesamttatgedankens entsprechend den subjektiven Tatbestandsvoraussetzungen individuell beim Einzelnen vorzuliegen hätten. Dies änderte am Bestehen des Strukturproblems dem Grunde nach allerdings nichts: Wenn im besagten Beispiel beide – B und C – in der Absicht handeln den D zu retten, B aber ein eigenes Fläschchen des Antiserums bei sich führt, wovon C nichts weiß, dann findet sich der Rechtfertigungsmangel bei B bereits in den objektiven Voraussetzungen des rechtfertigenden Notstands, nämlich bei der Erforderlichkeit, während bei C alle Voraussetzungen des rechtfertigenden Notstandes

117 Diese Strukturfrage stellt sich allerdings bei der mittelbaren Täterschaft nicht in gleicher Weise: Zwar fußt auch hier die Idee der Verhaltenszurechnung auf dem Gesamttatgedanken (siehe *Küper*, JZ 1983, 361, 369), aber die Gesamttat begründet hier nur die Tatbestandsmäßigkeit des Verhaltens *einer* Person, nämlich die des manipulierenden Hintermannes. Es erfolgt keine wechselseitige Verhaltenszurechnung, sondern nur dem Hintermann wird das tatbestandsmäßige Verhalten des Vordermanns zugerechnet.

vorliegen[118]. Die Strukturfrage stellt sich dann gleichermaßen wie in dem oben gebildeten Beispiel. Das Verhaltenszurechnungsmodell müsste entweder dogmatisch konsequent zu der im Ergebnis evident ungerechten und mit § 34 StGB nicht in Einklang stehenden Lösung gelangen, dass auch die Frage der Rechtfertigung für alle Mittäter einheitlich zu beantworten ist, oder sich in einen Widerspruch zu ihren dogmatischen Grundlagen begeben.

4. Zwischenergebnis

Als Ergebnis des vorangegangenen Abschnitts ist festzuhalten, dass als Täter *immer und nur* begriffen werden sollte, wer den Straftatbestand (selbst) verwirklicht. Danach erschöpft sich die Frage der Täterschaft in der Frage nach der Tatbestandsverwirklichung – dies gilt folgerichtig auch für die mittelbare Täterschaft und die Mittäterschaft. In der Terminologie dieser Arbeit wird damit dem restriktiven Täterbegriff das Wort geredet. Denn zum einen widerspricht die Annahme, dass, wer einen Straftatbestand verwirklicht, nicht notwendig Täter ist, § 25 Abs. 1 1. Var. StGB, der Fassung der Tatbestände des Besonderen Teils und der Fassung der Teilnahmevorschriften. Zum anderen spricht gegen die Annahme, dass Täter mittels der Zurechnung von tatbestandsverwirklichendem Verhalten eines anderen auch sein kann, wer sich selbst nicht (voll) tatbestandsverwirklichend verhält, dass sich das Konzept der Verhaltenszurechnung bei genauer Betrachtung nicht in die gesetzlich vorgezeichnete Deliktsstruktur einfügen lässt.

Insoweit ist *Schilling* Recht zu geben, wenn er formuliert: „Bemißt sich die täterschaftliche Beurteilung auch des Mittäters und des mittelbaren Täters allein nach dem eigenen Beitrag, dann setzt eine *einheitliche Täterlehre* voraus, *daß dieser eigene Beitrag ebenso tatbestandsmäßig ist wie das Handeln des unmittelbaren Alleintäters.* (…) Denn Täterschaft meint Tatbestandsverwirklichung, und Tatbestandsverwirklichung heißt tatbestandsmäßiges Handeln.“[119]

---

118 Richtigerweise nimmt C in dieser Konstellation nicht nur irrtümlich die Erforderlichkeit an, sondern sie liegt bezüglich C auch objektiv vor. Denn die Erforderlichkeit ist aus der ex-ante Perspektive eines verständigen objektiven Betrachters in der Situation des Handelnden zu beurteilen (vgl. BGH NStZ 1983, 117; *Fischer*, § 32 Rn. 29 f.). Dem C stand aber die Möglichkeit nicht offen, den D mit Hilfe des im Besitz des B befindlichen Antiserums zu retten, von dem er gar nichts wusste.

119 *Schilling*, Der Verbrechensversuch des Mittäters und des mittelbaren Täters, S. 108 f. Dabei lautet der in dem Zitat ausgesparte Satz: „M. a. W.: Eine einheitliche

Aber auch bei anderen Autoren finden sich Formulierungen, die auf ein konsequentes Verständnis der Tatbestandsbezogenheit des Täterbegriffs im hier vertretenen Sinn schließen lassen: So formuliert *Gallas*: „Die formal-objektive Theorie hat also (…) im *Ergebnis* recht, wenn sie die Täterschaft als Vornahme der tatbestandsmäßigen Handlung bestimmt und in der Tatbestandsmäßigkeit zugleich das die Täterhandlung von der Teilnehmerhandlung unterscheidende Merkmal sieht.“[120] und „Der hier vertretene Täterbegriff ist insofern ein ‚*restriktiver*‘ (…), als (…) nur die Vornahme der tatbestandsmäßigen *Handlung* Täterschaft zu begründen vermag.“[121] Bei *Lange* finden sich die Aussagen: „Täter kommt von Tat. Täter ist, wer dem Tatbestand entsprechend handelt. Die Handlung der einzelnen Delikte in ihrer jeweiligen Typik und Besonderheit ist daher der Grund und die Grenze des Täterbegriffs.“[122] und „Zur theoretischen Erfassung aller Fälle bleibt nur eine Formel übrig, die unter Verzicht auf inhaltliche Bestimmungen zum Ausgangspunkt zurückkehrt: Täter ist, wer dem Tatbestand entsprechend handelt.“[123] *Franzheim* nimmt auf die beiden vorgenannten Autoren Bezug und stimmt ihnen zu.[124] Genannt werden kann hier zudem *Mayer*: „Die neuere wissenschaftliche Entwicklung steuert auf einen Täterbegriff zu, der als ‚*tatbestandsbezogen*‘ bezeichnet werden darf. (…) *Der tatbestandsbezogene Täterbegriff* erfaßt als Täter denjenigen und nur denjenigen, der voll verantwortlich den im besonderen Teil beschriebenen Tatbestand in eigener Person setzt, sei es mit eigener Hand, sei es mit Hilfe fremder Hände; möglicherweise der Hände des Verletzten selbst. Nach dieser Ansicht ist es also kein Mangel, wenn das Gesetz uns keine allgemeine Täterdefinition liefert, weil sich aus den

---

Täterlehre liegt nur dann vor, wenn das Handeln des mittelbaren Täters und des Mittäters *derselben tatbestandlichen Handlungsumschreibung* entspricht, wie dies für den unmittelbaren Alleintäter zutrifft.“ Dieser Satz wurde ausgespart, weil er nach hier vertretener Ansicht nicht richtig ist, da er dem konstitutiven Charakter der §§ 25 Abs. 1 2. Var. und 25 Abs. 2 StGB nicht gerecht wird, und auch nicht in notwendigem Zusammenhang zu den beiden anderen Aussagen steht. Siehe hierzu unten S. 108 inkl Fn. 224.

120 *Gallas*, Beiträge zur Verbrechenslehre, S. 137. Wobei der Annahme, dass die formal-objektive Theorie die Frage der Täterschaft unmittelbar an die der Tatbestandsmäßigkeit bindet, nicht zugestimmt werden kann, da sie im Rahmen der Mittäterschaft auch eine „Teiltatbestandsmäßigkeit“ zur Begründung der Täterschaft ausreichen lässt.

121 *Gallas*, Beiträge zur Verbrechenslehre, S. 143.

122 *Kohlrausch/Lange*, Vor § 47, S. 158.

123 *Lange*, Der moderne Täterbegriff und der deutsche Strafgesetzentwurf, S. 39.

124 *Franzheim*, Die Teilnahme an unvorsätzlicher Haupttat, S. 36 f.

einzelnen Tatbestandsbeschreibungen jeweils ergibt, wer Täter ist. Der wissenschaftlichen Lehre ist es sogar verboten, einen verallgemeinernden Täterbegriff zu entwickeln, weil ein solcher verallgemeinerter Täterbegriff die Tatbestandsbeschreibung in gesetzwidriger Weise erweitern müßte."[125]

125 *Mayer*, FS f. Rittler, 243, 244 f. Es sei allerdings angemerkt, dass die Annahme eines Verbots, „einen verallgemeinernden Täterbegriff zu entwickeln, weil ein solcher verallgemeinerter Täterbegriff die Tatbestandsbeschreibung in gesetzwidriger Weise erweitern müßte", soweit dieses auf eine Unvereinbarkeit mit dem Gesetzlichkeitsprinzip des Art. 103 Abs. 2 GG gestützt wird, vor dem Hintergrund des heutigen § 25 StGB nicht (mehr) haltbar ist, da dieser als gesetzlich verankerte Norm seinem Wortlaut nach einer Auslegung zugänglich ist, *die die Frage der Täterschaft über die der Tatbestandsverwirklichung hinaus ausdehnt* – auch wenn eine derartige Auslegung nicht überzeugt.

IV. Folgen eines konsequent tatbestandsbezogenen Täterbegriffs

Es wurde bereits dargelegt, dass insofern Übereinstimmung mit der Tatherrschaftslehre im Sinne *Roxins* besteht, als diese auch einen restriktiven Täterbegriff postuliert, also unter Täterschaft Tatbestandsverwirklichung versteht. Vor diesem Hintergrund mag es erstaunen, dass *Roxin* den am Ende des vorangegangenen Abschnitts dargestellten Bekundungen kritisch gegenübersteht.[126] Insbesondere sei der Täterbegriff, so *Roxin*, „durchaus nicht tatbestandsbezogen, wenn man diesen Gedanken so auffassen wollte, daß es grundsätzlich unrichtig sei, über den Einzeltatbestand hinausgreifende Täterkriterien zu entwickeln".[127] In seiner Kritik offenbart sich indes zweierlei: Zum einen postuliert *Roxin* zwar einen in diesem Sinne restriktiven Täterbegriff, zieht aber nicht die notwendigen Schlüsse aus diesem Postulat. Zum anderen beruht die besagte Kritik aber auch auf einem Missverständnis. Denn die Annahme, dass sich die Frage der Täterschaft in der nach der Tatbestandsverwirklichung erschöpft, bedeutet nicht, dass damit im Hinblick auf die Frage der Täterschaft „eine für jeden Tatbestand abweichende gesetzliche Wertung" gefordert wird, die zu einem „Wertungs-Chaos" führen muss.[128] Verallgemeinernde, auf etwaige Strukturübereinstimmungen bei den verschiedenen Tatbeständen zugeschnittene Kriterien sind durchaus möglich und sinnvoll. Entscheidend ist nur, anzuerkennen und auch in Rechnung zu stellen, dass die für die Frage der Täterschaft allein maßgebliche Frage die nach der Tatbestandsverwirklichung sein sollte. Damit sind die Sachkriterien, die zur Kennzeichnung des Täters vorgeschlagen und herangezogen werden – insbesondere auch der Tatherrschaftsgedanke – *nicht grundsätzlich abgelehnt*.[129]

---

126 *Roxin*, Täterschaft und Tatherrschaft, S. 441 ff. (insb. S. 442 f.).

127 *Roxin*, Täterschaft und Tatherrschaft, S. 442.

128 *Roxin*, Täterschaft und Tatherrschaft, S. 443.

129 Es ist nicht Zielsetzung dieser Arbeit, die verschiedenen angebotenen Sachkriterien, die zur Kennzeichnung des Täters angeboten werden, als solche zu hinterfragen und auf ihre Überzeugungskraft hin zu überprüfen – wobei der Verfasser den Tatherrschaftsgedanken für ein in der Sache oftmals weiterführendes Kriterium hält –, sondern deren dogmatische Einordnung als *Täter*kriterien, die dazu verleitet, den Blick von der hinsichtlich der Täterschaft richtigerweise letztlich allein entscheidenden Frage – nämlich der nach der Verwirklichung des Unrechtstatbestandes – abzulenken, was zu einer Verschiebung des Blickwinkels auf den Problemkomplex Täterschaft führt.

Aber – und damit ist eine der wichtigsten Konsequenzen des hier vertretenen restriktiven, konsequent tatbestandsbezogenen Täterbegriffs aufgezeigt – die Kriterien dürfen jedenfalls *nicht als „Täterkriterien"*, sondern müssen *als Auslegungskriterien* verstanden werden.[130] Denn ein bestimmtes Sachkriterium kann logisch nicht Voraussetzung der Täterschaft sein, wenn sich die Frage nach der Täterschaft in der nach der Tatbestandsverwirklichung erschöpft – es ist dann gar kein Raum für ein (weiteres) *Täter*kriterium mit eigenständigem Gehalt. Ein solches Kriterium kann nur Voraussetzung der Tatbestandsverwirklichung sein, die zur Täterschaft führt. Stellt man beispielsweise auf den Tatherrschaftsgedanken ab, heißt das: Es ist nicht derjenige Täter, der Tatherrschaft hat. Sondern derjenige, der unter anderem (!) Tatherrschaft hat, verwirklicht den Tatbestand und ist deshalb Täter.[131]

Obwohl *Roxin* die Annahme eines in diesem Sinne restriktiven Täterbegriffs postuliert[132], setzt er sich dadurch, dass er die Tatherrschaft als *Täter*kriterium propagiert, in Widerspruch zu diesem Postulat, da – wie eben dargelegt – logisch kein Raum für beide Annahmen besteht. Die Inkonsistenz lässt sich anhand der im Rahmen der Analyse der Täterschafts-Theorien dargestellten Skizze verdeutlichen[133]: Wenn der Bereich der Täterschaft mit dem der Tatbestandsverwirklichung identisch ist, es also – bildlich gesprochen – überhaupt keine zusätzliche

---

130 Wie beispielsweise die Kausalität und die objektive Zurechnung auch als allgemeine Auslegungsmerkmale bei den Erfolgsdelikten verstanden werden. Hier zeigt sich nun die Differenz zu *Roxin*, der zwar den restriktiven Täterbegriff postuliert, aber nicht die notwendige Konsequenz, den Tatbestand als allein entscheidenden Maßstab anzuerkennen, daraus zieht.

131 Diese Aussage und die nun folgenden Aussagen gelten dem Prinzip nach für jeden Ansatz, der mit einem „verselbstständigten *Täter*kriterium" arbeitet. Insofern ist die Konzentration auf den Tatherrschaftsgedanken lediglich als exemplarisch zu verstehen. Sie beruht darauf, dass sich dieser heute weitgehend durchgesetzt hat und – wie bereits erwähnt – auch vom Verfasser in vielen Fällen für in der Sache überzeugend gehalten wird.

132 Siehe hierzu oben S. 25 ff. und S. 32. Vgl. auch *Roxin*, Kriminalpolitik und Strafrechtssystem, S. 20.

133 S.o. S. 28 f. Es wurde schon dort aufgegriffen, dass ungeklärt bleibt, welches Kriterium nun die Grenze der Täterschaft zieht. Demgegenüber bedarf es eines die Täterschaft von der Teilnahme unabhängig von der Tatbestandsverwirklichung abgrenzenden Kriteriums, wenn man nicht davon ausgeht, dass Täter nur ist, wer den Tatbestand verwirklicht, sondern auf der Grundlage der Verhaltenszurechnungsdogmatik von einem extensiven, über die Frage der Tatbestandsverwirklichung hinausgreifenden Täterbegriff ausgeht.

Grenze zu der, die die Tatbestandsverwirklichung zieht, zu ziehen gibt, dann hat ein (weiteres) *Täter*kriterium keine Existenzberechtigung. Nimmt man ein solches dennoch an, stehen – trotz des Bekenntnisses zum restriktiven Täterbegriff – zwei Täterkriterien – um im Beispiel der Tatherrschaftslehre zu bleiben: die Tatbestandsverwirklichung und die Tatherrschaft – nebeneinander. Es bleibt dann unklar, welcher Gesichtspunkt letztlich der entscheidende sein soll. Das *Täter*kriterium unterminiert den eigentlich entscheidenden Aspekt der Tatbestandsverwirklichung, indem es den Blick von der Frage der Tatbestandsverwirklichung ablenkt und eine scheinbar alternative Möglichkeit zur Begründung der Täterschaft eröffnet.

Die oben bereits aufgeworfene Frage, wodurch bei der Tatherrschaftslehre im Sinne *Roxins* denn nun letztlich die Grenze der täterschaftlichen Haftung gezogen wird, durch die Tatherrschaft oder die Tatbestandsverwirklichung, kann richtigerweise nur zugunsten der letztgenannten beantwortet werden, *während der Tatherrschaftsgedanke nur Auslegungskriterium, also Bestandteil der Frage, wann ein Tatbestand verwirklicht ist, sein kann.*

Dabei kann die aufgezeigte Inkonsistenz auch nicht durch den Gedanken der Unterscheidung zwischen formeller und materieller Tatbestandsverwirklichung beseitigt werden, wonach die formelle der „eigentlichen" Tatbestandsverwirklichung, die materielle der durch das Innehaben der Tatherrschaft gekennzeichneten Tatbestandsverwirklichung entsprechen soll[134], also dadurch, dass demjenigen, der Tatherrschaft hat, zumindest „materielle" Tatbestandsverwirklichung bescheinigt wird:

Geht man davon aus, dass die Tatbestandsverwirklichung das einzige und entscheidende Kriterium der Täterschaft ist, so kann damit nur „formelle" Tatbestandsverwirklichung gemeint sein: In einem deduktiven, durch das Gesetzlichkeitsprinzip geprägten Strafrechtssystem (Art. 103 Abs. 2 GG) kann unter Tatbestandsverwirklichung überhaupt nur „formelle" Tatbestandsverwirklichung verstanden werden, da das in Rede stehende Geschehen „formal" dem jeweiligen Tatbestand entsprechen, es mit anderen Worten mit dem Wortlaut des jeweiligen Tatbestandes (noch) in Einklang gebracht werden können muss.[135] Demjenigen, dessen Verhalten sich nicht mehr unter den Tatbestand

134 Vgl. *Gallas*, Beiträge zur Verbrechenslehre, S. 140, 141 f.; *Roxin*, AT II, § 25 Rn. 29.

135 Das entspricht einem insoweit überzeugenden Grundgedanken der formal-objektiven Theorie. Nur löst sie sich zum einen hinsichtlich der Mittäterschaft selbst von dieser Annahme. Zum anderen heißt das noch nicht, dass die Tatbestände auch immer eng im Sinne des nach dem allgemeinen Sprachgebrauch nächstliegenden Verständnisses ausgelegt werden müssten. Es darf lediglich die Grenze dessen, was nach dem

subsumieren lässt, kann auch nicht mit dem Argument, dass er Tatherrschaft (im Sinne eines [mit-]entscheidenden Einflusses auf das Geschehen) habe, die zumindest „materielle" *Verwirklichung des Tatbestandes* vorgeworfen werden. Das wäre nichts anderes als eine teleologisch begründete Überschreitung der Wortlautgrenze des jeweiligen Tatbestandes, die gegen das Analogieverbot verstieße.

Soll mit „materieller" Tatbestandsverwirklichung dagegen nur gemeint sein, dass (auch) die Tatherrschaft inhaltliches *Kriterium der Tatbestandsverwirklichung* ist, also derjenige, der Tatherrschaft hat, den Tatbestand bei Vorliegen auch der weiteren Voraussetzungen verwirklicht, stimmt das mit der hier vorgenommenen Einordnung der Tatherrschaft als Auslegungskriterium überein.[136]

Dann ist mit der Formulierung „materielle" Tatbestandsverwirklichung aber kein über die „formelle" Tatbestandsverwirklichung hinausgehender Gehalt verbunden, weil die „materielle" Tatbestandsverwirklichung dann Bestandteil der „formellen" Tatbestandsverwirklichung ist. Die Formulierung „materielle" Tatbestandsverwirklichung ist in dem Fall überflüssig respektive sogar zu vermeiden, weil sie suggeriert, dass man sich mit dem Argument der „materiellen" Tatbestandsverwirklichung (aufgrund des Innehabens von Tatherrschaft) über die rechtsstaatliche Notwendigkeit der „formellen" Tatbestandsverwirklichung hinwegsetzen könnte.

Die hier aufgezeigte Unschlüssigkeit eines „verselbstständigten" Täterkriteriums beleuchten zu Recht auch *Freund* und *Haas* aus einem jeweils anderen Blickwinkel:

Freund weist darauf hin, dass die Tatherrschaft als Täterkriterium letztlich haltlos im Raum stehe, da notwendiger Bezugspunkt der Tatherrschaft die „Tat" im Sinne der Tatbestandsverwirklichung sei, folglich das Kriterium der Tatherrschaft solange wertlos bleibe, solange nicht geklärt sei, was genau unter der „Tat" zu verstehen sei. Sei die Frage der „Tat" – also der Tatbestandsverwirklichung – aber geklärt, bedürfe es keines *zusätzlichen* Herrschaftserfordernisses bzw. entbehre ein solches der Berechtigung. Wenn man die Täterschaft mit dem Vorliegen des *Täter*kriteriums Tatherrschaft begründe, nehme man stillschweigend

---

allgemeinen Sprachgebrauch noch mit dem Wortlaut der Tatbestände vereinbart werden kann, nicht überschritten werden. Hierzu im Einzelnen sogleich S. 69 ff.

136 So ließe sich die Formulierung bei *Gallas*, Beiträge zur Verbrechenslehre, S. 141 f. verstehen. Wobei es dann genauer hätte heißen müssen: „Die Tatherrschaft ist das sachliche Kriterium, anhand dessen die Handlung als tatbestandsmäßige und damit als Täterhandlung zu interpretieren ist."

an, was eigentlich gerade klärungsbedürftige Voraussetzung der Täterschaft sei: die Tatbestandsverwirklichung.[137]

Haas greift diesen Ansatz auf und präzisiert das Problem dahingehend, dass die Tatherrschaft als *separater* Bestandteil innerhalb des Tatbestandes aufgefasst werde.[138] Dabei dürfte diese Formulierung folgendermaßen zu verstehen sein: Die Tatherrschaft wird als separater Bestandteil innerhalb des Tatbestandes aufgefasst und gerade nicht als zum Tatbestand zugehöriger Teil. Spinnt man diesen Gedanken noch etwas weiter, so lässt sich das Problem auch so formulieren: Begriffen als *Täter*kriterium ist die Tatherrschaft ein Fremdkörper im Deliktsaufbau, der sich in die Deliktsprüfung strukturell nicht einordnen lässt, da diese die Frage der (Straf-)*Tat* klärt.

Ein Verständnis des Tatherrschaftsgedankens als Auslegungskriterium trägt diesen begründeten Kritiken Rechnung, da der Tatherrschaftsgedanke dann als impliziter Bestandteil der Frage nach der Tatbestandsverwirklichung begriffen und dieser strukturell zugeordnet wird.

Aus den vorangegangenen Überlegungen mag sich zunächst kein großer Erkenntnisgewinn zu ergeben, der Unterschied in der Betrachtungsweise auf den ersten Blick bloß auf ein „terminologisches Umräumen von Möbeln" gerichtet zu sein scheinen, wenn hier gefordert wird, dass ein Täterkriterium nicht als *Täter*kriterium, sondern „nur" als *Auslegungs*kriterium (mithin als *Tat*kriterium) verstanden werden dürfe. Es wird sich indes noch zeigen, dass sich auf der Grundlage dieser Überlegungen der Blick auf den Komplex der Täterschaft doch verschiebt. Eine wichtige Folge dieser Überlegungen ist die Einsicht, dass der Tatherrschaftsgedanke bzw. jedes Kriterium, das zur sachlichen Kennzeichnung des Täters angeboten wird, immer nur *im Rahmen der Auslegung* des jeweiligen Tatbestandes Geltung beanspruchen kann. Das bedeutet, dass auch insoweit die *Wortlautgrenze* zu beachten ist und ein „Täter-"Kriterium folglich nur *im Rahmen des bestehenden Auslegungsspielraums* zur Begründung der Tatbestandsmäßigkeit (*und damit* der Täterschaft), *nicht dagegen zur teleologischen Überwindung der tatbestandlichen Grenzen* herangezogen werden kann.

---

137 Vgl. *Freund*, AT, § 10 Rn. 47, 65 ff. Auch diese Überlegung lässt sich auf jedes verselbstständigte *Täter*kriterium übertragen, da ein solches immer notwenig auf die „Tat", die durch die Unrechtstatbestände definiert wird, bezogen sein muss und die Idee eines verselbstständigten Täterkriteriums insofern bereits in sich unschlüssig ist.

138 *Haas*, Die Theorie der Tatherrschaft und ihre Grundlagen, S. 40 f. Auch diese Überlegung lässt sich auf jedes verselbstständigte Täterkriterium übertragen.

V. Zum Tatbegriff

Der folgende Abschnitt setzt sich mit dem Tatbegriff, also der Frage nach den allgemeinen Voraussetzungen der Tatbestandsverwirklichung auseinander. Im Ergebnis wird der in der Literatur heute herrschende, durch die Kriterien der Kausalität und der objektiven Zurechnung gekennzeichnete, „gemäßigt-extensive" Tatbegriff auch hier für grundsätzlich überzeugend erachtet. Warum und mit welchen Einschränkungen wird dargelegt werden. Ausgehend hiervon wird der Fokus darauf gerichtet sein, die täterschaftliche Haftung auch des mittelbaren Täters und des Mittäters, die nicht nur teleologisch geboten, sondern auch gesetzlich in § 25 StGB angeordnet ist, über den Tatbegriff zu erfassen, also darzulegen, ob, wie und wieweit demjenigen, der das deliktische Geschehen phänotypisch nicht alleine, sondern durch einen instrumentalisierten Dritten bzw. arbeitsteilig mit anderen (mit-)bewirkt, tatbestandsverwirklichendes Verhalten attestiert und damit die täterschaftliche Haftung begründet werden kann.

1. Der „gemäßigt-extensive" Tatbegriff als Ausgangspunkt

Unabdingbare Vorfrage der Frage, ob, wie und wieweit demjenigen, der das deliktische Geschehen phänotypisch nicht alleine, sondern durch einen instrumentalisierten Dritten bzw. arbeitsteilig mit anderen (mit-)bewirkt, tatbestandsverwirklichendes Verhalten attestiert werden kann, ist zunächst die nach dem zugrunde zu legenden Tatbegriff.

a) Zum extensiven Tatbegriff der subjektiven (Täterschafts-)Theorie

Der extensive Tatbegriff beruht auf einer extensiven, auf dem Kausalitätsgedanken im Sinne der Äquivalenztheorie fußenden Interpretation der Tatbestände.[139] Jeder, dessen Verhalten als „conditio-sine-qua-non" (mit-)ursächlich im Sinne der Äquivalenztheorie für die Verwirklichung des Tatbestandes ist, haftet unmittelbar aus diesem. Eine Einschränkung der beinahe uferlosen tatbestandlichen Haftung, die aus dieser weiten Auslegung der Tatbestände resultiert, erfolgt allein anhand der weiteren, strukturell nachgeordneten Voraussetzungen der Strafbarkeit.

139 S.o. S. 18 ff.

Bereits auf der Ebene des einfachen Gesetzes sprechen allerdings eine Vielzahl von Argumenten gegen den extensiven Tatbegriff[140], weshalb heute weitgehend Konsens über die Unhaltbarkeit einer allein auf den Gedanken der Kausalität gestützten Auslegung der Tatbestände besteht[141]:

Zunächst ist der extensive Tatbegriff nicht mit den verschiedenen gesetzlichen Regelungen zur Teilnahme in Einklang zu bringen. Zum einen steht ihm die – wenn auch limitierte – Akzessorietät der Teilnahme entgegen. Denn derjenige, der durch das Hervorrufen des Tatentschlusses oder sonstige Unterstützungshandlungen mittelbar kausal für die Verwirklichung des Tatbestandes wird, müsste unabhängig davon, ob der auf der Kausalkette Nachfolgende vorsätzlich und rechtswidrig handelt, unmittelbar aus dem Tatbestand haften, sofern bei ihm die weiteren Voraussetzungen der Strafbarkeit vorliegen.[142] Darüber hinaus muss die Annahme, dass jeder, der einen kausalen Beitrag leistet – und damit auch der Teilnehmer –, den Tatbestand verwirklicht und sich die Haftung des Teilnehmers dementsprechend unmittelbar aus dem jeweiligen Tatbestand ergibt, konsequenterweise zu den Schlüssen führen, dass zum einen auch die versuchte Teilnahme als versuchte Tatbestandsverwirklichung grundsätzlich im gleichen Umfang wie die versuchte Täterschaft zu bestrafen ist[143], zum anderen, dass auch beim Teilnehmer die besonderen persönlichen Merkmale, die ein Tatbestand vorsieht, vorliegen müssen, um seine Haftung direkt aus dem Tatbestand begründen zu können. Beides entspricht nicht der Gesetzeslage: Die versuchte Teilnahme ist gemäß § 30 StGB nur in gegenüber dem Umfang der „täterschaftlichen Versuchsstrafbarkeit" sehr eingeschränktem Maß strafbar. Und gemäß § 28 Abs. 1 StGB ist die Teilnahme an einem bestimmten Delikt auch strafbar, wenn das besondere persönliche Merkmal beim Teilnehmer nicht vorliegt. Nicht zuletzt erklärt sich die gesetzliche Verankerung der Teilnahme überhaupt auf der Grundlage des extensiven Tatbegriffs nicht.[144] Denn wenn der Teilnehmer den Tatbestand verwirklichen würde, dann bedürfte es der Teilnahmevorschriften nicht zur Haftungsbegründung. Die Regelung der Anstiftung wäre damit vor dem Hintergrund, dass diese zudem auf der Rechtsfolgenseite den Strafrahmen

140 Ein Überblick über die Argumente und eine umfangreiche Ausarbeitung dieser findet sich bei *Renzikowski*, Restriktiver Täterbegriff und fahrlässige Beteiligung, S. 14 f., 58 ff.

141 Z.B. HK-GS/*Ingelfinger*, § 25 Rn. 2; Sch/Sch/*Heine/Weißer*, Vorbem. §§ 25 ff. Rn. 8, LK/*Schünemann*, 12. Aufl., Vor § 25 Rn. 11 ff.

142 LK/*Schünemann*, 12. Aufl., Vor § 25 Rn. 12.

143 Vgl. *Renzikowski*, Restriktiver Täterbegriff und fahrlässige Beteiligung, S. 14.

144 Vgl. LK/*Schünemann*, 12. Aufl., Vor § 25 Rn. 13.

des durch die Haupttat verwirklichten Tatbestandes anordnet, gänzlich überflüssig. Die Funktion der Beihilferegelung würde sich auf die Anordnung der obligatorischen Strafmilderung in den besonderen Fällen der „beihilfemäßigen Tatbestandsverwirklichung" reduzieren. Damit wäre § 27 StGB zwar nicht gänzlich funktionslos. Regelmäßig aber könnte dem geringeren Schuldgehalt einer „beihilfemäßigen Tatbestandsverwirklichung" auch im Rahmen der Strafzumessung auf der Grundlage des nicht gemilderten Strafrahmens hinreichend Rechnung getragen werden.

Des Weiteren lässt sich der extensive Tatbegriff nicht mit der durch die Anordnung der Versuchsstrafbarkeit gesetzlich geforderten Unterscheidung zwischen grundsätzlich straflosen Vorbereitungs- und strafbaren Versuchshandlungen vereinbaren.[145] Denn mit der Vollendung des Delikts wird bei einer allein kausalitätsorientierten Auslegung jeder auch noch so mittelbare, kausale Beitrag zur Tat gleichermaßen zur Tathandlung. Sind aber alle auf dem Kausalitätsstrang zur Tatvollendung liegenden Verhaltensweisen für die Frage der Tatbestandsverwirklichung indifferent, so kann eine Unterscheidung dieser Verhaltensweisen anhand der Frage, welche qualitative Rolle sie für die Tatvollendung spielen, nicht erfolgen und damit die bloße Vorbereitungshandlung von der Versuchshandlung nicht objektiv unterschieden werden.

Über die Ebene des einfachen Rechts hinausgehend begegnet der extensive Tatbegriff aber auch durchgreifenden verfassungsrechtlichen Bedenken. Eine allein am Kausalitätsgedanken orientierte (generelle) Auslegung der Straftatbestände überdehnt diese soweit, dass dies zu einer nicht mehr mit dem Gesetzlichkeitsprinzip des Art. 103 Abs. 2 GG in Einklang zu bringenden Konturenlosigkeit der Tatbestände führt:

Zur Verdeutlichung der sich ergebenden Überdehnung der Tatbestände sei auf das bekannte – etwas plakative, aber zur Illustration dienliche – Beispiel der „Eltern des Mörders" verwiesen: Mit dem Zeugungsakt sind diese kausal im Sinne des Conditio-sine-qua-non-Gedankens für den späteren Tod des Opfers geworden, sie haben diesen (mit-)verursacht. Dennoch lässt sich das von ihnen an den Tag gelegte (mit-)ursächliche Verhalten auch bei großzügigstem Wortverständnis nicht mehr als „Töten" im Sinne des allgemeinen Sprachgebrauchs begreifen. Erst recht gilt dies für enger formulierte Tatbestände, die das vorausgesetzte Verhalten genauer beschreiben respektive sich plastischerer Begriffe bedienen. So nehmen beispielsweise die Eltern des Diebes mit dem Zeugungsakt evident nicht weg. Die Unvereinbarkeit einer allein auf dem Kausalgedanken

145 Vgl. *Renzikowski*, Restriktiver Täterbegriff und fahrlässige Beteiligung, S. 62 f.

fußenden extensiven Interpretation der Tatbestände mit deren Wortlaut begründet sich letztlich darin, dass kein Straftatbestand ausschließlich einen *beliebig* herbeizuführenden Zustand beschreibt, sondern jeder Tatbestand auch mehr oder weniger konkret einen bestimmten Geschehensablauf, ein mehr oder weniger bestimmtes Verhalten beschreibt.[146] Eine allein kausalitätsorientierte Interpretation der Tatbestände verstößt daher gegen das im Gesetzlichkeitsprinzip – neben den Geboten der „lex scripta", der „lex praevia" und der „lex certa" – verankerte Gebot der „lex stricta", namentlich die qualifizierte Gesetzesbindung des Richters.[147] Das Gebot der „lex stricta" statuiert ein deduktives Strafrechtssystem mit haftungsbegrenzender Funktion der Tatbestände. Ohne die qualifizierte Bindung des Richters an das Gesetz liefen die weiteren im Gesetzlichkeitsprinzip verankerten – und dem Gebot der „lex stricta" strukturell vorgeordneten – Gebzw. Verbote leer.[148] Die besonderen Anforderungen, denen Strafgesetze durch die Gebote der „lex scripta, praevia et certa" unterworfen sind, wären weitgehend bedeutungslos, wenn sich der Strafrichter nicht auch an das Strafgesetz gebunden sähe. Gleichzeitig obliegt und gebührt es dem Strafrichter zwar, das Strafgesetz durch Auslegung zu konkretisieren. Dabei ergibt sich die Grenze zulässiger Auslegung aber wegen der aus dem Gesetzlichkeitsprinzip folgenden qualifizierten Bindung des Richters an das Strafgesetz aus dem noch möglichen Wortsinn.[149] Ein Tatbegriff, dem – wie gezeigt – die Überschreitung der Wortlautgrenze immanent ist, ist folglich mit dem Gesetzlichkeitsprinzip nicht zu vereinbaren.

---

146 Siehe auch *Bruns,* Kritik der Lehre vom Tatbestand, S. 53, der daraus zu Recht den Schluss zieht, dass die Tatbestände „typisierte Interessenverletzungen und nicht nur die Verletzung typisierter Interessen" kennzeichnen.

147 Siehe auch *Bruns,* Kritik der Lehre vom Tatbestand, S. 54 ff.; *Grünhut*, JW 1932, 366; *Jescheck/Weigend,* AT, S. 651; *Maurach/Gössel/Zipf*, AT II, 7. Aufl., § 47 Rn. 40; *Mayer*, FS f. Rittler, 243, 251; *Zimmerl*, ZStW 49 (1929), 39, 41; von einer unzulässigen Auflösung der tatbestandlichen Grenzen gehen auch *Renzikowski*, Restriktiver Täterbegriff und fahrlässige Beteiligung, S. 59 ff., und *Hake*, Beteiligtenstrafbarkeit und „besondere persönliche Merkmale", S. 39 inkl. Fn. 31, aus, die allerdings daraus nicht den – richtigen – Schluss eines Verstoßes gegen das Gesetzlichkeitsprinzip zu ziehen scheinen.

148 Vgl. auch MK/*Schmitz*, § 1 Rn. 67.

149 Vgl. BVerfGE 71, 108, 115; 73, 206, 235 f.; 82, 236, 269; 87, 209, 223 f.; 92, 1, 12; 105, 135, 157; BGHSt 43, 237, 238; 48, 354, 357; LK/*Dannecker*, 12. Aufl., § 1 Rn. 111, 238, 250 m.w.N.

Dabei soll im Übrigen nicht die Behauptung aufgestellt werden, dass es sich bei der Wortlautgrenze um eine immer eindeutig ziehbare Grenze handelt.[150] Auch hier liegt „Streitpotential": Was der eine seinem jeweiligen semantischen Verständnis nach gerade noch als mit dem Wortlaut vereinbar ansieht, wird der andere schon als gerade nicht mehr mit dem Wortlaut vereinbar empfinden. Man stößt hier letztlich an die Grenze der Verobjektivierbarkeit und damit Berechenbarkeit des Rechts, die notwendig daraus resultiert, dass Rechtsnormen keine gänzlich abstrakten, logisch zwingenden, aber damit auch rein theoretischen Konstrukte sind wie mathematische Gleichungen. Das können sie nicht sein, weil sie sich inhaltlich mit der menschlichen Lebenswirklichkeit auseinanderzusetzen haben und dazu auf die Sprache als Kommunikationsmittel angewiesen sind, die als solche bereits nicht objektiv und logisch in einem mathematischen Sinn ist, sondern nicht unerhebliche Unschärfen und Unschlüssigkeiten mit sich bringt und sich laufend entwickelt. Dennoch muss methodisch der Maßstab für die äußerste Grenze der tatbestandlichen Haftung das nach allgemeinem Wortverständnis „Nochzuerfassende" sein. Denn die tatbestandliche Verfasstheit der Straftaten dient (auch) dem Schutz des Bürgers vor dem willkürlichen Zugriff des Staates.[151] Diese Schutzfunktion verfassungsrechtlich zu sichern, ist der Zweck des Art. 103 Abs. 2 GG. Dann aber muss auch das noch mögliche Wortverständnis des Bürgers als Adressat und gleichzeitig „Schutzbefohlenem" des Tatbestandes die *Grenze der möglichen Haftung* markieren. Das rechtsstaatliche Konzept des Gesetzlichkeitsprinzips liefe ohne die Orientierung der Auslegungsgrenze an dem nach allgemeinem Wortverständnis noch Erfassbaren – an der Wortlautgrenze – leer. Es endet daher jede Auslegungsmöglichkeit an der Wortlautgrenze.[152]

Gleichwohl sollen auch die Vorteile des extensiven Tatbegriffs nicht verschwiegen werden. Sie liegen zum einen darin, dass der extensive Tatbegriff

---

150 Vgl. auch MK/*Schmitz*, § 1 Rn. 71 m.w.N.

151 Grundlegend hierzu schon *v. Liszt*, Strafrechtliche Aufsätze und Vorträge, Band II, S. 79 ff.

152 Ebenfalls *Küper*, GA 1997, 301, 313. Dementsprechend überzeugt es auch nicht, wenn *Hake* und *Renzikowski* (siehe Fn. 147) zwar die Auflösung der Tatbestandskonturen monieren, daraus aber nicht den Schluss eines Verstoßes gegen das Gesetzlichkeitsprinzip des Art. 103 Abs. 2 GG ziehen: Gegenstand des Gesetzlichkeitsprinzips ist auch die Bindung der Rechtsprechung insoweit, als sie dessen Konzept im Übrigen nicht mit dem Argument, sie habe die Interpretationshoheit, konterkarieren darf. Die Interpretationshoheit endet dort, wo der Bürger *nach seinem allgemeinen Wortverständnis nicht mehr mit Bestrafung rechnen muss.*

mit dem Anknüpfen an die Frage der Kausalität ein verhältnismäßig klares, abgrenzungsscharfes Kriterium als generellen Auslegungsmaßstab anbietet[153], und zum anderen darin, dass er dem Richter recht große Bewegungsspielräume zubilligt und damit die „Gefahr von Strafbarkeitslücken" – also die Gefahr, dass strafwürdiges Verhalten mangels Subsumierbarkeit nicht bestraft werden kann – reduziert. Als von der „Gefahr der Straflosigkeit" bedrohte, strafwürdige Verhaltensweisen kann man insbesondere die fahrlässige Veranlassung oder Unterstützung einer vorsätzlichen Tatbestandsverwirklichung (die „fahrlässige Teilnahme") sowie die mittelbare Täterschaft ansehen.[154] Nicht zuletzt die Suche nach einer dogmatisch tragfähigen Begründungsmöglichkeit für die unter Strafwürdigkeitsgesichtspunkten als notwendig empfundene Strafbarkeit der mittelbaren Täterschaft hatte dem extensiven Tatbegriff historisch vorübergehend Zulauf verschafft.[155] Die Sorge um die mögliche Straflosigkeit der mittelbaren Täterschaft auf der Grundlage eines restriktiv(er)en Tatbegriffs ist allerdings seit der gesetzlichen Verankerung der mittelbaren Täterschaft durch das Zweite Gesetz zur Reform des Strafrechts (2. StrRG) vom 04.07.1969 unbegründet.

Davon abgesehen mag man die genannten Aspekte zwar für vorteilhaft halten. Das verhilft dem extensiven Tatbegriff aber nicht zu mehr Richtigkeit:

Das Kausalitätskriterium mag als Auslegungskriterium zwar den Vorteil der Abgrenzungsschärfe haben, aber deshalb kann es dennoch nur im Rahmen des vom jeweiligen Tatbestand zur Verfügung gestellten Auslegungsspielraums zur Anwendung kommen. Dass es sich um ein (vergleichsweise) griffiges Kriterium handelt, rechtfertigt es nicht, es inflationär, bezogen auf jeden Tatbestand[156] und ohne Ansehung der jeweiligen tatbestandlichen Grenzen einzusetzen. Die

---

153 Natürlich ist auch die Frage der Kausalität nicht immer einfach zu beantworten und bietet gelegentlich Spielraum zur Uneinigkeit. Dennoch bietet die Kausalität als Kriterium, das die „Tatsachenfrage" in den Vordergrund stellt und damit zumindest weniger wertungsgeprägt ist als andere Auslegungskriterien (dazu, dass auch die Kausalitätsfeststellung nach der Conditio-Formel jedenfalls nicht völlig wertungsfrei ist, siehe *Frisch*, FS f. Gössel, 51), *relativ* wenig Diskussionsraum. Beispielsweise lässt die Grundfrage der objektiven Zurechnung danach, ob der tatbestandliche Erfolg als „Werk" des jeweils Betreffenden angesehen werden kann, erheblich größere Diskussionsräume.

154 *Kloke*, Der strafrechtliche Täterbegriff, S. 44 f.; *Lony*, Extensiver oder restriktiver Täterbegriff?, S. 2, 5 ff.

155 Vgl. *Lony*, Extensiver oder restriktiver Täterbegriff?, S. 3 ff.

156 Insbesondere bezogen auf die sog. Tätigkeitsdelikte, bei denen sich der Tatbestand mit der Beschreibung einer bestimmten Verhaltensweise begnügt, ohne einen von dieser abtrennbaren Außenwelterfolg vorauszusetzen – siehe auch *Roxin*, AT I, § 11 Rn. 1.

Vorstellung, dass auf der Grundlage des Kausalitätsdogmas eine Verobjektivierung des Rechts in einem naturwissenschaftlichen Sinne möglich sein könnte, die die Rechtswissenschaft im fortgeschrittenen 19. Jahrhundert geprägt hat[157] und zur „Herrschaft“ der Kausalitätsfrage über die Tatbestands- bzw. Auslegungsfrage[158] geführt hatte, ist lange überwunden und es ist erkannt, dass die Rechtswissenschaft eine normative Wissenschaft ist, die Kausalität also ein Argument im Rahmen der Bewertung sein, diese aber nicht ersetzen kann.

Die „Gefahr von Strafbarkeitslücken“ kann unter der Geltung des rechtsstaatlichen und durch Art. 103 Abs. 2 GG verfassungsrechtlich festgeschriebenen Gesetzlichkeitsprinzips prinzipiell kein Argument sein, da Strafbarkeitslücken gerade konzeptioneller Ausdruck des Gesetzlichkeitsprinzips sind. Zwar mag man die Straflosigkeit bestimmter, vermeintlich oder tatsächlich strafwürdiger Verhaltensweisen für verfehlt halten. Es ist aber am demokratisch gewählten Gesetzgeber, darüber zu befinden, welches Verhalten straf*würdig* ist. Der Strafrichter ist – aufgrund von Art. 103 Abs. 2 GG mehr noch als der Zivil- oder Verwaltungsrichter – Rechtsanwender und nicht Rechtssetzer. Seine rechtsschöpfende Funktion ist auf die deduktive Konkretisierung des Rechts begrenzt. Er fragt nicht danach, was seines Erachtens strafwürdig ist, also was seines Erachtens nach strafbar sein sollte, sondern danach, was strafbar ist. Das schließt die teleologische Argumentation nicht aus. Im Gegenteil: Es zeichnet den guten Richter aus, das Gesetz zu hinterfragen und dem hinter den Worten stehenden objektiven Sinn des Gesetzes auf den Grund zu gehen. Nur so kann er seiner nicht nur der Rechtssicherheit, sondern auch der Einzelfallgerechtigkeit verpflichteten rechtsprechenden Funktion gerecht werden.[159] Er ist als Strafrichter aber gehalten, ein teleologisch begründetes Ergebnis immer auf die „Nochvereinbarkeit“ mit dem Wortlaut hin zu überprüfen.[160] Nur solange diese noch gewahrt ist, ist die Berufung auf die Teleologie zulässig. Das teleologische Argument wie auch das Argument des Strafbedürfnisses findet seine Grenze im verfassungsrechtlichen Gesetzlichkeitsprinzip.[161]

---

157 Vgl. *v. Stephanitz*, Exakte Wissenschaft und Recht, S. 194 ff.

158 Wobei man allerdings berücksichtigen muss, dass eine fundierte Tatbestandslehre im heutigen Sinne noch gar nicht existierte.

159 So ist beispielsweise auch eine teleologische Reduktion vor dem Hintergrund, dass das Gesetzlichkeitsprinzip den Bürger schützen soll, unbedenklich.

160 MK/*Schmitz*, § 1 Rn. 80.

161 Dies hat bereits das Reichsgericht in seinen berühmten „Stromdiebstahl-Entscheidungen“ herausgestellt (RGSt 29, 111; 32, 165): Da elektrische Energie nicht mehr dem möglichen Wortverständnis des Begriffs „Sache“ unterfällt, war der „Stromdieb“ trotz der sozialethischen Verwerflichkeit seines Verhaltens freizusprechen. Bald darauf

b) Zum restriktiven Tatbegriff der formal-objektiven (Täterschafts-)Theorie

Die haftungsbegrenzende Funktion der Tatbestände als konzeptioneller Ausdruck des rechtsstaatlichen Gesetzlichkeitsprinzips ist der richtige gedankliche Ausgangspunkt des von der formal-objektiven Theorie zugrunde gelegten restriktiven Tatbegriffs.[162] Dieser – inzwischen gleichermaßen wie der extensive Tatbegriff als rechtshistorisch zu bezeichnende – Ansatz überzeugt dahingehend, dass er dem Wortlaut das ihm durch das heute im Grundgesetz verankerte[163] Gesetzlichkeitsprinzip zugesicherte Gewicht einräumt, indem er in methodischer Hinsicht die Wortlautgrenze anerkennt.

Der restriktive Tatbegriff geht allerdings über das nach dem Gesetzlichkeitsprinzip erforderliche Maß an Rechtssicherheit – mithin das erforderliche Maß an Vorhersehbarkeit der Strafbarkeit eines Verhaltens – hinaus, wenn er generell nur solche Verhaltensweisen als tatbestandsmäßig anerkennt, die dem „Tatbestandskern" unterfallen[164] und sich „ohne weiteres" subsumieren lassen[165]. Denn methodisch bedeutete das eine Orientierung der Tatbestandsauslegung am Kernbereich des allgemeinen Sprachgebrauchs unter Zurückstellung einer Auslegung anhand von Systematik, Historie und insbesondere Teleologie.

Eine Orientierung der Auslegung am Kernbereich des allgemeinen Sprachgebrauchs verlangt das Gebot der „lex stricta" nach (jedenfalls heute) ganz herrschender Ansicht im Interesse der Vorhersehbarkeit der Bestrafung indes nicht: Ein Verstoß gegen das Gesetzlichkeitsprinzip in der Ausprägung des „lex stricta"-Gebots ist solange nicht zur besorgen, solange die Auslegung der Strafnorm nicht zu einem Ergebnis führt, das mit dem *noch möglichen* Wortsinn der Strafnorm nicht mehr in Einklang zu bringen ist.[166] Eine weitergehende Beschränkung des Rechtsanwenders folgt aus dem Gesetzlichkeitsprinzip

---

reagierte der Gesetzgeber und stellte den „Stromdiebstahl" im Jahr 1900 als „Entziehung elektrischer Energie" gemäß § 248c StGB unter Strafe.

162 Vgl. *Beling*, Die Lehre vom Verbrechen, S. 20 ff.

163 Vor der Verankerung in Art. 103 Abs. 2 GG fand sich das Gesetzlichkeitsprinzip bereits in Art. 116 der Weimarer Reichsverfassung von 1919, wurde allerdings in der Zeit des Nationalsozialismus – wie die Weimarer Reichsverfassung insgesamt – außer Kraft gesetzt. Einfachgesetzlich wurde das Gesetzlichkeitsprinzip mit Geltung für Gesamtdeutschland bereits in § 2 des Reichsstrafgesetzbuchs von 1871 verschriftlicht.

164 *Beling*, Die Lehre vom Verbrechen, S. 249.

165 *Beling*, Die Lehre vom Verbrechen, S. 250.

166 Vgl. BVerfGE 71, 108, 115; 73, 206, 235 f.; 82, 236, 269; 87, 209, 223 f.; 92, 1, 12; 105, 135, 157; LK/*Dannecker*, 12. Aufl., § 1 Rn. 250; MK/*Schmitz*, § 1 Rn. 63.

demgemäß aber nicht, weshalb die Auslegung im Übrigen auch weit ausfallen darf.[167]

Dem ist zuzustimmen. Ein verfassungsrechtlicher Verweis des (Straf-)Rechtsanwenders auf den Kernbereich des allgemeinen Sprachgebrauchs mit der Folge, dass das Ergebnis der Subsumtion mit dem typischen, im Sinne von „naheliegendem“ Wortverständnis des Gesetzesbegriffs übereinzustimmen hätte, resultiert aus dem Gebot der „lex stricta“ nicht:

Dies würde die an die Vorhersehbarkeit der Strafbarkeit eines Verhaltens verfassungsrechtlich zu stellenden Anforderungen überspannen. Sinn des Art. 103 Abs. 2 GG ist es zu gewährleisten, dass der Normadressat das strafrechtlich Verbotene seines Verhaltens vorhersehen kann[168], mithin gerade in dem sehr grundrechtsintensiven Bereich des Strafrechts nicht dem willkürlichen Zugriff des Staates ausgesetzt ist. Dieser Prämisse ist aber Genüge getan, wenn der Normadressat dem Wortlaut der Norm nach mit Bestrafung rechnen muss. Darauf, dass er mit einer besonders engen Auslegung durch die Rechtsprechung gerechnet habe, kann er sich nicht zurückziehen.[169]

Anderes wäre auch kaum damit in Einklang zu bringen, dass das Grundgesetz der Rechtsprechung als dritter Gewalt einen eigenen Kompetenzbereich zuweist (vgl. Art. 20 Abs. 2 und 3, Art. 92 GG) und dem Richter bei der Gesetzesanwendung – im Strafrecht: solange er den Bereich der Auslegung nicht verlässt – Unabhängigkeit garantiert (vgl. Art. 97 Abs. 1 GG).

Zur Verdeutlichung sei exemplarisch erneut § 212 Abs. 1 StGB in den Blick genommen, der die Strafbarkeit desjenigen festlegt, der „einen Menschen tötet“. Tötungshandlungen, die dem allgemeinen Sprachgebrauch nach „ohne weiteres“ unter den Begriff „Töten“ fallen, sind zum Beispiel Erstechen, Erschießen oder Erwürgen. Dagegen stellt der Schießbefehl des Vorgesetzten bei einem militärischen Erschießungskommando keine in diesem Sinne typische Tötungshandlung dar und zwar insbesondere deshalb nicht, weil der Vorgesetzte den Tod nicht eigenhändig herbeiführt. Man kann daher durchaus darüber streiten, ob (auch) der Vorgesetzte „getötet“ hat – oder ob er nicht vielmehr nur hat töten lassen. Juristisch lässt sich allerdings substantiiert für seine strafrechtliche Haftung gemäß § 212 Abs. 1 StGB argumentieren: § 212 Abs. 1 StGB verbietet das Töten bei Strafe, soll also die Vernichtung menschlichen Lebens verhindern, mithin das Rechtsgut Leben schützen. Der Vorgesetzte ist durch seinen

---

167 Vgl. BVerfG, wistra 2004, 99; MK/*Schmitz*, § 1 Rn. 73.

168 Vgl. BVerfGE 28, 175, 183; 48, 48, 56; 57, 250, 262; BVerfG, wistra 2004, 99.

169 Vgl. BVerfG NJW 1987, 3175.

Schießbefehl aber kausal für den Tod des Erschossenen und damit für die Verletzung des Rechtsguts Leben geworden. Und nicht nur das: Dadurch, dass er die Befehlsgewalt innehatte, hat er auch einen prägenden Einfluss auf das Geschehen gehabt, genau besehen sogar mehr als der einzelne Schütze. Der Tod des Opfers stellt sich mithin gerade (auch) als Ergebnis seines Verhaltens und damit als „sein Werk" dar. Eine Bestrafung des Vorgesetzten gemäß § 212 Abs. 1 StGB unter Berufung auf eine solche Argumentation ist allerdings nur zulässig, wenn das Verhalten des Vorgesetzten dem allgemeinen Sprachgebrauch nach noch als „Töten" verstanden werden kann. Dies wird hier allerdings der Fall sein: Der Begriff „Töten" ist semantisch abstrakt. Er stellt in den Vordergrund, dass jemand als Ergebnis eines Verhaltens tot sein muss. Wie das Verhalten, dessen Folge der Tod eines Menschen ist, im Einzelnen aussieht, ist dagegen nicht entscheidend, solange der Zusammenhang zwischen Verhalten und Tod nicht verblasst.[170] Man wird von dem Vorgesetzten zwar nicht sagen müssen, aber sagen können, dass er durch den Schießbefehl „getötet" hat. Er muss daher mit seiner Bestrafung gemäß § 212 Abs. 1 StGB, die an die Erteilung des Schießbefehls anknüpft, rechnen. Da zumindest die äußerste Grenze des Wortsinns des Begriffs „Töten" nicht überschritten ist, bleibt die Frage der Bestrafung der Rechtsanwendung durch den Strafrichter überlassen.

c) Der „gemäßigt-extensive" Tatbegriff als Synthese der widerstreitenden Funktionen des Straftatbestandes

Die in einem Spannungsverhältnis stehenden Funktionen des Straftatbestandes beschreibt prägnant *Hermann Bruns* einleitend zu seinem Werk „Kritik der Lehre vom Tatbestand", wenn er formuliert: „Die Tatbestände sollen den Verbrechern Schutz gegen Willkür der Gesellschaft, der Gesellschaft Schutz gegen Willkür der Verbrecher bringen."[171]

Dabei ist es ebendie Funktion des Schutzes des Einzelnen gegenüber der Willkür der Gesellschaft, die heute gemäß Art. 103 Abs. 2 GG Verfassungsrang

170 Vgl. auch die Erläuterung des Begriffs „töten" im Duden, Deutsches Universalwörterbuch: „den Tod von jmdm., etw. herbeiführen, verursachen, verschulden." Das Gesetz formuliert eben gerade nicht „ersticht", „erschießt" o.ä.

171 *Bruns*, Kritik der Lehre vom Tatbestand, S. 6. Wobei heute statt des Begriffs „Verbrecher" wohl eine zurückhaltendere Bezeichnung wie z.B. „Einzelner" gewählt würde, da erst der im rechtsstaatlichen Verfahren festgestellte Verstoß gegen das Strafgesetz den Einzelnen – mag er sich auch sozialethisch missbilligenswert verhalten – zum Verbrecher macht.

genießt und in den aus dem Gesetzlichkeitsprinzip folgenden Geboten der „lex scripta, praevia, certa et stricta“ ihren ausdifferenzierten Niederschlag gefunden hat. Insofern spricht für den „gemäßigt-extensiven“ Tatbegriff, dass dieser – insbesondere im Gegensatz zu dem allein an der Kausalität orientierten extensiven Tatbegriff – dem an den Rechtsanwender adressierten Gebot der „lex stricta“ gerecht zu werden vermag. Bietet er doch mit dem die tatbestandliche Haftung einschränkenden Wertungsmerkmal der objektiven Zurechnung ein taugliches Korrektiv an, durch das eine Überschreitung der Grenze des noch möglichen Wortlauts vermieden und somit sichergestellt wird, dass sich die strafrechtliche Haftung im Bereich des Vorhersehbaren bewegt. Denn Fälle, in denen sowohl ein Kausalzusammenhang als auch ein Zurechnungszusammenhang im Sinne der objektiven Zurechnung zwischen Handlung und Erfolg festzustellen, eine Subsumtion aber nicht mehr mit dem noch möglichen Wortlaut vereinbar ist, dürften ausgeschlossen sein: Letztlich die gleichen Gesichtspunkte, die juristisch die objektive Zurechnung begründen, werden dem Laien bei intuitiver Bewertung die strafrechtliche Haftung, also die Erfassung des Lebenssachverhaltes durch den Gesetzesbegriff, zumindest als möglich erscheinen lassen. Aber auch, wenn man die Frage der „Wortlautgrenze“ einmal außer Acht lässt, spricht ganz generell für den „gemäßigt-extensiven“ Tatbegriff das durch die Restriktion der Kausalhaftung gegenüber dem extensiven Tatbegriff erhöhte Maß an Rechtssicherheit. Zur Verdeutlichung lässt sich exemplarisch erneut auf den „Badewannen-Fall“[172] und den „Staschynskij-Fall“[173] verweisen. Beide Entscheidungen haben wegen der ergebnisorientiert und vergleichsweise beliebig anmutenden Zuweisung der Täter- bzw. Gehilfenrolle an die jeweils Beteiligten – berechtigterweise – viel Kritik erfahren.[174] Die Kritikwürdigkeit dieser Entscheidungen zugrunde gelegt ist zu konstatieren, dass beide Entscheidungen auf dem extensiven Tatbegriff als Grundlage der subjektiven Theorie beruhen, also auf der Annahme, dass der in den beiden Fällen jeweils hinter dem den Tatbestand eigenhändig verwirklichenden Vordermann stehende Hintermann bzw. die hinter der den Tatbestand eigenhändig verwirklichenden „Vorderfrau“ stehende „Hinterfrau“ den Tötungstatbestand ohne weiteres durch einen kausalen Tatbeitrag verwirklicht haben. Der „gemäßigt-extensive“ Tatbegriff hätte das Gericht demgegenüber mittels des Merkmals der objektiven Zurechnung zu einer präziseren und wegen der Orientierung an objektiv(er)en Kriterien

172 RGSt 74, 84.
173 BGHSt 18, 87.
174 Vgl. *Roxin*, AT II, § 25 Rn. 39 f. m.w.N.

auch nachvollziehbareren Abschichtung orientiert am gesetzlichen Tatbestand angehalten: Das Gericht wäre gehalten gewesen zu erklären, aufgrund welcher objektiven Gesichtspunkte der Tod des jeweils Geschädigten der „Hinterfrau“ bzw. den Hintermännern als deren Werk hätte zugerechnet werden können. Nur wenn dies gelungen wäre und den „Hinterleuten“ damit die Verwirklichung des Tötungstatbestandes hätte attestiert werden können[175], wäre eine Bestrafung der „Vorderfrau“ bzw. des Vordermanns – neben der Frage, ob diese nicht wegen eigener Verwirklichung des Tötungstatbestandes zwingend Täter hätten sein müssen – als Gehilfen in Betracht gekommen.

Auf der anderen Seite ist der „Schutz der Gesellschaft gegen Willkür der Verbrecher“ als Funktion des Straftatbestandes in den Blick zu nehmen. Etwas weniger zugespitzt formuliert sind damit die generell von der Rechtsgemeinschaft mit den Mitteln des Strafrechts – und dementsprechend auch mit dem jeweiligen Straftatbestand – verfolgten Zielsetzungen des Rechtsgüterschutzes, aber auch des Schuldausgleichs im Interesse der materiellen Gerechtigkeit angesprochen.[176] Dabei folgt aus der Übertragung der Aufgaben des Rechtsgüterschutzes und der Herstellung materieller Gerechtigkeit auf den Staat, welche mit der Übertragung des Gewaltmonopols auf den Staat korrespondiert, nicht nur ein Recht des Staates, sondern auch ein verfassungsmäßiges an den Staat gerichtetes Gebot, (sinn- und maßvoll) zu strafen.[177] Es ist daher angezeigt, dass der Staat – soweit es die Gebote der „lex scripta, praevia et certa“ betrifft: der Gesetzgeber; soweit es aber das Gebot der „lex stricta“ betrifft: die rechtsprechende Gewalt –, die Bewegungsspielräume, die das Gesetzlichkeitsprinzip eröffnet, auch zur Bewältigung dieser Aufgaben ausschöpft.[178] Das bedeutet konkret für die hier in Rede stehende Frage, dass nicht nur keine Notwendigkeit für den Strafrichter besteht, sich auf den Kernbereich des allgemeinen Sprachgebrauchs bei der Auslegung verweisen zu lassen, sondern er vielmehr im Interesse des Rechtsgüterschutzes, aber auch der Einzelfallgerechtigkeit gehalten ist, das Strafrecht unter Wahrung der Wortlautgrenze und Berücksichtigung der juristischen Methodik flexibel anzuwenden. Dieser Anforderung entspricht der „gemäßigt-extensive“ Tatbegriff ungleich besser als der restriktive Tatbegriff. Er eröffnet dort, wo sich aus dem Straftatbestand Spielräume ergeben – nicht nur, aber insbesondere bei den

---

175 Der Weg einer Haftungsbegründung über § 25 Abs. 1 2. Var. StGB stand im Zeitpunkt der Entscheidungen nicht offen, da dieser noch nicht existierte.

176 Vgl. BVerfG NJW 1977, 1525, 1531 f.; NJW 1998, 443; NJW 2004, 739 ff.; NJW 2004, 2073 ff.

177 Vgl. BVerfGE 28, 386; BVerfG wistra 2004, 99.

178 Vgl. BVerfG NJW 2002, 1779, 1785.

sogenannten einfachen Erfolgsdelikten –, die Möglichkeit einer ausdifferenzierten Rechtsanwendung, wie das bereits bemühte Beispiel des den Schießbefehl erteilenden Vorgesetzten, aber auch generell die mannigfaltige Diskussion um die verschiedenen „Problemkonstellationen" der objektiven Zurechnung zeigt.

Der durch die Merkmale der Kausalität und der objektiven Zurechnung gekennzeichnete „gemäßigt-extensive" Tatbegriff vermag somit die widerstreitenden Funktionen des Straftatbestandes, nämlich den Schutz des Einzelnen vor dem willkürlichen Zugriff der Gemeinschaft, aber auch den Schutz der Gemeinschaft vor dem willkürlichen Zugriff des Einzelnen überzeugend in Ausgleich zu bringen. Er verhindert – um die bereits bemühten Beispiele nochmals aufzugreifen – die Erfassung der Eltern des Totschlägers durch den objektiven Tatbestand des Totschlags, ermöglicht aber – jedenfalls im Grundsatz – die Erfassung des den Schießbefehl erteilenden militärischen Vorgesetzten durch ebendiesen.

d) Zur eingeschränkten Bedeutung der Kriterien Kausalität und objektive Zurechnung auch auf der Grundlage des „gemäßigt-extensiven" Tatbegriffs

Nachdem in Abgrenzung zu einer generell extensiven kausalitätsorientierten Tatbestandsauslegung vor allem deren Beschränkung durch das Wertungskorrektiv der objektiven Zurechnung als kennzeichnend für den „gemäßigt-extensiven" Tatbegriff hervorgehoben worden ist, soll an dieser Stelle relativierend Folgendes in den Blick genommen werden: Zwar ist die generelle Anerkennung einer letztlich am Telos Rechtsgüterschutz ausgerichteten Auslegung anhand der Kriterien Kausalität und objektive Zurechnung insofern von großer Bedeutung, als nicht wenige sehr praxisrelevante Straftatbestände – zum Beispiel §§ 212 Abs. 1, 303 Abs. 1 und 223 Abs. 1 StGB, letzterer zumindest in der zweiten Variante – eine „gemäßigt-extensive" Auslegung anhand der Merkmale Kausalität und objektive Zurechnung zulassen[179]; es existieren indes auch eine Vielzahl

179 Die Begriffe „töten", „beschädigen", „zerstören" und „schädigen" beschreiben menschliche Verhaltensweisen, sie sind aber ergebnisorientiert: Von „töten" wird man nicht sprechen können, wenn niemand tot ist, von „beschädigen" nicht, wenn nichts beschädigt ist, von „zerstören" nicht, wenn nichts zerstört ist, und von „schädigen" nicht, wenn nichts geschädigt ist. Wie das Verhalten im Einzelnen aussieht, das zum jeweiligen Ergebnis führt, ist dagegen nicht entscheidend, solange der Zusammenhang zwischen Verhalten und Ergebnis nicht verblasst. Es gibt letztlich unzählige Verhaltensweisen, durch die das jeweilige Ergebnis erreicht werden kann. Insoweit sind die Gesetzesbegriffe von hohem Abstraktionsgrad.

von Straftatbeständen, die eine „gemäßigt-extensive“ Auslegung in diesem Sinne ihrem Wortlaut nach nicht zulassen, wobei der grammatikalischen Auslegung – wie bereits herausgearbeitet – jedenfalls insoweit eine herausragende Rolle zuzuweisen ist, als die Grenze des noch möglichen Begriffsverständnisses nicht überschritten werden darf.[180] So bieten beispielsweise die „reinen“ Tätigkeitsdelikte, die lediglich die Vornahme eines näher beschriebenen Verhaltens fordern, ohne dass es auf irgendeinen Außenwelterfolg ankäme – wie zum Beispiel die §§ 153 und 316 Abs. 1 StGB – nicht den notwendigen Auslegungsspielraum zur Heranziehung des Kausalitäts- und des Zurechnungsgedankens bei der Auslegung an: Derjenige, der einen gemäß § 153 StGB Falschaussagenden zur Falschaussage durch Bedrohung zwingt, sagt nicht selbst falsch aus[181], und derjenige, der den gemäß § 316 Abs. 1 StGB betrunken Autofahrenden hierzu durch Bedrohung zwingt, fährt nicht selbst betrunken Auto – darüber lässt sich auch nicht mit dem Argument, dass der nötigende Hintermann in beiden Fällen für das Verhalten des Vordermanns kausal und sogar bestimmend geworden ist, hinwegsetzen. Aber auch Erfolgsdelikte bieten nicht immer den erforderlichen Auslegungsspielraum für eine „gemäßigt-extensive“ Auslegung in diesem Sinne an. So ist beispielsweise der Diebstahl gemäß § 242 Abs. 1 StGB seiner Struktur nach zwar ein Erfolgsdelikt: Er setzt eine erfolgreiche Gewahrsamsverschiebung voraus. Gleichwohl kommt eine auslegungsweise Reduzierung der objektiven Tatbestandsvoraussetzungen auf die objektiv zurechenbare Verursachung einer Gewahrsamsverschiebung nicht in Betracht, weil der Begriff „wegnehmen“ ein plastischer ist, der den unmittelbaren Akt der Gewahrsamsverschiebung beschreibt. Ähnlich stellt es sich beim Tatbestand des Betrugs gemäß § 263 Abs. 1 StGB dar. Dieser setzt als Deliktserfolg die Beschädigung des Vermögens eines anderen – einen Vermögensschaden – voraus. Auch hier verbietet sich aber eine Subsumtion jeder kausalen Handlung, der der Vermögensschaden objektiv zugerechnet werden kann, weil der Straftatbestand verlangt, dass der tatbestandliche Erfolg gerade „durch Vorspiegelung falscher oder durch Entstellung oder Unterdrückung wahrer Tatsachen“ – kurz: durch eine Täuschung – bewirkt werden muss. Letztendlich muss jeder Tatbestand für sich bei der Anwendung und Auslegung hinsichtlich der Frage, „wieviel Extension er zulässt“, einer genauen Betrachtung unterzogen werden. Einer kategorisierenden Ordnung und Zusammenfassung der Straftatbestände anhand gemeinsamer Strukturmerkmale steht dies freilich nicht im Wege.

---

180 BVerfGE 105, 135, 157; MK/*Schmitz*, § 1 Rn. 73.

181 Vgl. auch § 160 Abs. 1 StGB.

Damit kommt der Anerkennung des „gemäßigt-extensiven“ Tatbegriffs zwar eine ganz erhebliche Bedeutung zu. Diese darf aber andererseits auch nicht überschätzt werden und den Rechtsanwender insbesondere nicht dazu verleiten, die Notwendigkeit einer dezidierten Auseinandersetzung mit dem jeweiligen Tatbestand aus dem Blick zu verlieren. Wie weit eine „gemäßigt-extensive“ Auslegung anhand der Merkmale der Kausalität und der objektiven Zurechnung tragfähig ist, legt der jeweilige Tatbestand durch seinen Wortlaut fest.

2. Die mittelbare Täterschaft und die Mittäterschaft als eigene Straftatbestandsverwirklichung

Die bisherigen Ergebnisse dieser Arbeit werfen die Frage auf, wie derjenige, der das deliktische Geschehen phänotypisch nicht alleine, sondern durch einen instrumentalisierten Dritten bzw. arbeitsteilig mit anderen (mit-)bewirkt, dogmatisch zu erfassen und einzuordnen ist. Schließlich artikuliert das Strafgesetzbuch in § 25 Abs. 1 2. Var. und Abs. 2 StGB unmissverständlich, dass es den Beschriebenen „als Täter“ bestraft sehen will. Das vermag auf der Grundlage teleologischer Erwägungen auch zu überzeugen: Der mittelbare Täter und der Mittäter stehen dem alleine Handelnden hinsichtlich seiner Gefährlichkeit für das durch den jeweiligen Tatbestand geschützte Rechtsgut in nichts nach. Entsprechendes gilt mit Blick auf das durch das Strafrecht verfolgte Ziel des Schuldausgleichs im Interesse materieller Gerechtigkeit: In Anbetracht des Umstands, dass das Verhalten des mittelbaren Täters und des Mittäters sozialethisch nicht weniger zu missbilligen ist als das des Alleintäters, erschiene es kaum nachzuvollziehbar, wenn diese sich ihrer Bestrafung entziehen könnten, weil die Straftatbestände des Besonderen Teils (grundsätzlich) nur auf den Alleintäter zugeschnitten sind.

Ausgangspunkt der Überlegungen ist auf der Grundlage der bisherigen Ergebnisse, dass – wenn man die Frage der Täterschaft richtigerweise auf die der Tatbestandsverwirklichung als einzigen und einheitlichen Bezugspunkt reduziert – auch die (täterschaftliche) Haftung des mittelbaren Täters und des Mittäters nur durch deren tatbestandliche Erfassung erreicht werden kann.

Dies zugrunde gelegt soll zunächst der Frage nachgegangen werden, inwieweit der mittelbare Täter und der Mittäter möglicherweise unter die Tatbestände des Besonderen Teils subsumiert, also „schlicht“ durch Auslegung erfasst werden können. In diesen Fällen bedürfte es der gesetzlichen Regelung des § 25 StGB jedenfalls mit Blick auf das Gesetzlichkeitsprinzip nicht.

Es wird sich insofern zeigen, dass die Erfassung des mittelbaren Täters und des Mittäters auf der Grundlage des „gemäßigt-extensiven“ Tatbegriffs zwar keineswegs ausgeschlossen, aber doch nur in sehr eingeschränktem Maße möglich ist, und deshalb § 25 Abs. 1 2. Var. StGB und § 25 Abs. 2 StGB als haftungskonstitutiven Normen eine große Bedeutung zukommt. Daraus resultiert wiederum die Frage, wie man der konstitutiven Bedeutung der §§ 25 Abs. 1 2. Var. und 25 Abs. 2 StGB im Einklang mit den bisherigen Ergebnissen dieser Arbeit konstruktiv gerecht zu werden vermag.

a) Zur Erfassung der Fallkonstellationen der mittelbaren Täterschaft und der Mittäterschaft über die Auslegung des im Besonderen Teil niedergelegten Straftatbestandes

Legt man in Abwägung zwischen den antagonistischen Schutzfunktionen des Tatbestandes zugunsten des Einzelnen gegenüber der Gesellschaft auf der einen und zugunsten der Gesellschaft gegenüber dem Einzelnen auf der anderen Seite unter Berücksichtigung des verfassungsrechtlichen Gesetzlichkeitsprinzips einen „gemäßigt-extensiven“ Tatbegriff zugrunde, so kommt eine Subsumtion des Verhaltens desjenigen, der das deliktische Geschehen phänotypisch nicht alleine, sondern durch einen instrumentalisierten Dritten bzw. arbeitsteilig mit anderen (mit-)bewirkt, durchaus bei einigen Tatbeständen in Betracht. Das gilt für diejenigen, deren Verhaltensmerkmale sprachlich weit genug gefasst sind, um eine Auslegung zuzulassen, die das tatbestandsmäßige Verhalten als objektiv zurechenbare Verursachung eines bestimmten Erfolges definiert: bei den einfachen Erfolgsdelikten.[182]

aa) Zur mittelbaren Täterschaft

Es sei diesbezüglich zunächst die mittelbare Täterschaft einer näheren Betrachtung unterzogen, und zwar anhand des klassischen Beispiels zur mittelbaren Täterschaft der durch den Arzt über den tödlichen Inhalt einer Spritze getäuschten Krankenschwester, die dem Patienten die ihr von dem Arzt zuvor überreichte Spritze in dem Glauben, es handele sich um ein Medikament, verabreicht, woraufhin der Patient den Tod findet. Dieses zum Thema mittelbare Täterschaft gern bemühte Beispiel bietet sich an dieser Stelle an, weil eine Strafbarkeit nach § 212 Abs. 1 StGB in Rede steht und damit nach einem Tatbestand, der als Prototyp eines einfachen Erfolgsdelikts gelten darf. Auf der Grundlage des herrschenden „gemäßigt-extensiven“ Tatbegriffs wird „töten“ eines Menschen gemäß § 212

182 Vgl. für die mittelbare Täterschaft auch *Fuhrmann*, Das Begehen der Straftat gem. § 25 Abs. 1 StGB, S. 212, 214 f.; ähnlich *Schilling*, Der Verbrechensversuch des Mittäters und des mittelbaren Täters, S. 104 ff.

Abs. 1 StGB als im Sinne des Handlungsbegriffs jedenfalls willensgesteuertes und objektiv zurechenbares Verursachen des Todes eines Menschen definiert. Daran, dass die Krankenschwester durch das Verabreichen der tödlichen Spritze in diesem Sinne „getötet“ hat, besteht kein Zweifel, nicht zuletzt deshalb nicht, weil sie durch das Setzen der Spritze den Tod des Patienten unmittelbar bewirkt. Allerdings ist der Vorsatz zu verneinen.

Von Interesse ist weiterhin die Frage, ob eine Haftung des Arztes gemäß § 212 Abs. 1 StGB begründet werden kann[183], der dem Patienten die tödliche Spritze zwar nicht selbst verabreicht, aber die Krankenschwester, die die Spritze verabreicht hat, in seinem Sinne instrumentalisiert und sie die Spritze an seiner statt hat verabreichen lassen:

Mit dem Tod des Patienten ist der tatbestandliche Erfolg des § 212 Abs. 1 StGB eingetreten. An der Handlungsqualität der mit der Übergabe der Spritze an die Krankenschwester einhergehenden manipulierenden Einflussnahme auf diese durch die ausdrückliche oder konkludente Täuschung über den Inhalt der Spritze durch den Arzt bestehen keine Zweifel. Hätte der Arzt der Krankenschwester zudem nicht die Spritze einhergehend mit der Täuschung über den tödlichen Inhalt überreicht, hätte diese dem Patienten die tödliche Injektion nicht verabreicht und dieser wäre nicht durch die Injektion zu Tode gekommen. Auch die Kausalität im Sinne der Conditio-Formel ist folglich zu bejahen.[184] Es

---

183 Und damit seine täterschaftliche Haftung, denn: Wer den Straftatbestand des Besonderen Teils verwirklicht, ist Täter. Eine Haftung als Teilnehmer käme im konkreten Beispiel mangels vorsätzlichen Handelns der Krankenschwester auch gar nicht in Betracht. Das spielt aber für die Frage, ob eine Haftung des Arztes aus § 212 Abs. 1 StGB (und damit die täterschaftliche Haftung) begründet werden kann, keine entscheidende Rolle. Die Frage würde sich gleichermaßen stellen, wenn der Arzt die Krankenschwester nicht getäuscht, diese also vorsätzlich gehandelt hätte, aber mit vorgehaltener Waffe unter Androhung ihres Todes zur Verabreichung der Spritze gezwungen hätte. Eine Rechtfertigung käme in dieser Situation mangels Angriffs seitens des Patienten und aufgrund des Prinzips des absoluten Lebensschutzes nicht in Betracht. Vielmehr wäre die Krankenschwester hier gemäß § 35 Abs. 1 StGB entschuldigt, was den gesetzlichen Voraussetzungen nach auch eine Strafbarkeit des Arztes als Anstifter ermöglichen würde, ohne dass dies aber Auswirkungen auf die Frage hätte, ob der Arzt nicht den Tatbestand des § 212 Abs. 1 StGB verwirklicht und damit bereits täterschaftlich haftet.

184 An der Kausalität des Verhaltens des Arztes ließe sich allenfalls mit dem Argument zweifeln, dass es sich hierbei um eine psychisch vermittelte handelt. Denn geht man mit unserer Rechtsordnung richtigerweise von der Willensfreiheit des Menschen aus, so ließe sich einwenden, dass also ein naturgesetzmäßiger Zusammenhang zwischen der Einflussnahme auf den Willen eines Menschen und der darauffolgenden

verbleibt die Frage, ob ein objektiver Zurechnungszusammenhang zwischen dem Verhalten des Arztes und dem Tod des Patienten hergestellt werden kann. Daran ließe sich zweifeln, weil das Verhalten des Arztes nur mittelbar, nämlich vermittelt über das nachfolgende Verhalten der Krankenschwester, kausal für den Tod des Patienten geworden ist. Stellt es sich – wie hier – so dar, dass das Verhalten, an das die Strafbarkeit geknüpft werden soll, nicht unmittelbar, sondern erst über weitere menschliche Verhaltensweisen zum tatbestandlichen Erfolg führt, bestehen generell gerade aus diesem Grund Bedenken hinsichtlich der objektiven Zurechnung. Denn die Frage liegt auf der Hand, ob der eingetretene Erfolg nicht nur das Ergebnis gerade des Verhaltens ist, das den tatbestandlichen Erfolg unmittelbar herbeiführt, und sich damit nur als Werk des unmittelbar kausal Handelnden darstellt.

Entscheidung dieses Menschen nicht bestehen kann: Die menschliche Willensfreiheit widerstreite der kausalgesetzlichen Notwendigkeit (siehe *Roxin*, AT I, § 11 Rn. 31). Siehe hierzu *Kahrs*, Das Vermeidbarkeitsprinzip und die condicio-sine-qua-non-Formel im Strafrecht, S. 22 ff.; NK/*Puppe*, Vor §§ 13 ff. Rn. 125 f.; *Roxin*, AT I, § 11 Rn. 31 f. Bezogen auf das vorliegende Beispiel würde diese Überlegung zu dem Schluss führen, dass die Kausalität des (Vor-)Verhaltens des Arztes nicht angenommen werden kann, weil sich die Krankenschwester trotz der manipulierenden Einflussnahme durch diesen auch dazu hätte entschließen können, dem Patienten die Spritze nicht zu geben. Dieser Umstand steht dem Bestehen eines Kausalzusammenhangs aber richtigerweise nicht entgegen (so auch die hM: vgl. *Binns*, Inus-Bedingung und strafrechtlicher Kausalbegriff, 62 f.; *Engisch*, Die Kausalität als Merkmal der strafrechtlichen Tatbestände, S. 28; *Frister*, AT, 9. Kap. Rn. 37; *Jakobs*, AT, 7. Abschn. Rn. 27; LK/*Walter*, 12. Aufl., Vor § 13 Rn. 74; *Roxin*, AT I, § 11 Rn. 31 f.; *Stein*, Die strafrechtliche Beteiligungsformenlehre, S. 145 f.; *Toepel*, Kausalität und Pflichtwidrigkeitszusammenhang beim fahrlässigen Erfolgsdelikt, S. 90 ff.; *Wessels/Beulke/Satzger*, Rn. 220). Denn für die Kausalitätsfeststellung (jedenfalls im Sinne des Rechts) ist nicht entscheidend, dass sich aus der jeweiligen Vorbedingung immer die im konkreten Fall eingetretene Folge ergibt, sondern lediglich, dass sich die eingetretene Folge im konkreten Fall aus der jeweiligen Vorbedingung ergeben hat. Dass aber menschliche Entscheidungen durch äußere Einflüsse (mit-)geprägt werden, dürfte auch kein Indeterminist bestreiten. Die Annahme, dass der Mensch in letzter Konsequenz die Wahlfreiheit hinsichtlich seines Verhaltens hat, also auch die Fähigkeit besitzt, äußeren Einflüssen widerstehen zu können, steht nicht im Widerspruch zu der Annahme, dass der Mensch beeinflussbar ist, weil er seine Entscheidungen von den jeweiligen Rahmen- und Vorbedingungen abhängig macht. Hat der Einflussnehmende mit seiner Einflussnahme eine Bedingung gesetzt, von der der Beeinflusste sein Verhalten tatsächlich abhängig gemacht hat – hat er sich also tatsächlich beeinflussen lassen –, so hindert den Kausalzusammenhang nicht, dass er der Einflussnahme auch hätte widerstehen können.

Die Begründung eines objektiven Zurechnungszusammenhangs ist nur möglich, wenn gewichtige Sachgesichtspunkte dargetan werden können, die den eingetretenen Erfolg als Ergebnis gerade auch des geprüften, nur mittelbar kausalen Verhaltens und damit als Werk des dieses Verhalten Andentaglegenden charakterisieren, obwohl das geprüfte Verhalten den Erfolg nicht unmittelbar, sondern erst über weitere menschliche Handlungen vermittelt bewirkt.

aaa) *Keine prinzipielle Hinderung der objektiven Zurechnung durch die Vermittlung der Kausalität über ein weiteres menschliches Verhalten*

Dass die Strafbarkeit prinzipiell an ein nur mittelbar, über weitere menschliche Handlungen kausales Verhalten geknüpft werden kann – sich also grundsätzlich auch ein nur mittelbar zum Erfolg führendes Verhalten bei den reinen Erfolgsdelikten subsumieren lässt –, ist auf der Grundlage des heute herrschenden „gemäßigt-extensiven“ Tatbegriffs dem Grunde nach anerkannt: Bei nicht wenigen Fallgruppen wird eine Tatbestandsverwirklichung diskutiert und im Ergebnis – je nach konkreter Fallkonstellation – auch angenommen, in denen die Haftung an ein nur mittelbar kausales, über weitere menschliche Verhaltensweisen zum Erfolg führendes Verhalten geknüpft wird bzw. auch nur an ein solches geknüpft werden kann.[185]

Das gilt insbesondere für die Fälle des sogenannten zweiaktigen Geschehens[186] (auch „dolus-generalis“-Fälle genannt), für die Fälle der „actio libera

185 Aus den folgenden Vergleichen ergibt sich keine Stellungnahme dazu, ob die objektive Zurechnung in der jeweiligen Fallgruppe zu bejahen und damit die Tatbestandsverwirklichung durch das mittelbar kausale Verhalten anzunehmen ist. Zur Beantwortung dieser Frage müssen die Voraussetzungen der objektiven Zurechnung in der jeweiligen Konstellation genau geprüft werden. Es gehört nicht zur Zielsetzung dieser Arbeit, die Frage der objektiven Zurechnung für die folgend genannten Konstellationen zu klären, sondern – an dieser Stelle – die Frage der objektiven Zurechnung für die Fallkonstellation der mittelbaren Täterschaft (zumindest grundsätzlich) zu entscheiden. Die Vergleiche dienen lediglich dazu, zu verdeutlichen, dass allein der Umstand, dass noch ein weiteres menschliches Verhalten auf der zum tatbestandlichen Erfolg führenden Kausalkette folgt, die objektive Zurechnung nicht im Sinne eines Regressverbots ausschließt.

186 Diese Fallkonstellation ist dadurch gekennzeichnet, dass der Täter glaubt, den tatbestandlichen Erfolg bereits unmittelbar durch einen Erstakt herbeigeführt zu haben, während er ihn tatsächlich erst unmittelbar durch einen unvorsätzlichen Zweitakt herbeiführt; vgl. z.B. BGHSt 14, 193.

in causa“[187], für die Fälle des „Dazwischentretens eines Dritten“[188] und für die Fälle des „Dazwischentretens des Opfers selbst“[189]. Diesen Konstellationen ist gemein, dass die Haftung nicht an das unmittelbar zum Erfolg führende Verhalten geknüpft werden kann, sondern nur an ein mittelbar, über ein weiteres menschliches Verhalten kausales Verhalten:

In der Konstellation des „zweiaktigen Geschehens“ kann die Haftung nicht an das unmittelbar zum Erfolg führende Verhalten geknüpft werden, weil im Zeitpunkt der Zweithandlung kein auf den Taterfolg gerichteter Vorsatz des Betreffenden mehr vorliegt, das Simultaneitätsprinzip aber verlangt, dass der Vorsatz im Zeitpunkt der Vornahme der den Tatbestand verwirklichenden Handlung vorliegt (vgl. § 16 Abs. 1 Satz 1 StGB in Verbindung mit § 8 StGB). Die Vorsatzhaftung kann also nur angenommen werden, wenn (auch) die nur mittelbar über die Zweithandlung für den tatbestandlichen Erfolg kausale Ersthandlung (bereits) den Tatbestand verwirklicht, der Taterfolg mithin auch dieser Ersthandlung objektiv zugerechnet werden kann. In der Konstellation der „actio-libera-in-causa“ kann die Haftung nicht an das unmittelbar zum Erfolg führende Verhalten geknüpft werden, weil in diesem Zeitpunkt keine Schuldfähigkeit des Betreffenden mehr vorliegt, das Koinzidenzprinzip aber – entsprechend dem Simultaneitätsprinzip beim Vorsatz – verlangt, dass die Schuldfähigkeit

---

187 Diese Fallkonstellation zeichnet sich dadurch aus, dass sich der Täter in einen die Schuld gemäß § 20 StGB ausschließenden Zustand versetzt und dann in diesem Zustand eine Straftat begeht; vgl. z.B. BGHSt 42, 235; BGH NStZ 2000, 584.

188 Diese Fallkonstellation ist dadurch gekennzeichnet, dass ein Dritter das Geschehen nach der Vornahme des in Rede stehenden, kausalen Verhaltens (mit-)beeinflusst, also – bildlich gesprochen – auf der Kausalkette „dazwischentritt“, so dass der tatbestandliche Erfolg unmittelbar erst von dem Letzt-/Zweithandelnden herbeigeführt wird, während das geprüfte Erstverhalten nur mittelbar, über das Drittverhalten kausal für diesen ist; vgl. z.B. BGH MDR/D 56, 526; BGH NStZ 2001, 29. Eine ausführliche Darstellung der Diskussion zu dieser Problemkonstellation findet sich bei *Hillenkamp/Cornelius*, AT, 32. Problem, die allerdings auf den Zurechnungszusammenhang beim Fahrlässigkeitsdelikt im Falle eines vorsätzlichen „Dazwischentretens“ zugeschnitten ist.

189 Diese Fallkonstellation ist dadurch gekennzeichnet, dass das Opfer selbst das Geschehen nach der Vornahme des in Rede stehenden, kausalen Verhaltens (mit-)beeinflusst, also – bildlich gesprochen – auf der Kausalkette „dazwischentritt“, so dass der eingetretene Erfolg unmittelbar erst von dem Opfer selbst herbeigeführt wird, während das geprüfte Erstverhalten nur mittelbar über das Opferverhalten kausal für den tatbestandlichen Erfolg ist. So stellt es sich beispielsweise bei der Einrichtung einer Sprengfalle (vgl. BGH NStZ 1998, 295) oder einer Giftfalle (vgl. BGHSt 43, 177) dar.

im Zeitpunkt der Vornahme der den Tatbestand verwirklichenden Handlung vorliegt (vgl. § 20 StGB in Verbindung mit § 8 StGB). Eine schuldhafte Tatbestandsverwirklichung kann also nur angenommen werden, wenn schon das noch im schuldfähigen Zustand erfolgte „Sichberauschen", das nur mittelbar über die spätere Zweithandlung für den tatbestandlichen Erfolg kausal ist, den Tatbestand verwirklicht, der Taterfolg also auch dem „Sichberauschen" objektiv zugerechnet werden kann.[190] In den Fällen des „Dazwischentretens eines

190 So stellt es sich jedenfalls auf der Grundlage der herrschenden „Vorverlegungstheorie" dar. Vgl. zur actio libera in causa *Hillenkamp/Cornelius*, AT, 13. Problem. Dabei wird allerdings die Frage der objektiven Zurechnung in der Konstellation der a.l.i.c. auch im Rahmen der „Vorverlegungstheorie" soweit ersichtlich nicht weiter thematisiert. Man scheint davon auszugehen, dem „Sichberauschenden" den tatbestandlichen Erfolg ohne weiteres objektiv zurechnen zu können. Angesichts des Umstands, dass es sich bei einem „Sichberauschen" nicht um eine typische Verletzungshandlung handelt (unabhängig davon, welches Erfolgsdelikt in Rede steht), die auch nicht unmittelbar zum tatbestandlichen Erfolg führt, wäre allerdings eine Begründung dafür, dass/warum sich der Erfolgseintritt auch als Ergebnis gerade des Sichberauschens – und nicht nur des späteren den Erfolg unmittelbar herbeiführenden Aktes – darstellen soll, angebracht. Dies soll indessen nicht heißen, dass eine objektive Zurechnung in der Konstellation der a.l.i.c. an das „Sichberauschen" ausgeschlossen ist. Im Gegenteil: Zwar führt das „Sichberauschen" als solches bei rein objektiver Betrachtung nicht typischerweise zur Verletzung anderer Menschen – „Sichberauschen" ist insofern nicht das Gleiche wie z.B. „Zustechen". Die Gleichung, „Sichberauschen" ist nicht gleich „Töten" oder „Verletzen", greift aber zu kurz. Denn richtigerweise ist bei der Frage des Typizitäts- oder auch Adäquanzzusammenhangs nicht abstrakt nach einem solchen zu fragen, sondern das konkrete Geschehen in den Blick zu nehmen und die Frage vom Standpunkt eines vor der Tat urteilenden objektiven Beobachters aus, der über die Kenntnisse eines einsichtigen Menschen des betreffenden Verkehrskreises und zusätzlich über das spezielle Sonderwissen des Täters verfügt, zu beantworten (*Roxin*, AT I, § 11 Rn. 40, 56). Dass ein „Sichberauschen", das auf die dann enthemmte Vornahme von unmittelbar kausalen Verletzungshandlungen, wie z.B. Zustechen, gerichtet ist, auch zu tatbestandlichen Verletzungserfolgen führt, ist dann aber nicht atypisch. Begreift man das „Sichberauschen" als Verhaltensweise, die nach dem konkreten Geschehensablauf den Tod eines Menschen vorhersehbar (mit-)verursacht hat, so lässt sich der Geschehensablauf beginnend bereits mit dem „Sichberauschen" (noch) als „Töten" bezeichnen. Die Weite der Auslegung nähert sich hier zwar der Wortlautgrenze an, sie überscheitet sie – nach hiesigem Dafürhalten – aber nicht: Wie bereits erörtert orientiert sich die Wortlautgrenze am äußersten noch möglichen Wortlaut, wobei der hohe Abstraktionsgrad des Begriffs „Töten" in Rechnung zu stellen ist. So im Ergebnis auch *Fuhrmann*, Das Begehen der Straftat gem. § 25 Abs. 1 StGB, S. 214.

Dritten" und des „Dazwischentretens des Opfers selbst" scheidet ein Anknüpfen der Haftung an das unmittelbar zum Erfolg führende Verhalten hinsichtlich des auf seine Strafbarkeit hin Geprüften schließlich aus, weil er dieses schlicht nicht selbst an den Tag legt, sondern ein Dritter respektive das Opfer selbst. Eine haftungsbegründende Tatbestandsverwirklichung kann also nur angenommen werden, wenn auch die nur mittelbar über die fremde Zweithandlung für den tatbestandlichen Erfolg kausale eigene Ersthandlung den Tatbestand verwirklicht, der Taterfolg dementsprechend dieser eigenen Ersthandlung objektiv zugerechnet werden kann.

Dabei unterscheiden sich die beiden erstgenannten Fallkonstellationen von der der mittelbaren Täterschaft im Hinblick auf die Frage der objektiven Zurechnung zwar insofern, als das nachgelagerte, unmittelbar zum Erfolg führende Verhalten ein tätereigenes Verhalten ist, also von der gleichen Person vorgenommen wird, die auch das vorgelagerte Verhalten, an das die Strafbarkeit geknüpft werden soll, vornimmt. Die tatbestandliche Haftung wird aber auch in diesen Fällen nicht an das letzte sich auf der Kausalkette befindliche menschliche Verhalten geknüpft. Näher noch an der mittelbaren Täterschaft im Hinblick auf die Fragen von Kausalität und objektiver Zurechnung sind die beiden letztgenannten Fallkonstellationen: Beide stimmen mit der Konstellation der mittelbaren Täterschaft darin überein, dass das auf Subsumierbarkeit geprüfte Verhalten erst mittelbar über das Verhalten eines anderen – gegebenenfalls des Opfers selbst – zum konkreten, tatbestandlichen Erfolg führt. Die Besonderheit bei der Konstellation der mittelbaren Täterschaft liegt lediglich darin, dass letztere durch die gezielte Instrumentalisierung des Zweithandelnden durch den Ersthandelnden gekennzeichnet ist. Die mittelbare Täterschaft stellt sich insofern als Sonderfall der die Frage der objektiven Zurechnung betreffenden Problemkonstellationen des „Dazwischentretens eines Dritten" bzw. des „Dazwischentretens des Opfers selbst" dar, dessen Besonderheit darin liegt, dass der Ersthandelnde den Zweithandelnden gezielt zur unmittelbaren Herbeiführung des tatbestandlichen Erfolgs instrumentalisiert.

Im Ergebnis nimmt die heute herrschende Meinung in den Fällen des zweiaktigen Geschehens[191] und in den Fällen der „actio libera in causa"[192] eine Haftungsbegründung durch die vorsätzliche respektive schuldhafte Ersthandlung an und bejaht damit – jedenfalls implizit – einen Zurechnungszusammenhang

191 Vgl. BGHSt 14, 193; 23, 133; *Wessels/Beulke/Satzger*, Rn. 381.

192 Vgl. BGHSt 17, 259; 21, 381; 49, 239; LK/*Schöch*, 12. Aufl., § 20 Rn. 198; *Rengier*, AT, § 25 Rn. 15 ff.; *Roxin*, AT I, § 20 Rn. 58 ff.

zwischen dieser und dem Erfolgseintritt. Auch beim „Dazwischentreten eines Dritten" tendiert die heute herrschende Meinung zur Bejahung der objektiven Zurechnung, es sei denn, dass das Zweitverhalten als Folge des Erstverhaltens nicht absehbar war.[193] Demgegenüber besteht beim „Dazwischentreten des Opfers selbst" die Tendenz, die objektive Zurechnung in Anerkennung des Selbstbestimmungsrechts und der damit einhergehenden Eigenverantwortlichkeit des Opfers zu verneinen.[194]

Es kann insoweit festgehalten werden, dass die Annahme eines objektiven Zurechnungszusammenhangs zwischen tatbestandlichem Erfolg und einem nur mittelbar kausalen Verhalten – wie es auch beim mittelbaren Täter vorliegt – auf der Grundlage des heute herrschenden (und überzeugenden) „gemäßigt-extensiven" Tatbegriffs (nach weit überwiegender Ansicht) jedenfalls nicht kategorisch deswegen ausgeschlossen ist, weil das Verhalten nur vermittelt über ein weiteres menschliches Verhalten kausal für den tatbestandlichen Erfolg ist. Vielmehr ist entscheidend, ob die jeweilige konkrete Fallkonstellation Charakteristika aufweist, die einen objektiven Zurechnungszusammenhang trotz nur mittelbarer Kausalität zu begründen vermögen.

bbb) Zurechenbarkeit des Erfolges in den Fallkonstellationen der mittelbaren Täterschaft unter Berücksichtigung des Tatherrschaftsgedankens

Die weiteren Überlegungen knüpfen an der im vorangegangenen Abschnitt gewonnenen Einsicht an, dass die mittelbare Täterschaft strukturell als Fall des „Dazwischentretens eines Dritten" bzw. des „Dazwischentretens des Opfers

---

193 Vgl. *Fischer*, § 15 Rn. 16c; *Jescheck/Weigend*, AT, § 28 IV 4; *Lackner/Kühl/Heger*, Vor § 13 Rn. 11; MK/*Freund*, Vor §§ 13 ff. Rn. 410; NK/*Puppe*, Vor §§ 13 ff. Rn. 167 ff., 228 ff.

194 Vgl. *Fischer*, Vor § 13 Rn. 36 und *Wessels/Beulke/Satzger*, Rn. 259 ff., jeweils m.w.N. Mit Vorsicht ist allerdings das Argument zu genießen, dass ein Dazwischentreten seitens des Opfers zu einer Unterbrechung des Zurechnungszusammenhanges führen müsse, weil unsere Rechtsordnung die Teilnahme an einer vorsätzlichen Selbstverletzung oder -tötung nicht unter Strafe stelle und, wenn bereits die Mitwirkung an einer Selbstverletzung nicht strafbar sei, erst recht die Mitwirkung an einer bloßen Selbstgefährdung nicht strafbar sein könne. Denn es lässt sich grundsätzlich nicht von der Frage der Strafbarkeit der Teilnahme auf die Frage der Strafbarkeit der Täterschaft schließen: Die Antwort auf die Frage, ob jemand an der Tatbestandsverwirklichung eines anderen teilnimmt, sagt über die Frage, wann eigene Tatbestandsverwirklichung vorliegt, grundsätzlich nichts aus. Die Straflosigkeit der Teilnahme an einer Selbstverletzung kann lediglich als Indiz dafür herangezogen werden, dass unsere Strafrechtsordnung das Prinzip der Eigenverantwortlichkeit grundsätzlich anerkennt.

selbst“ in die allgemeine Erfolgsdeliktsdogmatik eingeordnet werden kann. Unterzieht man die mittelbare Täterschaft einer genaueren Betrachtung und nimmt die Besonderheit in den Blick, die diese unter den Konstellationen des „Dazwischentretens eines Dritten“ bzw. des „Dazwischentretens des Opfers selbst“ hervorhebt – nämlich die Instrumentalisierung des Zweithandelnden – erschließt sich, dass sich die Annahme eines objektiven Zurechnungszusammenhangs zwischen der Handlung des mittelbaren Täters und dem Erfolgseintritt geradezu aufdrängt.

Zunächst wird das Problem „objektive Zurechnung bei Dazwischentreten eines Dritten bzw. des Opfers“ unter der Prämisse diskutiert, dass der Dritte oder das Opfer vollverantwortlich handelt.[195] Ist dies so, liegt die Frage nach einem Regressverbot – wenngleich dieses im Ergebnis von der herrschenden Meinung verneint wird – nahe, weil beim „Dazwischentreten eines Dritten“ bereits einem unmittelbar kausal Handelnden eine strafrechtliche Verantwortung für die Rechtsgutsverletzung zugewiesen wird. Es geht daher insbesondere darum, ob auch dem nur mittelbar kausal Handelnden *zusätzlich* strafrechtliche Verantwortung für die Rechtsgutsverletzung zuzuweisen ist. Äquivalent hierzu kann bei dessen Vollverantwortlichkeit auch dem unmittelbar kausal handelnden Opfer – macht dieses sich hierdurch auch nicht strafbar – die Verantwortung für sein Handeln zugewiesen werden, wodurch dessen Selbstbestimmungsrecht erst zum Tragen kommt. Übersetzt in die Zurechnungsdogmatik: Ist der Erfolgseintritt nicht allein das Werk des unmittelbar kausal Handelnden, wenn dieser vollverantwortlich handelt? Dergestalt stellt sich die Frage bei der mittelbaren Täterschaft indessen nicht: Gerade der den Zurechnungszusammenhang in Frage stellende Gesichtspunkt der Vollverantwortlichkeit des Letzthandelnden entfällt (in der Regel), weil bei der mittelbaren Täterschaft der Tatmittler infolge der Instrumentalisierung nicht vollverantwortlich handelt.[196] Anders gefasst: Wenn die objektive Zurechnung sogar bei einem vollverantwortlichen Dazwischentreten eines Dritten (in erheblichem Umfang) möglich ist, dann erst recht bei einem nicht vollverantwortlichen Dazwischentreten, wie es bei der mittelbaren Täterschaft (in der Regel) der Fall ist. Der mittelbare Täter setzt durch

---

195 *Wessels/Beulke/Satzger,* Rn. 260, 276.

196 Anders stellt sich das nur bei dem sogenannten „Täter hinter dem Täter“ dar. Hier handelt der Tatmittler auch vollverantwortlich und gerade deshalb sind diese Konstellationen innerhalb der mittelbaren Täterschaft „zu Recht“ auch besonders umstritten (vgl. *Wessels/Beulke/Satzger,* Rn. 782 ff. m.w.N.). In Parallele zur Konstellation des vollverantwortlichen Dazwischentretens eines Dritten/des Opfers liegt dann die objektive Zurechnung an den Ersthandelnden jedenfalls weniger nahe.

die Instrumentalisierung des Tatmittlers ein auf den tatbestandlichen Erfolg gerichtetes, spezifisches Risiko. Genau dieses verwirklicht sich auch im Erfolgseintritt, wenn der Tatmittler der Einflussnahme des mittelbaren Täters entsprechend fungiert und den Erfolg unmittelbar herbeiführt.

Dabei erscheint der Erfolgseintritt insbesondere wegen der tatherrschaftsbegründenden Instrumentalisierung des Tatmittlers als Werk (auch) des mittelbaren Täters. Dieser hat dank seiner instrumentalisierenden Einflussnahme auf den Tatmittler einen maßgeblichen Einfluss auf das zum tatbestandlichen Erfolg führende Geschehen; dies genau besehen sogar in größerem Maße, als es in anderen Fällen lediglich mittelbarer Kausalität der Fall ist. So kommt dem mittelbaren Täter beispielsweise ein größerer Einfluss auf das zum tatbestandlichen Erfolg führende Geschehen zu als demjenigen, der einen anderen verletzt und dem dann der Tod des Verletzten objektiv zugerechnet wird, welcher unmittelbar erst durch den sich um Rettung des Verletzten bemühenden Arztes aufgrund eines fahrlässigen Behandlungsfehlers hervorgerufen wird.[197] Die Tatherrschaft stellt sich insofern – entsprechend dem in dieser Arbeit vertretenen Postulat, dass „Täter"-Kriterien als „Tat"-Kriterien zu begreifen sind – als Auslegungskriterium, nämlich als Kriterium im Rahmen der objektiven Zurechnung dar.

Zur Verdeutlichung sei auf das eingangs zu diesem Abschnitt angeführte Beispiel der durch den Arzt getäuschten Krankenschwester zurückgekommen: Dem Arzt kann der Tod des Patienten aufgrund der Übergabe der Giftspritze an die Krankenschwester mit einhergehender Täuschung über den Spritzeninhalt auch objektiv zugerechnet werden. Der Todeseintritt erscheint als Werk (auch) des Arztes: Mit seiner manipulierenden Einflussnahme auf die Krankenschwester hat der Arzt ein auf den Tod des Patienten gerichtetes spezifisches Risiko geschaffen, das sich aufgrund der (erfolgreichen) Steuerung (= Beherrschung) des zum Tod des Patienten führenden Geschehensablaufs in dessen Tod auch realisiert hat.

ccc) Zwischenergebnis

Wie gesehen lässt sich bei den einfachen Erfolgsdelikten der Erfolgseintritt in den Konstellationen der mittelbaren Täterschaft dem mittelbaren Täter (prinzipiell) objektiv zurechnen. Der mittelbare Täter – verstanden als derjenige, der phänotypisch das deliktische Geschehen nicht alleine, sondern durch einen instrumentalisierten Dritten (mit-)bewirkt – verwirklicht im Falle der Annahme der objektiven Zurechnung den Tatbestand, so wie er im Besonderen Teil gefasst ist,

---

197 Zur objektiven Zurechnung in diesem Fall vgl. *Roxin*, AT I, § 11 Rn. 141 m.w.N.

wie jeder andere Täter auch. Daraus folgt, dass es einer Ausdehnung des strafbaren Bereichs über den tatbestandlich erfassten hinaus bei den einfachen Erfolgsdelikten nicht bedarf, um den mittelbaren Täter zu erfassen und damit als Täter zu bestrafen. Insoweit kann man § 25 Abs. 1 2. Var. StGB als rein deklaratorisch verstehen.

Man muss sich allerdings vergegenwärtigen, dass es sich hier „nur" um eine grundsätzliche Auseinandersetzung mit der Frage der Subsumierbarkeit des Verhaltens des mittelbaren Täters unter die Tatbestände der einfachen Erfolgsdelikte handelt. Zielsetzung ist nicht, die Grenzen der mittelbaren Täterschaft auszuloten, sondern sie dogmatisch richtig zu erfassen und strukturell einzuordnen. Die strukturelle Einordnung der mittelbaren Täterschaft als Frage des Tatbegriffs – also der Subsumierbarkeit – vereinfacht die Antwort auf die Frage, ob eine Haftung in Grenzfällen anzunehmen ist, nicht. So stellt sich beispielsweise die Lösung des Problems, ob der „Täter hinter dem Täter" auch als mittelbarer Täter haftet, nicht leichter dar, wenn man die mittelbare Täterschaft bei den einfachen Erfolgsdelikten als Problem der objekiven Zurechnung begreift: Ob der eingetretene Erfolg dem Instrumentalisierenden auch dann noch objektiv zugerechnet werden kann, wenn der Instrumentalisierte strafrechtlich vollverantwortlich handelt und nicht – wie in der Regel – aufgrund der Instrumentalisierung einem seine strafrechtliche Verantwortlichkeit ausschließenden Defekt unterliegt, ist gleichermaßen fragwürdig.[198] Es verändert sich aber die Perspektive: Die Frage ist nicht, ob dem Hintermann das Verhalten des Vordermanns zugerechnet werden kann, sondern ob dem Hintermann der tatbestandliche Erfolg aufgrund seines instrumentalisierenden Verhaltens auch in dieser Situation objektiv zugerechnet, sein manipulierendes, mittelbar zum tatbestandlichen Erfolg führendes Verhalten folglich subsumiert und er damit als (mittelbarer) Täter bestraft werden kann. Insbesondere dürfte in Anerkennung des Tatherrschaftsgedankens (bezogen auf die mittelbare Täterschaft) insoweit mitentscheidend sein, wie groß der Einfluss des Hintermanns auf den Vordermann und damit das zum tatbestandlichen Erfolg führende Geschehen ist. Hat der Hintermann einen maßgeblichen Einfluss auf den Vordermann und damit einen (mit-) entscheidenden Einfluss auf das zum tatbestandlichen Erfolg führende Geschehen, hat er also Tatherrschaft inne, kann man ihm den tatbestandlichen Erfolg als auch sein Werk zurechnen.

Als Fazit bleibt festzuhalten, dass die Fallkonstellation der mittelbaren Täterschaft bei den einfachen Erfolgsdelikten auf der Grundlage einer

198 Vgl. Fn. 196.

„gemäßigt-extensiven" – an den Merkmalen der Kausalität und der objektiven Zurechnung orientierten – Auslegung vom Tatbestand (grundsätzlich) erfasst wird. Die mittelbare Täterschaft stellt sich insoweit als Problem der objektiven Zurechnung des tatbestandlichen Erfolges an den instrumentalisierenden Hintermann, die Tatherrschaft als ein maßgebliches Sachkriterium im Rahmen der Frage nach der objektiven Zurechenbarkeit des Erfolges dar.[199]

bb) Zur Mittäterschaft

Auf der Grundlage des „gemäßigt-extensiven" Tatbegriffs kommt bei den einfachen Erfolgsdelikten auch die Subsumtion des Verhaltens desjenigen, der phänotypisch nicht alleine, sondern arbeitsteilig mit anderen das deliktische Geschehen (mit-)bewirkt, unter das jeweilige Verhaltensmerkmal in Betracht. Die Konstellationen der Mittäterschaft weisen nicht selten im Hinblick auf die rechtliche Bewertung bedeutsame Parallelen zur Konstellation der mittelbaren Täterschaft auf, so dass auch eine Subsumtion des Verhaltens des Mittäters zumindest in einer erheblichen Anzahl der Mittäterschaftskonstellationen wie das Verhalten des mittelbaren Täters unter das Verhaltensmerkmal des einfachen Erfolgsdeliktes erfolgen kann. Gleichwohl unterscheidet sich die Mittäterschaft in ihrer Grundstruktur erheblich von der mittelbaren Täterschaft. Eine Subsumtion des Mittäters scheidet aufgrund dieser Strukturunterschiede selbst bei den einfachen Erfolgsdelikten in einer beträchtlichen Anzahl von Fällen aus.

aaa) Zurechenbarkeit des Erfolges in den Fallkonstellationen der Mittäterschaft bei Vorliegen von Kausalität

Es sei zunächst auf die Fälle der Mittäterschaft eingegangen, die unter die Tatbestände der einfachen Erfolgsdelikte subsumiert werden können. Das sind diejenigen, bei denen ein Kausalzusammenhang zwischen dem Verhalten des Mittäters und dem Eintritt des tatbestandlichen Erfolges festgestellt werden

---

199 Auch in Bezug auf die einfachen Erfolgsdelikte erfolgt also keine „Nurkausalbetrachtung" der mittelbaren Täterschaft; kritisch insoweit *Küper*, JZ 1983, 361, 368 f. Der Kausalgedanke nimmt lediglich den Raum ein, den er auf der Grundlage des herrschenden „gemäßigt-extensiven" Tatbegriffs bei der Auslegung der einfachen Erfolgsdelikte immer einnimmt. Darüber hinaus ist die entscheidende Frage die der objektiven Zurechnung, die – wie sonst auch – normativ mit Blick auf die Besonderheiten des jeweiligen Geschehens zu beantworten ist. Hier kommt die charakteristische Vorgehensweise des Hintermanns in den Konstellationen der mittelbaren Täterschaft ins Spiel.

kann. Ist das der Fall, bestehen wesentliche, für die Bewertung entscheidende Parallelen zu der oben aufgearbeiteten mittelbaren Täterschaft, die eine Subsumtion auch des Mittäters unter das Verhaltensmerkmal eines einfachen Erfolgsdelikts ermöglichen. Die Parallelen bestehen in der zumindest mittelbaren Kausalität des Verhaltens des Mittäters für den Erfolgseintritt und der (ausnahmsweisen) objektiven Zurechenbarkeit des Erfolges trotz einer nur mittelbaren Verursachung. Letztere begründet sich in dem Vorliegen der dem Grunde nach gleichen Gesichtspunkte wie bei der mittelbaren Täterschaft: Der Erfolgseintritt erscheint trotz (gegebenenfalls) nur mittelbarer Kausalität als Werk des Mittäters, weil er mit seinem Tatbeitrag ein auf den tatbestandlichen Erfolg gerichtetes spezifisches Risiko setzt, welches sich im Erfolgseintritt realisiert, wenn ein anderer sein Verhalten funktional an den geleisteten Tatbeitrag anknüpft, und dem Mittäter deshalb ein mitentscheidender Einfluss auf das zum Erfolg führende Geschehen zukommt. Während die Tatherrschaft bei der mittelbaren Täterschaft auf der Instrumentalisierung des unmittelbar kausal Handelnden beruht, folgt diese bei der Mittäterschaft aus dem vom gemeinsamen Tatentschluss getragenen funktionalen Zusammenwirken mit dem unmittelbar kausal Handelnden. Die objektive Zurechnung des Erfolgseintritts begründet sich bei der mittelbaren Täterschaft im funktionalen (instrumentalisierenden) Einwirken auf den unmittelbar kausal Handelnden, bei der Mittäterschaft im funktionalen Zusammenwirken mit diesem.

Diese Überlegungen sollen wieder an einem Beispiel verdeutlicht werden: A und B wollen C umbringen, um dessen Erbe zu erhalten und unter sich aufzuteilen. Sie wollen dazu ein Gift benutzen, das nach kurzer Zeit nicht mehr nachweisbar ist, aber seine tödliche Wirkung nur bei intravenöser Verabreichung entfaltet. Entsprechend ihrem Tatplan fixiert der kräftige B den sich sträubenden C, während ihm der medizinisch bewanderte A das Gift in die Unterarmvene injiziert. C verstirbt an dem Gift. Festgehalten sei zunächst noch einmal, dass auf der Grundlage des „gemäßigt-extensiven“ Tatbegriffs „töten“ gemäß § 212 Abs. 1 StGB als im Sinne des Handlungsbegriffs jedenfalls willensgesteuertes Verursachen des auch objektiv zurechenbaren Todes eines Menschen definiert werden kann. Nicht näher eingegangen zu werden braucht auf die Subsumierbarkeit des Verhaltens des A unter den Tatbestand des § 212 Abs. 1 StGB. Er hat den Tod eines Menschen mit der Verabreichung der Spritze verursacht. Der Tod des C ist ihm auch als sein Werk objektiv zurechenbar und zwar insbesondere, weil er mit seinem Verhalten die für den Tod des C unmittelbar kausale Bedingung gesetzt hat. Fraglich ist aber die Subsumierbarkeit des Verhaltens des B. Dieser hat durch das Festhalten des C dem A das Verabreichen der Spritze erst ermöglicht. Damit ist sein Verhalten kausal für den Tod des C, wenn auch nur mittelbar, vermittelt über das Verhalten des A. Der Tod des C müsste dem B auch objektiv als sein Werk zugerechnet werden können. Dieser hat mit dem Festhalten des C für den mit der Giftspritze bereitstehenden A ein auf den Tod des C gerichtetes, spezifisches Risiko geschaffen, das sich mit der Verabreichung der Spritze durch den A auch im Tod des C realisiert hat. Der Geschehensablauf stellt sich als Realisierung des von B gesetzten Risikos dar, weil B aufgrund des auf dem gemeinsamen Tatentschluss beruhenden funktional-arbeitsteiligen Zusammenwirkens mit A einen maßgeblichen Einfluss auf diesen hatte.[200] Auch B „tötet" damit im Sinne des § 212 Abs. 1 StGB durch sein Verhalten.[201] Insofern benötigt man § 25 Abs. 2 StGB zur Haftungsbegründung nicht: Es bedarf einer Ausdehnung des strafbaren Bereichs über den tatbestandlich erfassten hinaus, um denjenigen, der phänotypisch nicht alleine, sondern arbeitsteilig mit anderen das deliktische Geschehen (mit-)bewirkt, zu erfassen und damit

200 Ein Unterschied hinsichtlich der objektiven Zurechnung zu den Konstellationen der mittelbaren Täterschaft liegt darin, dass der den Erfolg unmittelbar Herbeiführende bei letzteren regelmäßig nicht vollverantwortlich handelt, während dies bei der Mittäterschaft regelmäßig – aber nicht zwingend – der Fall ist. Das hindert die objektive Zurechnung in Fällen wie dem beispielhaft beschriebenen aber nicht: Zwar ist die Vollverantwortlichkeit des den Erfolg unmittelbar Herbeiführenden als gegen die objektive Zurechenbarkeit des Erfolges an den mittelbaren Verursacher sprechender Sachgesichtspunkt zu werten. Aber wie sich schon aus dem Vergleich mit der Fallgruppe des „vollverantwortlichen Dazwischentretens eines Dritten" ergibt (s.o. S. 76 ff.), hindert die Vollverantwortlichkeit des den Erfolg unmittelbar Herbeiführenden die objektive Zurechnung an den mittelbaren Verursacher nicht notwendig. Dabei ergibt sich in den Mittäterschaftskonstellationen gerade aus dem arbeitsteilig-funktionalen Zusammenwirken ein durchgreifendes Argument für die objektive Zurechnung trotz nur mittelbarer Verursachung und Vollverantwortlichkeit des „Vordermanns".

201 Auch die Subsumtion seines Verhaltens überschreitet nicht die Wortlautgrenze: Zwar handelt es sich bei seinem Verhalten nicht um ein typisches Tötungsverhalten, das „ohne weiteres" subsumiert werden kann – wie zum Beispiel das Verabreichen des Giftes durch A –, aber es liegt auch nicht außerhalb dessen, was in Anbetracht des hohen Abstraktionsgrades des Begriffs noch unter „Töten" verstanden werden kann. Man darf insoweit erneut nur nicht dem Fehler unterliegen, den Blick allein auf das Festhalten als solches zu verengen und darauf abstellen, dass „Festhalten" nicht „Töten" sei, sondern muss das Festhalten – entsprechend der Kausalitäts- und Zurechnungsdogmatik bei den Erfolgsdelikten – als Teil des zum Tod des C führenden Geschehens begreifen: Es lässt sich von demjenigen, der im arbeitsteilig-funktionalen Zusammenwirken mit einem anderen, der den Tod unmittelbar herbeiführt, eine kausale Bedingung für dessen Verhalten setzt, zumindest noch sagen, dass auch er mit seinem Verhalten „getötet" hat.

als Täter zu bestrafen dann nicht, wenn die Strafbarkeit wegen eines einfachen Erfolgsdeliktes in Rede steht und ein Kausalitätszusammenhang zwischen dem Verhalten des Mittäters und dem Erfolgseintritt festgestellt werden kann. Ist das der Fall, kann das Verhalten des Mittäters subsumiert werden: Trotz nur mittelbarer Kausalität – vermittelt über das vollverantwortliche Verhalten des anderen Mittäters oder der anderen Mittäter – kann dem Betreffenden der Erfolg dank des funktional-arbeitsteiligen Zusammenwirkens mit den Personen, die auf der Kausalkette noch „dazwischentreten", als auch „sein Werk" objektiv zugerechnet werden. Denn aus dem funktional-arbeitsteiligen Zusammenwirken folgt ein mitentscheidender Einfluss des mittelbar kausal Handelnden auf das Geschehen, der den Zurechnungszusammenhang begründet. Insofern stellt sich auch die Mittäterschaft als Problemstellung der objektiven Zurechnung und die Tatherrschaft als ein maßgebliches Kriterium im Rahmen der Frage nach der objektiven Zurechenbarkeit des Erfolges dar.[202]

bbb) Fehlende Subsumierbarkeit des Mittäters bei fehlender Kausalität

Es wurde indessen bereits angedeutet, dass eine Subsumtion des Mittäters – verstanden als derjenige, der phänotypisch nicht alleine, sondern arbeitsteilig mit anderen das deliktische Geschehen (mit-)bewirkt – selbst bei den einfachen Erfolgsdelikten auf der Grundlage des „gemäßigt-extensiven" Tatbegriffs in einer beträchtlichen Anzahl von Fällen nicht erfolgen kann. Dies gilt immer dann, wenn kein wenigstens mittelbar für den tatbestandlichen Erfolg kausaler Tatbeitrag des Betreffenden festgestellt werden kann.[203] Beispiele hierfür sind ohne weiteres konstruierbar und lebensnah. So stellt es sich zum Beispiel in dem

---

202 Auch bei der Mittäterschaft reduziert sich die Betrachtung selbst für die Fälle, in denen nach hier vertretener Ansicht eine Subsumtion des Mittäters unter den Tatbestand des Besonderen Teils, so wie er dort formuliert ist, möglich ist – nämlich, wenn es sich bei dem Tatbestand um ein einfaches Erfolgsdelikt handelt und der entsprechende Tatbeitrag kausal ist – also nicht auf eine „Nurkausalbetrachtung"; kritisch insoweit *Küper*, Versuchsbeginn und Mittäterschaft, S. 57 f. Der Kausalgedanke nimmt – wie bei der mittelbaren Täterschaft – auch hier lediglich den Raum ein, den er auf der Grundlage des herrschenden „gemäßigt-extensiven" Tatbegriffs bei der Auslegung der einfachen Erfolgsdelikte immer einnimmt. Zur richtigen juristischen Einordnung des zum tatbestandlichen Erfolg führenden Geschehens bedarf es darüber hinaus des Wertungskriteriums der objektiven Zurechnung.

203 Diese Fälle werden häufig als „additive Mittäterschaft" bezeichnet (vgl. LK/*Schünemann*, 12. Aufl., § 25 Rn. 194).

Schulfall dar, in dem sich eine Gruppe von Attentätern zusammenschließt[204], um eine Person zu erschießen, bei der Umsetzung des Vorhabens alle schießen, viele Kugeln ihr Ziel verfehlen, einige treffen und von denen, die treffen, nur wenige tödlich sind, ohne dass sich feststellen ließe, wessen Kugeln die tödlichen waren.[205] Während der mittelbare Täter aufgrund der Struktur der mittelbaren Täterschaft, die durch die Instrumentalisierung eines anderen zur Herbeiführung des deliktischen Geschehens gekennzeichnet ist, immer zumindest mittelbar für den tatbestandlichen Erfolg kausal ist, gilt das für die Mittäterschaft nicht. Deren Struktur ist durch ein „horizontales" Zusammenwirken als dem Grunde nach „gleichberechtigte Partner" gekennzeichnet.[206] Dabei greifen die Beiträge zwar häufig wie Zahnräder ineinander, so dass Kausalität zwischen ihnen und

---

204 Und zwar so viele, dass die Umsetzung des Attentatsplanes nicht von der Beteiligung des Einzelnen abhängt, so dass die Argumentation, dass der Einzelne jedenfalls durch seine Beteiligung kausal für das Verhalten der anderen geworden ist, verwehrt bleibt.

205 Dieses Beispiel geht auf *Herzberg*, Täterschaft und Teilnahme, S. 56 zurück. Einen im Hinblick auf die Frage der Notwendigkeit eines kausalen Tatbeitrags im Rahmen der Mittäterschaft entsprechenden Fall hat der BGH in der vieldiskutierten „Lederspray-Entscheidung" (BGHSt 37, 106) im Sinne der Nichtnotwendigkeit von Kausalität des jeweiligen Tatbeitrages für die mittäterschaftliche Haftung entschieden. Kollegialentscheidungen wie die, die der „Lederspray-Entscheidung" zugrunde lag, dürften von erheblicher Praxisrelevanz sein. Als moderne praxisnahe Fallgruppe sei auch auf die grundsätzlich von § 303b I Nr. 2 StGB erfassten „Denial-of-Service-Attacken" (siehe hierzu *Wessels/Hillenkamp*, BT 2, Rn. 66 f.) hingewiesen, bei denen (nicht notwendig, aber gegebenenfalls) eine Vielzahl von Personen durch das abgestimmte Senden einer Vielzahl von Anfragen an einen Webserver diesen überlasten und damit die von diesem bereitgestellte Webseite verlangsamen oder sogar zum Absturz bringen (hierher gehören auch die sog. Online-Demonstrationen). Abgesehen von weiteren Fragen – insbesondere danach, ob im jeweiligen Fall die sonstigen Voraussetzungen der Mittäterschaft erfüllt sind (vgl. *Kelker*, GA 2009, 86, 97), und bei Online-Demonstrationen die nach Art. 5 GG (vgl. BT-Drucks 16/5449, S. 5) – dürften auch regelmäßig Bedenken hinsichtlich der Kausalität des Tatbeitrags des Einzelnen für die gemäß 303b I Nr. 2 StGB zu verursachende erhebliche Störung bestehen: Zwar ließe sich argumentieren, dass der Einzelne mit seinem Beitrag etwas zur Verursachung der Störung beisteuere. Aber häufig dürften mehr Personen mitwirken als nötig ist, um den jeweiligen Webserver außer Gefecht zu setzen, so dass sich der Einzelne auf der Grundlage des Conditio-sine-qua-non-Gedankens darauf berufen kann, dass es auf seinen Beitrag nicht ankam. Es bestehen insoweit erhebliche Parallelen vor allem zu den Kollegialentscheidungen. Zudem dürfte es in der Praxis kaum möglich sein, die Kausalitätsverhältnisse in einem solchen Fall im Einzelnen zu klären.

206 Vgl. *Wessels/Beulke/Satzger*, Rn. 756.

damit letztlich zwischen dem einzelnen Beitrag und dem tatbestandlichen Erfolg besteht. Das ist aber nicht unbedingt der Fall. Und selbst, wenn tatsächlich eine Kausalitätsbeziehung zwischen dem jeweiligen Tatbeitrag und dem tatbestandlichen Erfolg besteht, ist die Gefahr gerade wegen der funktional-arbeitsteiligen Vorgehensweise hoch, dass dieser nicht nachweisbar ist – dies gilt in dem Beispiel für die Schützen, die tatsächlich die tödlichen Schüsse abgaben.

Freilich wird verschiedentlich vertreten, dass die Mittäterschaft die individuelle Kausalität des jeweiligen Tatbeitrages voraussetze.[207] Geht man davon aus, besteht hinsichtlich der hier aufgeworfenen Fragestellung kein (weiteres) Problem: Der kausale Mittäter kann auf der Grundlage des „gemäßigt-extensiven" Tatbegriffs unter die Tatbestände der einfachen Erfolgsdelikte subsumiert werden. Die Frage nach der Begründbarkeit der Haftung des nichtkausalen Mittäters stellt sich dann gar nicht.

Der überwiegenden Meinung entspricht die Annahme, dass Mittäterschaft individuelle Kausalität voraussetzt, allerdings zu Recht nicht.[208] Ein funktionales Mitwirken des Einzelnen am tatbestandlichen Geschehen im Sinne des Erbringens eines arbeitsteilig-wechselbezüglichen Tatbeitrages auf der Grundlage eines gemeinsamen Tatentschlusses setzt – wie das obige Beispiel schon veranschaulicht – nicht notwendig Kausalität voraus. Auch der gesetzlichen Normierung des § 25 Abs. 2 StGB entspräche die Annahme der Notwendigkeit individueller Kausalität des jeweiligen Mittäters nicht: Zunächst lässt der Wortlaut des § 25 Abs. 2 StGB eine Notwendigkeit individueller Kausalität nicht erkennen: Das Sprachgefühl nimmt mitnichten Anstoß daran, von den Attentätern im obigen Beispiel, die ihr Ziel verfehlt oder zwar getroffen haben, dies aber nicht tödlich, zu sagen, dass sie „die Straftat gemeinschaftlich" mit denjenigen „begangen haben", deren Kugeln tödlich waren. Es erscheint vielmehr gerade als maßgebliche Zielsetzung der Mittäterschaftsregelung, die (täterschaftliche) Haftung desjenigen zu erreichen, der das inkriminierte Ergebnis im arbeitsteilig-funktionalen Zusammenwirken mit anderen bewirkt und sich daher als nicht weniger strafwürdig erweist als derjenige, der dieses Ergebnis alleine erreicht, aber gerade, weil er in dieser – nicht selten besonders gefährlichen, weil effektiveren – Weise vorgeht,

---

207 Insbesondere *Puppe*, FS f. Spinellis, 915, 927, 929 und JR 1992, 32. Zustimmend *Röh*, Die kausale Erklärung überbedingter Erfolge im Strafrecht, S. 47; *Sofos*, Mehrfachkausalität beim Tun und Unterlassen, S. 156 f. Siehe auch *Becker*, Das gemeinschaftliche Begehen und die sogenannte additive Mittäterschaft, S. 194.

208 BGHSt 37, 106 mit zustimmender Anm. *Beulke/Bachmann*, JuS 1992, 737, 743; *Dencker*, Kausalität und Gesamttat, S. 127 ff; *Fischer*, § 25 Rn. 26; *Knauer*, Die Kollegialentscheidung im Strafrecht, S. 180; LK/*Schünemann*, 12. Aufl., § 25 Rn. 194 ff.

nicht unter den einschlägigen Straftatbestand des Besonderen Teils, dessen Formulierung in der Regel auf den Alleintäter zugeschnitten ist, subsumiert werden kann. Das bedeutet im Hinblick auf die einfachen Erfolgsdelikte: Zwar kann hier derjenige, der phänotypisch nicht alleine, sondern arbeitsteilig mit anderen das deliktische Geschehen (mit-)bewirkt, aufgrund der recht offenen Formulierung dieser Tatbestände und der sich daraus ergebenden Auslegung anhand der Kriterien von Kausalität und objektiver Zurechnung häufig unter den Tatbestand, so wie er im Besonderen Teil formuliert ist, subsumiert werden. Sofern das aber mangels Kausalität seines individuellen Tatbeitrages im Sinne des Conditio-sine-qua-non-Gedankens nicht möglich ist, liegt gerade der Fall vor, den die Mittäterschaftsregelung zu erfassen sucht: Die Subsumtion unter den Tatbestand des Besonderen Teils ist wegen der besonderen, arbeitsteilig-funktionalen Vorgehensweise nicht möglich, der Betreffende soll aber – immer vorausgesetzt, dass ein arbeitsteilig-funktionales („gemeinschaftliches") Vorgehen tatsächlich gegeben ist – dennoch gleich dem Alleintäter haften. Dies entspricht auch dem Willen des Gesetzgebers, der in einem in der Gesetzesbegründung dargelegten – dem oben gebildeten Beispiel ganz ähnlichen – Beispielsfall den daneben schießenden Attentäter mittels des § 25 Abs. 2 StGB bestraft sehen will.[209]

Dies zugrunde gelegt kommt es für den Fall, dass die arbeitsteilig-funktionale Mitwirkung des Handelnden festgestellt ist, auch naturgemäß nicht darauf an, ob sich die Kausalitätszusammenhänge im Einzelnen aufklären lassen und die Nichtkausalität eines mittäterschaftlichen Tatbeitrages festgestellt ist oder sich die Kausalitätszusammenhänge wegen der besonderen Schwierigkeiten, die sich aus der arbeitsteilig-funktionalen Vorgehensweise für die Beweisführung ergeben, nicht im Einzelnen aufklären lassen[210]: Wenn die Kausalität des einzelnen Tatbeitrages für den tatbestandlichen Erfolg nicht Voraussetzung für die mittäterschaftliche Haftung ist, muss diese auch nicht nachgewiesen werden.

209 Vgl. das in der Begründung zu dem mit dem heutigen § 25 StGB im Wortlaut übereinstimmenden § 29 des Entwurfs eines StGB E 1962 (S. 150) gebildete Beispiel: Drei Wilderer schließen sich zusammen, um gemeinsam einen Förster zu töten. Einer lockt den Förster in den Hinterhalt, wo die beiden anderen auf diesen schießen, wobei nur einer trifft. Alle drei – und damit insbesondere auch derjenige, der daneben schießt und dessen Tatbeitrag damit nicht kausal für den Tod des Försters geworden ist – sollen nach der Gesetzesbegründung gleichermaßen als Mittäter haften.

210 So z.B. potentiell in den in Fn. 205 aufgegriffenen „Denial-of-Service-Attacken"; ähnlich *Beulke/Bachmann*, JuS 1992, 737, 743.

ccc) Zwischenergebnis

Es bleibt daher festzuhalten, dass auch die (täterschaftliche) Haftung des Mittäters zwar für den Fall, dass die Strafbarkeit gemäß eines einfachen Erfolgsdelikts in Rede steht, auf der Grundlage des herrschenden „gemäßigt-extensiven" Tatbegriffs immer dann bereits durch „schlichte" Subsumtion unter den Tatbestand des Besonderen Teils begründet werden kann, wenn ein Kausalitätszusammenhang zwischen Tatbeitrag und tatbestandlichem Erfolg festgestellt werden kann. Selbst bei den einfachen Erfolgsdelikten, die einer „gemäßigt-extensiven" Auslegung anhand der Kriterien Kausalität und objektive Zurechnung zugänglich sind, scheidet die „schlichte" Subsumtion des Mittäters unter den Tatbestand des Besonderen Teils aber dann aus, wenn sich ein Kausalzusammenhang zwischen dem jeweiligen Tatbeitrag und dem tatbestandlichen Erfolg nicht feststellen lässt.

b) Die mittelbare Täterschaft und die Mittäterschaft als gesetzliche Rechtsinstitute zur Ausweitung der Täterhaftung

Im vorangegangenen Unterkapitel wurde zunächst der Frage nachgegangen, inwieweit der mittelbare Täter und der Mittäter ungeachtet einer möglichen Haftungserweiterung durch § 25 Abs. 1 2. Var. StGB und § 25 Abs. 2 StGB unter die Straftatbestände des Besonderen Teils gefasst werden können. Soweit das der Fall ist, lässt sich auch die Haftung des mittelbaren Täters und des Mittäters ohne weiteres im Einklang mit dem hier vertretenen Postulat der unmittelbaren Bindung der Frage der Täterschaft an die der Tatbestandsverwirklichung als eigene Straftatbestandsverwirklichung begründen. Darüber hinaus kommt allerdings auch eine Haftungsbegründung über die Auslegungsgrenzen der Tatbestände des Besonderen Teils hinaus durch die gesetzlichen Regelungen der §§ 25 Abs. 1 2. Var. und 25 Abs. 2 StGB in Betracht. Kommt diesen Normen – wie überwiegend angenommen wird – eine konstitutive Funktion zu, ist der Frage nachzugehen, ob respektive wie diese mit der Annahme, dass Täterschaft immer eigene Tatbestandsverwirklichung voraussetzt, in Einklang zu bringen ist.

aa) Die konstitutive Funktion der §§ 25 Abs. 1 2. Var. und 25 Abs. 2 StGB

Zur Beantwortung der Frage nach der konstitutiven Funktion der §§ 25 Abs. 1 2. Var. und 25 Abs. 2 StGB muss man sich nochmals zusammenfassend die wesentlichen bisherigen Ergebnisse vor Augen führen:

Auf der Grundlage des gemäßigt-extensiven Tatbegriffs ist eine Subsumtion desjenigen, der das deliktische Geschehen phänotypisch nicht alleine, sondern durch einen instrumentalisierten Dritten bzw. arbeitsteilig mit anderen (mit-)bewirkt, in einer nicht geringen Anzahl praxisrelevanter Fälle durch die Auslegung anhand von Kausalität und objektiver Zurechnung unter den Straftatbestand des Besonderen Teils möglich. Insoweit lässt sich die täterschaftliche Haftung des mittelbaren Täters und des Mittäters ohne weiteres begründen. Gleichwohl scheidet eine Subsumtion in der weit überwiegenden Zahl der denkbaren Fälle von mittelbarer Täterschaft und Mittäterschaft aus: Selbst bei den am offensten formulierten Tatbeständen – den einfachen Erfolgsdelikten – scheidet eine Subsumtion des Mittäters im Falle fehlender (bzw. nicht nachweisbarer) Kausalität aus. Bei allen anderen Delikten, deren Fassung keiner Auslegung zugänglich ist, die auf die objektiv zurechenbare Verursachung eines bestimmten Erfolges reduziert ist, scheidet die Subsumtion des mittelbaren Täters und des Mittäters ohnehin aus. Beides begründet sich darin, dass die Grenze der Auslegung durch die aus der Garantiefunktion des Strafgesetzes (Art. 103 Abs. 2 GG, § 1 StGB) folgenden Wortlautgrenze gezogen wird, die auch nicht mittels teleologischer Argumente überwunden werden kann.[211]

Auch der Tatherrschaftsgedanke vermag insofern keine Abhilfe zu schaffen. Er überzeugt zwar als Auslegungskriterium, kann aber in einem auf dem Gesetzlichkeitsprinzip beruhenden deduktiven Tatstrafrechtssystem die Notwendigkeit der Subsumierbarkeit des jeweiligen Verhaltens zur Begründung der (Täter-)Strafbarkeit nicht in Frage stellen: Auch der Tatherrschaftsgedanke ist letzten Endes ein teleologisches Argument, das es nicht erlaubt, den Boden

---

211 So leuchtet zum Beispiel das Argument, dass es, wenn ich nicht selbst etwas stehlen darf, auch verboten sein müsse, einen anderen für mich stehlen zu lassen (vgl. *Haas*, Die Theorie der Tatherrschaft und ihre Grundlagen, S. 106, allerdings in einem anderen Kontext), vor dem Hintergrund des Telos „Eigentumsschutz" durchaus ein. Die Tragfähigkeit dieses Arguments reicht wegen der Garantiefunktion des Strafgesetzes aber nur soweit, soweit der durch den Wortlaut begrenzte Auslegungsspielraum des Diebstahlstatbestandes reicht. Und mit „Wegnahme" verwendet § 242 Abs. 1 StGB einen plastischen Begriff, der sich nicht auf die zurechenbare Verursachung eines Gewahrsamsbruchs reduzieren lässt und der dementsprechend auch nicht als objektiv zurechenbare Verursachung eines Gewahrsamsbruchs definiert wird (siehe *Wessels/Hillenkamp*, BT 2, Rn. 82 ff.). Von demjenigen, der einen anderen instrumentalisiert und von diesem eine Sache ansichnehmen lässt, lässt sich nicht sagen, dass er (selbst) wegnehme, da „Wegnahme" anschaulich den Akt der unmittelbaren Gewahrsamsverlagerung beschreibt (Vgl. auch *Haas*, Die Theorie der Tatherrschaft und ihre Grundlagen, S. 49). Der Strafrechtsanwender darf die Frage danach, was strafbar sein soll oder muss, nur in dem Rahmen stellen, den das Gesetz über seinen Wortlaut als potentiell strafbar ausweist (Vgl. auch schon *Beling*, Die Lehre vom Verbrechen, S. 22 ff.).

der Auslegung zu verlassen.[212]Denn auch eine „‚auflockernde' Interpretation des tatbestandsmäßigen Verhaltens" am Maßstab der Tatherrschaft[213] findet ihre Grenze in der Garantiefunktion des Strafgesetzes.

Damit ist also eine Haftungsbegründung des mittelbaren Täters und des Mittäters allein durch Auslegung der im Besonderen Teil niedergelegten Straftatbestände – also ungeachtet von § 25 Abs. 1 2. Var. StGB und § 25 Abs. 2 StGB – unter dem Strich nur sehr eingeschränkt möglich.[214]

Insoweit gilt nun aber Ähnliches wie bereits im Kontext der Frage der Notwendigkeit eines individuell kausalen Tatbeitrages des Mittäters zu § 25 Abs. 2 StGB ausgeführt.[215] Gerade weil alleine eine „gemäßigt-extensive" Auslegung nur in einer letztlich äußerst überschaubaren Anzahl von Fällen eine Haftungsbegründung des mittelbaren Täters und des Mittäters ermöglicht, kann nicht davon ausgegangen werden, dass sich der Telos der Regelungen des § 25 Abs. 1 2. Var. StGB und 25 Abs. 2 StGB in einer Vorgabe, die Möglichkeit einer „gemäßigt-extensiven" Auslegung zu nutzen, erschöpft. Dies würde – da auch mittels einer einfachgesetzlichen *Auslegungs*vorgabe die verfassungsrechtliche Garantiefunktion des Straftatbestandes nicht unterlaufen werden kann[216] – faktisch zu der dargelegten gravierenden Einschränkung der Begründbarkeit der Haftung des mittelbaren Täters und des Mittäters führen, für die ein sachlicher Grund nicht ersichtlich ist: Nur bei den sogenannten eigenhändigen Delikten erscheint aufgrund des Umstands, dass der spezifische Verhaltensunwert des Delikts nur durch die Vornahme der im Tatbestand des Besonderen Teils bezeichneten Tathandlung realisiert werden kann, ein sachlicher Grund dafür zu bestehen, den

---

212 Vgl. auch *Herzberg*, JuS 1974, 719, 720.

213 *Gallas*, Beiträge zur Verbrechenslehre, S. 139 f.

214 Das verkennt *Schilling*, Der Verbrechensversuch des Mittäters und des mittelbaren Täters, S. 111, wenn er formuliert: *„Mit ihrem eigenen Tatherrschaft begründenden Beitrag vollziehen der unmittelbare Alleintäter, der mittelbare Täter und der Mittäter* ***dieselbe Tatbestandshandlung*** (Anmerkung: Hervorhebung durch den Verfasser). Deshalb werden sie – ‚schlechthin und ohne jede zusätzliche Voraussetzung' — von den gesetzlichen Strafdrohungen erfaßt." Kritisch insoweit zu Recht *Küper*, Versuchsbeginn und Mittäterschaft, S. 58 ff.

215 S. 100 f.

216 Der Gesetzgeber kann die Garantiefunktion des Straftatbestandes nicht dadurch relativieren, dass er vorgibt, wann die aus dem Verfassungsrecht folgende Wortlautgrenze erreicht ist. Auslegungsvorgaben kann auch der Gesetzgeber nur im Rahmen des Auslegungsspielraumes machen. Im Übrigen ist er zur Begründung strafrechtlicher Haftung darauf verwiesen, Strafnormen zu schaffen, die jeweils den Maßstäben des § Art. 103 Abs. 2 GG gerecht werden müssen.

mittelbaren Täter und den Mittäter nicht zu bestrafen.[217] Auch wären § 25 Abs. 1 2. Var. StGB und § 25 Abs. 2 StGB vor dem Hintergrund der heute ohnehin gängigen generell „gemäßigt-extensiven“ Auslegung überflüssig. Schließlich entspräche die dargelegte Beschränkung der Täterhaftung des mittelbaren Täters und des Mittäters nicht dem Willen des Gesetzgebers.[218]

Dabei ist die Annahme einer konstitutiven Funktion von § 25 Abs. 1 2. Var. StGB und § 25 Abs. 2 StGB auch zwanglos mit deren Wortlaut in Einklang zu bringen. Von demjenigen, der ein Kind manipuliert und es etwas für sich stehlen und hinterher zu sich bringen lässt – der also nicht (selbst) „wegnimmt“ – lässt sich sagen, dass er „die Straftat (…) durch einen anderen begeht“. Zwar kann man § 25 Abs. 1 2. StGB auch so lesen, dass auch der durch einen anderen Handelnde die Straftat in der Form begehen müsse, dass er selbst das Handlungsmerkmal des Tatbestandes des Besonderen Teils verwirklichen muss, was der Hintermann im Beispiel mangels Subsumierbarkeit seines Verhaltens unter „Wegnahme“ nicht getan hat. Diese Variante legt der Wortlaut aber weder näher noch ferner als die erstgenannte.

Der Wortlaut des § 25 Abs. 2 StGB legt sogar nahe, dass der einzelne Mittäter nicht (selbst) die im Tatbestand des Besonderen Teils niedergelegten Handlungsmerkmale verwirklichen muss, da nach ihm lediglich eine „gemeinschaftliche“ (statt jeweilige) „Begehung“ der im Besonderen Teil bezeichneten Straftat verlangt ist. Hält bei einem zu zweit arbeitsteilig durchgeführten Banküberfall der eine die Angestellten und Kunden mit einer Pistole in Schach, während der andere das erreichbare Geld einpackt, so lässt sich von beiden sagen, dass sie den Raub „zu mehreren gemeinschaftlich begehen“.

Im Ergebnis ist daher von Normen mit einem konstitutiven Gehalt auszugehen, die den Bereich der Täterstrafbarkeit über den durch die Straftatbestände des Besonderen Teils festgelegten hinaus ausdehnen.[219]

---

217 *Wessels/Beulke/Satzger*, Rn. 55.

218 Vgl. die Begründung zu dem mit dem heutigen § 25 StGB im Wortlaut übereinstimmenden § 29 des Entwurfs eines StGB E 1962, S. 149 f.: Offensichtlich soll in den besagten Fällen – jedenfalls grundsätzlich – auch täterschaftlich haften, wer nicht „z. B. in eigener Person ‚tötet‘ (§ 134), ‚Unzucht treibt‘ (§211), ‚wegnimmt‘ (§ 235), ‚beschädigt‘ (§ 249) oder ‚falsch schwört‘ (§ 432)“. Unmissverständlich auch die Formulierung: „Ein Mittäter braucht daher in eigener Person kein Tatbestandsmerkmal zu verwirklichen.“

219 Ebenso *Küper*, Versuchsbeginn und Mittäterschaft, S. 60; anderer Ansicht aber *Becker*, Das gemeinschaftliche Begehen und die sogenannte additive Mittäterschaft, S. 116.

bb) § 25 Abs. 1 2. Var. StGB und § 25 Abs. 2 StGB als die Tatbestände des Besonderen Teils modifizierende Normen

Kommt den §§ 25 Abs. 1 2. Var. StGB und § 25 Abs. 2 StGB eine konstitutive Funktion zu, so stellt sich die Frage, wie dieser auf der Grundlage des restriktiven – also streng tatbestandsbezogenen – Täterbegriffes gerecht zu werden ist. Im Prinzip lautet die Antwort auf diese Frage: Erschöpft sich die Frage der Täterschaft in der nach der Straftatbestandsverwirklichung, kommt nur ein Verständnis in Betracht, welches die Merkmale von § 25 Abs. 1 2. Var. StGB und § 25 Abs. 2 StGB in die Straftatbestände des Besonderen Teils inkorporiert und so als integrale Bestandteile des jeweiligen Straftatbestandes des Besonderen Teils betrachtet. Dass einem solchen Verständnis nichts im Wege steht, soll im Folgenden dargelegt werden.

aaa) Die Regelungstechnik des „Vordieklammerziehens"

Im Ausgangspunkt ist zu sehen, dass der Gesetzgeber zur Entlastung des Besonderen Teils sonstige Regelungen allgemeinen Charakters gleichsam „vor die Klammer" in den Allgemeinen Teil des Strafgesetzbuchs ziehen kann und darf.[220] Die Verortung einer Norm im Allgemeinen Teil ist also zunächst einmal lediglich eine Frage der Regelungstechnik. Es ist dem Gesetzgeber überlassen, ob er sich des „Vordieklammerziehens" bedient oder nicht. Dies gilt auch für strafbegründende Regelungen, die unter Bezugnahme auf die Straftatbestände des Besonderen Teils die Strafbarkeit über die von diesen erfassten Bereiche hinaus ausdehnen. Der Gesetzgeber hat von der Regelungstechnik des „Vordieklammerziehens" zur Erweiterung des durch die Straftatbestände des Besonderen Teils als strafbar ausgewiesenen Bereichs mehrfach Gebrauch gemacht: Neben § 25 Abs. 1 1. Var. StGB und § 25 Abs. 2 StGB finden sich weitere Strafausdehnungsnormen im Allgemeinen Teil des Strafgesetzbuchs, nämlich insbesondere[221] die Regelungen, die die Versuchsstrafbarkeit anordnen (§ 22, 23 Abs. 1 StGB), und diejenigen, die die Strafbarkeit des Teilnehmers anordnen (§§ 26, 27 StGB).[222] Dementsprechend soll auch die Haftungsexpansion durch diese Vorschriften einer vergleichenden Betrachtung mit dem im Folgenden vorgeschlagenen

---

220 LK/*Dannecker*, 12. Aufl., § 1 Rn. 84; *Wessels/Beulke/Satzger*, Rn. 17.

221 Außen vor gelassen wurde § 14 StGB, der nicht die Strafbarkeit trotz Nichtvornahme der im Tatbestand des Besonderen Teils bezeichneten Handlung, sondern die Strafbarkeit trotz Nichtvorliegens einer besonderen persönlichen Eigenschaft des Handelnden „im Blick hat".

222 *Fischer*, Vor § 13 Rn. 40 ff.

Modell zur Haftungsexpansion durch die Tätervorschriften unterzogen werden, um letzteres systematisch einordnen und so weiter konturieren zu können.

bbb) Die Modifikation der Tatbestände des Besonderen Teils

Wie bereits vorausgeschickt, verlangt der restriktive Täterbegriff eine Einordnung der Merkmale von § 25 Abs. 1 2. Var. StGB und § 25 Abs. 2 StGB als integrale Bestandteile des jeweiligen Straftatbestandes des Besonderen Teils. Dem entspricht ein Verständnis der Merkmale „Begehen durch einen anderen“ und „gemeinschaftliches Begehen“ als vor die Klammer gezogene Modifikationen des jeweiligen Handlungsmerkmals (respektive der jeweiligen Handlungsmerkmale) der im Besonderen Teil niedergelegten Straftatbestände:

Die Straftatbestände des Besonderen Teils – genauer: deren Handlungsmerkmale – sind als um die Merkmale von § 25 Abs. 1 2. Var. StGB und § 25 Abs. 2 StGB ergänzt anzusehen. Gleichermaßen hätte sich der Gesetzgeber auch die Mühe machen können, die entsprechende Ergänzung direkt in die Straftatbestände des Besonderen Teils aufzunehmen.[223] Beim Handeln „durch einen anderen“ und mit anderen „gemeinschaftlich“ handelt es sich auf dieser Grundlage um *echte* Tatbestandsmerkmale des Straftatbestandes des Besonderen Teils, die mit dem jeweiligen Handlungsmerkmal (bzw. den jeweiligen Handlungsmerkmalen) zusammengelesen ein jeweils weiteres Handlungsmerkmal ergeben.

Der fehlenden Weite des im Besonderen Teil niedergelegten Handlungsmerkmals wird also durch dessen Ergänzung begegnet. Weil hierdurch weitere – wenn auch in engem inhaltlichen Zusammenhang stehende – Handlungsmerkmale generiert werden, erweitert sich der tatbestandlich erfasste Bereich.

So ist beispielsweise § 242 Abs. 1 StGB unter Berücksichtigung von § 25 StGB folgendermaßen zu lesen: „Wer eine fremde bewegliche Sache einem anderen in der Absicht selbst wegnimmt oder durch einen anderen wegnimmt oder mit anderen gemeinschaftlich wegnimmt, die Sache sich oder einem Dritten rechtswidrig zuzueignen, wird mit Freiheitsstrafe bis zu fünf Jahren oder mit Geldstrafe bestraft.“ § 249 Abs. 1 StGB ist unter Berücksichtigung von § 25 StGB zu lesen: „Wer einem anderen eine fremde bewegliche Sache in der Absicht, die

223 Wobei der Gesetzgeber in diesem Fall die Entscheidung, welche Delikte als sogenannte eigenhändige Delikte zu betrachten sind, selbst hätte treffen müssen: Selbst wenn man davon ausgeht, dass aufgrund teleologischer Erwägungen ein bestimmter Straftatbestand (ausnahmsweise) keine mittelbare Täterschaft und keine Mittäterschaft zulässt, schiene eine teleologische Reduktion kaum begründbar, wenn dem Wortlaut des individuellen Straftatbestandes die Strafbarkeit des Handelns durch einen anderen und/oder des gemeinschaftlichen Handelns ausdrücklich zu entnehmen wäre.

Sache sich oder einem Dritten rechtswidrig zuzueignen, selbst mit Gewalt gegen eine Person oder unter Anwendung von Drohungen mit gegenwärtiger Gefahr für Leib oder Leben wegnimmt oder durch einen anderen mit Gewalt gegen eine Person oder unter Anwendung von Drohungen mit gegenwärtiger Gefahr für Leib oder Leben wegnimmt oder mit anderen gemeinschaftlich mit Gewalt gegen eine Person oder unter Anwendung von Drohungen mit gegenwärtiger Gefahr für Leib oder Leben wegnimmt, wird mit Freiheitsstrafe nicht unter einem Jahr bestraft." Und § 212 Abs. 1 StGB ist unter Berücksichtigung von § 25 StGB zu lesen: „Wer einen Menschen selbst tötet oder durch einen anderen tötet oder mit anderen gemeinschaftlich tötet, ohne Mörder zu sein, wird als Totschläger mit Freiheitsstrafe nicht unter fünf Jahren bestraft." Hinzuweisen ist in letzterem Fall allerdings darauf, dass es der ergänzenden Modifikation des Handlungsmerkmals tatsächlich nur zur Erfassung des „nichtkausalen Mittäters" bedarf: Der kausale Mittäter und der mittelbare Täter „töten" bei gemäßigt-extensiver Auslegung bereits selbst im Sinne der Norm.

Das Verhalten desjenigen, der phänotypisch nicht alleine, sondern durch einen instrumentalisierten Dritten bzw. arbeitsteilig mit anderen das deliktische Geschehen (mit-)bewirkt, wird so für den Fall, dass das Verhalten nicht auf der Grundlage einer „gemäßigt-extensiven" Auslegung ohnehin (bei den einfachen Erfolgsdelikten) unter das jeweilige Handlungsmerkmal gefasst werden kann, von dem durch § 25 Abs. 1 2. Var. StGB bzw. § 25 Abs. 2 StGB modifizierten Handlungsmerkmal erfasst.[224]Der mittelbare Täter und der Mittäter unterscheiden sich daher zwar phänotypisch durch ihre spezifische Vorgehensweise vom

224 An dieser Stelle zeigt sich, dass *Schilling* (*Schilling*, Der Verbrechensversuch des Mittäters und des mittelbaren Täters, S. 108 f.) zwar Recht damit hat, wenn er erklärt, dass eine einheitliche Täterlehre, die auch den mittelbaren Täter und den Mittäter nach ihrem eigenen Tatbeitrag beurteilt, voraussetzt, dass *„dieser eigene Beitrag ebenso tatbestandsmäßig ist wie das Handeln des unmittelbaren Alleintäters"*. Auch ist die im übernächsten Satz nachfolgende Aussage treffend: „Denn Täterschaft meint Tatbestandsverwirklichung, und Tatbestandsverwirklichung heißt tatbestandsmäßiges Handeln". Nicht zutreffend ist aber die zwischen diesen beiden Feststellungen aufgestellte Behauptung, eine einheitliche Täterlehre liege nur dann vor, „wenn das Handeln des mittelbaren Täters und des Mittäters *derselben tatbestandlichen Handlungsumschreibung* entspricht, wie dies für den unmittelbaren Alleintäter zutrifft": Eine einheitliche Täterlehre setzt nicht voraus, dass der mittelbare Täter und der Mittäter *dasselbe* Handlungsmerkmal wie der „unmittelbare Alleintäter" verwirklichen, sondern lediglich, dass auch der mittelbare Täter und der Mittäter mit ihrem Verhalten *selbst ein* tatbestandliches Handlungsmerkmal verwirklichen. Auch dann ist gemeinsamer Nenner der Täterschaft die Straftatbestandsverwirklichung.

Alleintäter. Sie sind aber insofern genau wie letzterer unmittelbare Täter, als sie selbst den Straftatbestand erfüllen respektive zur Haftungsbegründung erfüllen müssen.

Damit ist klargestellt, dass für den mittelbaren Täter und den Mittäter (im Grunde) genau dieselben rechtsstaatlichen und strafrechtsdogmatischen Maßstäbe wie für jeden Täter gelten: Das jeweils eigene Verhalten muss zur Haftungsbegründung unter den jeweiligen, sich (gegebenenfalls) aus den Merkmalen von § 25 Abs. 1 2. Var StGB oder 25 Abs. 2 StGB und denen des jeweiligen Tatbestandes des Besonderen Teils zusammensetzenden Tatbestand subsumiert werden können. Dementsprechend kann auch der Tatherrschaftsgedanke Geltung als Auslegungsmaßstab für ein Handeln „durch einen anderen“[225] oder ein „gemeinschaftliches“ Handeln[226] beanspruchen, mehr aber nicht.

---

225 Es spricht auf der Grundlage des in dem Wortlaut „durch einen anderen“ verankerten Aspekts der Instrumentalisierung einiges dafür, die Tatherrschaft als *das* charakterisierende Element der mittelbaren Täterschaft zu sehen. Dies zeigt sich auch darin, dass der BGH, der der Tatherrschaftslehre grundsätzlich nach wie vor nur sehr eingeschränkt zugewandt ist, indem er die Tatherrschaft als ein Indiz von mehreren möglichen für den Täterwillen begreift – als den entscheidenden Maßstab generell also nach wie vor den Täterwillen annimmt –, bei der Frage der mittelbaren Täterschaft an die Tatherrschaft als entscheidenden Maßstab anknüpft (vgl. BGHSt 30, 363; 32, 38; 32, 165; 35, 347; 40, 218; 45, 270; BGH NJW 1983, 462; BGH JZ 1987, 474; wie hier: LK/*Schünemann*, 12. Aufl., § 25 Rn. 27; MK/*Joecks*, § 25 Rn. 23, 33; *Roxin*, JZ 1995, 49, 50).

226 Dagegen mit beachtlichen Argumenten *Herzberg*, Täterschaft und Teilnahme, 56 ff., der stattdessen eine „Gleichrangigkeit“ des Tatbeitrages fordert. Abgesehen von dem von *Herzberg* in diesem Kontext gebildeten „Verschwörer-Beispiel“ erscheint das Tatherrschaftskriterium auch in dem bereits in anderem Zusammenhang angeführten Beispiel der „Hackerangriffe“, bei denen eine Vielzahl von Personen durch das abgestimmte Senden einer Vielzahl von Anfragen an einen Webserver diesen überlasten und damit die von diesem bereitgestellte Webseite verlangsamen oder sogar zum Absturz bringen, nicht tauglich, da ein gemeinschaftliches im Sinne von arbeitsteilig-funktionales Begehen hier nicht in Frage steht, der Einfluss des Einzelnen auf das Geschehen durch seinen Tatbeitrag aber minimal ist. Lässt man den durch einen solch geringfügigen Beitrag begründeten Einfluss bereits als Tatherrschaft gelten, verliert dieses Merkmal jede Abgrenzungsschärfe, da dann praktisch jeder Tatbeitrag Tatherrschaft begründet. Eine die Tatherrschaft auch bei der Mittäterschaft als notwendiges Kriterium bejahende Replik zu *Herzberg* liefert LK/*Schünemann*, 12. Aufl., § 25 Rn. 194 f.

ccc) Parallelen zur Haftungsexpansion durch die Versuchsvorschriften

Betrachtet man die Versuchsregelungen unter dem Blickwinkel der durch sie bewirkten Haftungsexpansion genauer, so erschließt sich, dass diese regelungstechnisch wesentliche Parallelen zu den Täterregelungen des § 25 Abs. 1 2. Var. StGB und des § 25 Abs. 2 StGB aufweisen. Das hier vorgeschlagene Modell zur Haftungsexpansion zwecks Erfassung des mittelbaren Täters und des Mittäters entspricht regelungstechnisch im Wesentlichen dem der Versuchsvorschriften.[227]

Zunächst ist der dogmatische Ausgangspunkt insofern der gleiche, als der Versuchstäter wie der mittelbare Täter und der Mittäter trotz Tatbestandsnähe des an den Tag gelegten Verhaltens wegen des Zuschnitts der Straftatbestände im Besonderen Teil – soweit es den mittelbaren Täter und den Mittäter betrifft: auf den Alleintäter[228], soweit es den Versuchstäter betrifft: auf Tatvollendung – und aufgrund des Gesetzlichkeitsprinzips nicht unter die Straftatbestände des Besonderen Teils gefasst, die Strafbarkeit mithin ohne gesetzliche Haftungsexpansion nicht begründet werden kann.[229] Auch beim Versuch hat sich der Gesetzgeber – ohne dass eine Regelung im Besonderen Teil des Strafgesetzbuchs und in den jeweiligen Nebengesetzen ausgeschlossen gewesen wäre – wegen der Verallgemeinerungsfähigkeit und -bedürftigkeit des Rechtsinstituts für eine

227 Insoweit sei klarstellend auf Folgendes hingewiesen: Der Vergleich mit den Versuchsregelungen dient dazu herauszustellen, dass das hier vorgeschlagene Modell der Haftungsexpansion zur Erfassung des mittelbaren Täters und des Mittäters systemkonform ist. Es wird keine inhaltliche Nähe von Versuchstäter und mittelbarem Täter bzw. Mittäter behauptet. Inhaltlich stehen sich nur der Teilnehmer und der mittelbare Täter bzw. der Mittäter nahe, weshalb sie das Gesetz auch unter dem Oberbegriff „Beteiligte" zusammenfasst (§ 28 StGB). Dementsprechend bereitet bei der Rechtsanwendung auch nur die Unterscheidung von mittelbarem Täter und Mittäter auf der einen und Teilnehmer auf der anderen Seite Schwierigkeiten, nicht dagegen die Unterscheidung von Versuchstäter auf der einen und mittelbarem Täter und Mittäter auf der anderen Seite. Dargetan wird „lediglich", dass den Versuchsregelungen ein gesetzlicher Modus zur Haftungsexpansion zugrunde liegt, der auch für die Haftungsexpansion durch § 25 Abs. 1 2. Var. StGB und § 25 Abs. 2 StGB fruchtbar gemacht werden kann (und nach hier vertretener Ansicht fruchtbar gemacht werden sollte).

228 Einige Tatbestände des Besonderen Teils setzen auch ein Verhalten in Kooperation mit anderen voraus, z.B. die Qualifikationstatbestände, die eine bandenmäßige Begehung mit einer erhöhten Strafdrohung belegen (z.B. § 244 Abs. 1 Nr. 2 StGB), oder auch der Qualifikationstatbestand des § 224 Abs. 1 Nr. 4 StGB der eine Körperverletzung, die „mit einem anderen Beteiligten gemeinschaftlich" begangen wird, unter eine erhöhte Strafdrohung stellt.

229 Vgl. für den Versuchstäter LK/*Hillenkamp*, 12. Aufl., Vor §§ 22 ff. Rn. 39, § 22 Rn. 27.

Regelung im Allgemeinen Teil entschieden und so einen unselbstständigen Tatbestand geschaffen, dessen Merkmale stets auf ein Delikt des Besonderen Teils zu beziehen sind.[230] Äquivalent zu dem für die mittelbare Täterschaft und die Mittäterschaft vorgeschlagenen Modell zur Haftungsexpansion ergibt sich der Versuchstatbestand aus einer Kombination von § 22 StGB mit dem jeweiligen Straftatbestand des Besonderen Teils, soweit dessen Versuch unter Strafe steht.[231] So ist beispielsweise § 242 Abs. 1 StGB in Zusammenschau mit § 22 StGB folgendermaßen zu lesen: „Wer in der Absicht, die Sache sich oder einem Dritten rechtswidrig zuzueignen, nach seiner Vorstellung von der Tat unmittelbar dazu ansetzt, einem anderen eine fremde bewegliche Sache wegzunehmen, wird mit Freiheitsstrafe bis zu fünf Jahren oder mit Geldstrafe bestraft." § 249 Abs. 1 StGB ist in Kombination mit § 22 StGB zu lesen: „Wer in der Absicht, die Sache sich oder einem Dritten rechtswidrig zuzueignen, nach seiner Vorstellung von der Tat unmittelbar dazu ansetzt, einem anderen mit Gewalt gegen eine Person oder unter Anwendung von Drohungen mit gegenwärtiger Gefahr für Leib oder Leben eine fremde bewegliche Sache wegzunehmen, wird mit Freiheitsstrafe nicht unter einem Jahr bestraft."

Es wird demzufolge – ebenfalls in Parallele zu dem vorgeschlagenen Verständnis der Haftungsexpansion durch § 25 Abs. 1 1 Var. StGB und § 25 Abs. 2 StGB – die tatbestandliche Handlung modifiziert: Das Handlungsmerkmal des Straftatbestandes des Besonderen Teils wird durch ein sich aus diesem und den „vor die Klammer gezogenen" Merkmalen des § 22 StGB zusammensetzendes Handlungsmerkmal ersetzt. So wird ein zwar in engem sachlichen Zusammenhang mit dem im Besonderen Teil niedergelegten Straftatbestand stehender, aber regelungstechnisch selbstständiger Unrechtstatbestand mit eigener Tatbestandshandlung generiert, dessen integraler Bestandteil die Merkmale des § 22 StGB sind. Dabei geht das Strafgesetzbuch ausweislich § 23 Abs. 3 StGB und § 30 StGB infolge dieser Operation „wie selbstverständlich" nur von einem Versuchstäter aus.[232]

230 LK/*Hillenkamp*, 12. Aufl., Vor §§ 22 ff Rn. 39.

231 MK/*Herzberg/Hoffmann-Holland*, § 22 Rn. 1.

232 Der Umstand, dass auf Rechtsfolgenseite eine Strafmilderung zu prüfen ist (§ 23 Abs. 2 StGB), berührt die dogmatische Einordnung als Täter nicht. Das zeigt sich auch an § 26 StGB, der für den Anstifter auf Rechtsfolgenseite die Täterstrafe anordnet.

ddd) Der Unterschied zwischen der Haftungsexpansion durch die Täter- und der durch die Teilnahmevorschriften

Auch die Teilnahmevorschriften sind Strafausdehnungsnormen. Ihnen ist mit den Regelungen zur mittelbaren Täterschaft und zur Mittäterschaft – und auch zum Versuch – gemein, dass eine Subsumtion des Verhaltens des Teilnehmers auf der Grundlage des Gesetzlichkeitsprinzips unter die Straftatbestände des Besonderen Teils trotz Tatbestandsnähe des Verhaltens nicht möglich ist und es daher einer gesetzlichen Anordnung der strafrechtlichen Haftung bedarf, die der Gesetzgeber wegen der Verallgemeinerungsfähigkeit des Rechtsinstituts „vor die Klammer" in den Allgemeinen Teil gezogen hat. Es handelt sich dementsprechend ebenfalls um unselbstständige Vorschriften, deren Merkmale stets auf ein Delikt des Besonderen Teils zu beziehen sind. Damit stellt sich die Frage, was die Haftungsausdehnung durch die §§ 26 und 27 StGB von der durch die §§ 25 Abs. 1, 2. Var. und 25 Abs. 2 StGB unterscheidet, da die erstere anders als die letztere gerade keine Täterschaft begründet.

Dabei ist die positivistische Antwort, dass die Haftungsausdehnung durch die §§ 26 und 27 StGB keine Täterschaft begründet, weil das Gesetz Teilnahme anordnet, insofern nicht sinnfrei, als es dem Gesetzgeber unbenommen wäre, in den Grenzen des Bestimmtheitsgrundsatzes einen Einheitstäterbegriff im Allgemeinen Teil des Strafgesetzbuchs zu etablieren, der auch die heute den §§ 26, 27 StGB unterfallenden Sachverhalte erfasst. Indessen erschöpft sich der Unterschied zwischen der Haftungsexpansion durch die §§ 26 und 27 StGB und der durch die §§ 25 Abs. 1 2. Var. und 25 Abs. 2 StGB gerade nicht darin, dass der Betreffende einmal als Täter und einmal als Teilnehmer eingeordnet wird. Vielmehr ist der Modus der Haftungsexpansion durch die §§ 26 und 27 StGB stimmig dazu, dass sie den Handelnden als Teilnehmer einordnen, ein anderer als es bei den §§ 25 Abs. 1 2. Var. und 25 Abs. 2 StGB (und auch bei § 22 StGB) der Fall ist:

Die §§ 26 und 27 StGB ergänzen die Straftatbestände des Besonderen Teils zwar auch insofern, als es sich um allgemeine Regelungen handelt, die zusammen mit dem jeweiligen Straftatbestand des Besonderen Teils zu lesen sind und somit einen weiteren Tatbestand generieren, der in engem sachlichen und systematischen Zusammenhang mit dem im Besonderen Teil des Strafgesetzbuchs niedergelegten Straftatbestand steht. So ist beispielsweise § 26 StGB in Zusammenschau mit § 242 Abs. 1 StGB folgendermaßen zu lesen: „Wer vorsätzlich einen anderen dazu bestimmt hat, einem anderen vorsätzlich und rechtswidrig eine fremde bewegliche Sache in der Absicht wegzunehmen, die Sache sich oder einem Dritten rechtswidrig zuzueignen, wird als Anstifter gleich dem

Täter bestraft." § 27 Abs. 1 StGB ist in Zusammenschau mit § 242 Abs. 1 StGB zu lesen: „Wer vorsätzlich einem anderen dazu Hilfe geleistet hat, einem anderen vorsätzlich und rechtswidrig eine fremde bewegliche Sache in der Absicht wegzunehmen, die Sache sich oder einem Dritten rechtswidrig zuzueignen, wird als Gehilfe bestraft."

Der maßgebliche Unterschied ist aber – wie auch die soeben dargelegten Beispiele zeigen –, dass die Tatbestandshandlung(en) des Straftatbestandes des Besonderen Teils durch die §§ 26 und 27 StGB nicht modifiziert, sondern vorausgesetzt wird (werden). Während bei den §§ 25 Abs. 1 2. Var. und § 25 Abs. 2 StGB und auch § 22 StGB durch Integration der Merkmale des vor die Klammer gezogenen unselbstständigen Tatbestandes des Allgemeinen Teils eine *weitere Tatbestandshandlung* geschaffen wird, die die im Besonderen Teil niedergelegte Tatbestandshandlung *ersetzt*, und damit eine echte weitere Variante des im Besonderen Teil niedergelegten Straftatbestandes generiert wird, stellt sich ebendies bei den §§ 26 und 27 StGB anders dar: Die in den §§ 26 und 27 StGB niedergelegten Merkmale (Tathandlungen) bleiben auch „nach" der Kombination mit dem Straftatbestand des Besonderen Teils unselbstständig, da sie die im Straftatbestand des Besonderen Teils niedergelegte Tatbestandshandlung *nicht modifizierend ersetzen*, sondern *lediglich an diese anknüpfen*. Während sich die Unselbstständigkeit der §§ 25 Abs. 1 2. Var., 25 Abs. 2 und 22 StGB in dem letztlich rein regelungstechnischen Vorgang des „Vordieklammerziehens" erschöpft – sie bilden in Kombination mit den Straftatbeständen des Besonderen Teils vollwertige Unrechtstatbestände mit selbstständiger Tatbestandshandlung[233]–, fehlt es auch dem mit dem im Besonderen Teil niedergelegten Straftatbestand kombinierten Teilnahmetatbestand an Selbstständigkeit, weil er *auch in Kombination mit den Straftatbeständen des Besonderen Teils keine selbstständige Tatbestandshandlung generiert*, sondern die Teilnahmehandlung auf die *im Straftatbestand des Besonderen Teils niedergelegte und durch einen anderen zu verwirklichende Tatbestandshandlung* bezogen bleibt. Auch der durch Kombination mit dem im Besonderen Teil niedergelegten Straftatbestand generierte Teilnahmetatbestand beschreibt daher kein eigenständiges, sondern ein akzessorisches – wenn man

233 Der Umstand, dass eine Tatbestandshandlung – wie beim Begehen „durch einen anderen" oder mit mehreren „gemeinschaftlich" – die Mitwirkung eines anderen impliziert, stellt ihre dogmatische Selbstständigkeit nicht in Frage. Die Mitwirkung ist hier Teil der originären den „wer" des Straftatbestandes betreffenden Unrechtsbeschreibung wie z.B. bei § 224 Abs. 1 Nr. 4 StGB oder § 244 Abs. 1 Nr. 2 StGB.

so möchte: das *Unrecht eines anderen* ergänzendes – Unrecht.[234] Der Teilnahmetatbestand ist folglich keine Variante des im Besonderen Teil niedergelegten Straftatbestandes, sondern ein qualitatives Weniger, und damit nicht nur formal, sondern auch materiell kein Straftatbestand im Sinne des Täterbegriffs.

c) Mögliche Einwände gegen die vorgeschlagene individualisierende Betrachtung des mittelbaren Täters und des Mittäters auf der Unrechtsebene

Im Folgenden sollen – gewissermaßen vorgreiflich – naheliegende Einwände gegen das vorgeschlagene Konzept zur Haftungsbegründung des mittelbaren Täters und des Mittäters dargelegt und gewürdigt werden.

aa) Zerstückelung eines einheitlichen Geschehens

Zunächst liegt der Vorwurf derjenigen, die von einer mittels – gegebenenfalls wechselseitiger – Handlungszurechnung erreichten tatbestandlichen Gesamttat ausgehen[235], auf der Hand, dass durch eine individualisierende Betrachtung des mittelbaren Täters und des jeweiligen Mittäters (nicht erst auf der Schuldebene, sondern bereits) auf der Tatbestandsebene ein einheitliches Geschehen künstlich aufgespalten werde.[236]

Richtig ist insoweit, dass in den Konstellationen der mittelbaren Täterschaft und der Mittäterschaft zur Erfassung des unrechtmäßigen Geschehens auch immer das Verhalten des Vordermanns bei der mittelbaren Täterschaft und das der weiteren Mittäter bei der Mittäterschaft in den Blick genommen werden muss. Ohne Zweifel liegen in den Fallkonstellationen der mittelbaren Täterschaft und der Mittäterschaft tatsächlich einheitliche und wechselbezügliche Geschehensabläufe vor. Das wird durch eine individualisierende Betrachtung der Tatbestandsfrage aber auch nicht in Frage gestellt:

Nur klarstellend sei in diesem Zusammenhang zunächst darauf hingewiesen, dass sich in strafprozessualer Hinsicht durch die Annahme eigener

234 Das entspricht insoweit der heute ganz herrschenden Meinung. Z.B. *Jescheck/Weigend*, AT, S. 685; *Kühl*, AT, § 20 Rn. 132; MK/*Joecks*, Vor §§ 26 Rn. 16; Sch/Sch/*Heine/Weißer*, Vorbem. § 25 ff. Rn. 15; *Wessels/Beulke/Satzger*, Rn. 791.

235 Siehe hierzu oben S. 48 ff.

236 Z.B. *Küper*, Versuchsbeginn und Mittäterschaft, S. 60; in diese Richtung gehen wohl auch die von *Lange*, Der moderne Täterbegriff und der deutsche Strafgesetzentwurf, S. 16, und *Woelk*, Täterschaft bei zweiaktigen Delikten, S. 31, der formal-objektiven Theorie gegenüber erhobenen Vorwürfe.

Tatbestandsverwirklichung durch den mittelbaren Täter und den Mittäter ohnehin nichts ändert. Insoweit ist und bleibt eine gemeinsame strafprozessuale Aufarbeitung des strafrechtlich relevanten Geschehens und eine gemeinsame Verurteilung der Beteiligten sinnvoll[237], aber nicht zwingend[238]. Aber auch materiell-rechtlich steht die Annahme individueller Tatbestandsmäßigkeit nicht im Widerspruch dazu, dass das strafrechtlich relevante *Geschehen* ein einheitliches ist, das mehrere Mitwirkende umfasst.

Der Unterschied in der Betrachtung und Bewertung der Fallkonstellationen der mittelbaren Täterschaft und der Mittäterschaft zwischen dem Modell der durch Handlungszurechnung begründeten tatbestandlichen Gesamttat und dem hier vertretenen Konzept liegt nicht darin, dass hier nicht auch von einem einheitlichen und spezifisch wechselbezüglichen Geschehen ausgegangen würde, sondern lediglich darin, dass die Einheitlichkeit und Wechselbezüglichkeit des Geschehens nach hier vertretener Ansicht auch ohne weiteres im Rahmen der nicht ohne Grund gesetzestypischen Frage nach individueller Tatbestandsmäßigkeit abgebildet werden kann und sollte. Das Strafgesetzbuch enthält im Besonderen Teil verschiedene Straftatbestände, bei denen der Unrechtsvorwurf durch die Mitwirkung weiterer Personen gekennzeichnet ist. So stellt es sich insbesondere bei der gemeinschaftlichen Körperverletzung[239] und den Bandendelikten[240], aber auch bei weiteren Straftatbeständen[241] dar. Eine individuelle Betrachtung der Frage der Tatbestandsmäßigkeit auch bei Sachverhalten, denen die Mitwirkung mehrerer zu eigen ist, ist dem Gesetz also im Grunde keineswegs fremd. Entsprechend kann auch bei der mittelbaren Täterschaft und der Mittäterschaft der Drittbezug des jeweiligen unrechtsbegründenden (bzw. zunächst -indizierenden) Verhaltens durch die echten Tatbestandsmerkmale des Handelns „durch einen anderen" respektive mit mehreren „gemeinschaftlich" abgebildet werden, ohne dass ersichtlich wäre, dass hierdurch die Drittbezogenheit des unrechtsbegründenden Verhaltens nicht hinreichend erfasst würde. Gleichzeitig würden die dargelegten Friktionen vermieden. Eine Aufspaltung eines einheitlichen Geschehens nur in dem Sinne, dass bei der rechtlichen Bewertung

237 Vgl. §§ 2 und 3 StPO.

238 Bezeichnenderweise wird die Frage des Vorliegens einer Tat prozessrechtlich auch bisher schon für jeden Beteiligten individuell beantwortet (BGH wistra 1992, 183; *Meyer-Goßner/Schmitt*, § 264 Rn. 6).

239 § 224 Abs. 1 Nr. 4 StGB.

240 §§ 146 Abs. 2, 236 Abs. 4 Nr. 1, 244 Abs. 1 Nr. 2, 250 Abs. 1 Nr. 2, 260 Abs. 1 Nr. 2, 260a Abs. 1, 263 Abs. 5, 267 Abs. 4, 284 Abs. 3 Nr. 2 StGB.

241 Beispielsweise §§ 87 Abs. 1 Nr. 6, 125 Abs. 1, 127, 129 Abs. 1, 129a Abs. 1, 2 StGB.

des tatsächlich einheitlichen und durch die Mitwirkung verschiedener Beteiligter geprägten Geschehens jeder Beteiligte getrennt in den Blick genommen wird, ist nicht künstlich, sondern in einem durch das Gesetzlichkeitsprinzip und das Schuldprinzip geprägten deduktiven Strafrechtssystem der dogmatisch systemgerechte Normalfall.

bb) Überflüssige Differenzierung

Weiterhin könnte dem hiesigen Konzept die Differenzierung zwischen den einfachen Erfolgsdelikten und den sonstigen Deliktstypen im Hinblick auf die Begründung der Haftung des mittelbaren Täters und des Mittäters zum Vorwurf gemacht werden. Eine Begründung der Haftung des mittelbaren Täters und des Mittäters anhand der bei den Erfolgsdelikten im Allgemeinen herangezogenen Kriterien der Kausalität und der objektiven Zurechnung sei – so ließe sich einwenden – in Anbetracht der §§ 25 Abs. 1 2. Var. und 25 Abs. 2 StGB jedenfalls überflüssig. Denn wenn mittels der §§ 25 Abs. 1 2. Var. und 25 Abs. 2 StGB auch der Anwendungsbereich der einfachen Erfolgsdelikte erweitert werden könne, dann bedürfe es der Frage danach, ob der durch einen anderen Handelnde oder der mit mehreren gemeinschaftlich Handelnde beispielsweise (auch) selbst „tötet" oder „beschädigt", schlicht nicht.

Dem ist bei rein pragmatischer Betrachtung auf der Grundlage der heute bestehenden (!) Rechtslage nichts entgegenzuhalten, sondern vielmehr zuzustimmen. Um das dogmatische Problem der Begründung der Haftung des mittelbaren Täters und des Mittäters in einem auf dem Gesetzlichkeitsprinzip fußenden deduktiven Strafrechtssystem und damit die Funktion der §§ 25 Abs. 1 2. Var. und 25 Abs. 2 StGB richtig zu erfassen, bedarf es aber einer grundlegenden Auseinandersetzung mit den Anforderungen, die aus dem Gesetzlichkeitsprinzip für die Tatbestandsauslegung folgen. Die Annahme, dass es des § 25 Abs. 1 2. Var. StGB zur Begründung der Haftung des mittelbaren Täters bei den einfachen Erfolgsdelikten nicht und des § 25 Abs. 2 StGB zur Begründung der Haftung des Mittäters bei den einfachen Erfolgsdelikten nur ausnahmsweise – im Falle fehlender Kausalität – bedarf, folgt aus der Einsicht, dass das grundgesetzliche Analogieverbot einerseits einfordert, die Wortlautgrenze – auch mit Blick auf die mittelbare Täterschaft und die Mittäterschaft – ernst zu nehmen, andererseits aber einem Ausreizen des Auslegungsspielraumes bis zur Wortlautgrenze nichts entgegensteht. In dem oben dargelegten Umfang[242] könnten der mittelbare Täter und der Mittäter auch ohne die §§ 25 Abs. 1 2. Var. und 25

242 S. 84 ff.

Abs. 2 StGB als Täter bestraft werden. Dabei schadet die Annahme, dass es der §§ 25 Abs. 1 2. Var. und 25 Abs. 2 StGB zur Haftungsbegründung bei den einfachen Erfolgsdelikten (in der Regel) nicht bedarf und insofern – wenn man so möchte – gleich zwei Wege – über §§ 25 Abs. 1 2. Var. und 25 Abs. 2 StGB und ohne deren Berücksichtigung – zur Haftungsbegründung offen stehen, auch nicht. Auch auf der Grundlage des Models der durch (wechselseitige) Handlungszurechnung begründeten Gesamttat dürfte unbestritten sein, dass es in Fällen, in denen zwar die Voraussetzungen der Mittäterschaft vorliegen, aber der Mittäter selbst alle tatbestandlichen Voraussetzungen des im Besonderen Teil niedergelegten Straftatbestandes erfüllt[243], einer Handlungszurechnung zur Haftungsbegründung nicht bedarf.[244]

cc) Formalismus

Zu erwarten ist schließlich der Vorwurf einer zu formalistischen Betrachtung der Täterschaft und einer (vermeintlich) damit einhergehenden Gefahr einer zu starken Beschränkung der Täterschaft.[245] Insofern ist zu unterscheiden:

Soweit sich der Vorwurf des Formalismus darauf beziehen sollte, dass das hiesige Konzept verlangt, dass ein Täterstrafbarkeit auslösendes Verhalten immer dem Wortlaut eines Straftatbestandes zugeordnet werden können muss und es daher mit Blick auf den mittelbaren Täter und den Mittäter auch einer systematisch eindeutigen – formalisierten – Eingliederung der Merkmale der §§ 25 Abs. 1 2. Var. und 25 Abs. 2 StGB in die Straftatbestände anstelle ihrer „auflockernden Interpretation“[246] bedarf, trifft der Vorwurf zu. Das hiesige Täterkonzept stimmt mit der formal-objektiven Theorie insoweit überein, als es als Täter nur anerkennt, wem tatbestandsmäßiges Verhalten attestiert werden kann.[247] Es ist sogar insofern mit Blick auf den Täterbegriff restriktiver als die formal-objektive Theorie, als es auch eine Teilverwirklichung des Tatbestandes nicht zur Begründung der Täterschaft ausreichen lässt.[248] Dieses Maß an Formalismus ist

---

243 Bei der mittelbaren Täterschaft erscheinen entsprechende Fälle eher ausgeschlossen.

244 Vgl. *Fischer*, § 25 Rn. 24.

245 Auch dieser Vorwurf wurde bereits gegenüber der formal-objektiven Theorie erhoben, vgl. z.B. *Roxin*, AT II, § 25 Rn. 29; *Wessels/Beulke/Satzger*, Rn. 749.

246 Vgl. *Gallas*, Beiträge zur Verbrechenslehre, S. 139 f.

247 *zu Dohna*, Der Aufbau der Verbrechenslehre, S. 59.

248 Weshalb der gegenüber der formal-objektiven Theorie – zu Recht – erhobene Vorwurf, keine Erklärung für die Annahme täterschaftlicher Haftung bei bloßer Tatbestandsteilverwirklichung anzubieten (vgl. *Jakobs*, AT, 21. Abschn. Rn. 25), auf das hier entwickelte Konzept nicht zutrifft.

aber *de lege lata* angezeigt: Nimmt man das mit dem einfach- und grundgesetzlich verankerten Analogieverbot einhergehende Konzept der Wortlautgrenze und das daraus folgende Gewicht des Wortlauts der strafbegründenden Norm bei der Rechtsanwendung ernst, so erschließt sich, dass die in den §§ 25 Abs. 1 2. Var. und 25 Abs. 2 StGB angelegte Haftungsexpansion unmittelbar Eingang in den Wortlaut des haftungsbegründenden Tatbestandes finden muss. Denn nur so ist klargestellt, dass es der erweiterte Wortlaut des Straftatbestandes ist, der Grund und Grenze der erweiterten strafrechtlichen Haftung bildet und an dem sich jede Auslegung – zum Beispiel am Maßstab der Tatherrschaft – letztlich messen lassen muss. Es bedarf – wenn man so möchte – der „formal-objektiven Einordnung" der Täterschaft im Sinne ihrer strikten Bindung an die Straftatbestände, um die Bindung der Täterstrafbarkeit an den Straftatbestand und seinen Wortlaut als strafhaftungsbegründende Norm sicherzustellen. Erst der erweiterte Wortlaut ist Grundlage der Auslegungsarbeit des Rechtsanwenders – ebenso wie es ohne Expansionsnorm der Fall ist.

Sofern dem hiesigen Täterkonzept aber die Gefahr einer zu starken Beschränkung der Täterstrafbarkeit wegen einer (vermeintlich) zu starken Orientierung am Wortlaut vorgeworfen werden sollte, trifft dieser Vorwurf aus zwei Gründen nicht zu. Zum einen legt das hiesige Konzept – anders als die formal-objektive Theorie – keinen restriktiven Tatbegriff zugrunde, sondern lässt eine gemäßigt-extensive Auslegung der Straftatbestände zu bzw. fordert diese – unter Beachtung der Wortlautgrenze – ein.[249] Der Vorwurf einer Orientierung allein oder weit überwiegend am Lebenssprachgebrauch unter Zurückstellung anderer Auslegungsmethoden, insbesondere teleologischer Erwägungen, wie er der formal-objektiven Theorie stets gemacht worden ist[250], ginge hier fehl: Eingefordert wird lediglich, dem Wortlaut auch mit Blick auf die Frage der Haftung des mittelbaren Täters und des Mittäters neben den weiteren Auslegungsmethoden das Gewicht einzuräumen, das ihm (heute) verfassungsrechtlich zugesprochen ist. Solange aber die Vereinbarkeit der (täterschaftlichen) Haftung mit dem Wortlaut (des Straftatbestandes) noch gewährleistet ist[251], darf und soll nach Historie, systematischer Einordnung und insbesondere Telos der Norm gefragt werden.

---

249 Weshalb auch im Regelfall von der Subsumierbarkeit des mittelbaren Täters und des Mittäters unter die Tatbestände der einfachen Erfolgsdelikte auszugehen ist.

250 *Haas*, Die Theorie der Tatherrschaft und ihre Grundlagen, S. 10 f.; *Lange*, Der moderne Täterbegriff und der deutsche Strafgesetzentwurf, S. 15 ff.

251 Was aber beispielsweise bei verhaltensgebundenen Delikten für den mittelbaren Täter erst durch die Formulierung „durch einen anderen" erreicht wird.

Zum anderen würde sich die Frage einer starken Einschränkung der Täterstrafbarkeit auf der Grundlage des hiesigen Konzeptes nur stellen, wenn sich der Gesetzgeber dazu entschlösse, die §§ 25 Abs. 1 2. Var. und 25 Abs. 2 StGB wieder (ersatzlos) aus dem Strafgesetzbuch zu streichen (und gleichzeitig der Verfassungsgeber am Gesetzlichkeitsprinzip – insbesondere in der Ausprägung des Analogieverbots – festhielte). Ungeachtet dessen, dass hiermit auf absehbare Zeit nicht zu rechnen sein dürfte, wäre in diesem Fall die Entscheidung des Gesetzgebers gegen die Haftungsexpansion durch die §§ 25 Abs. 1 2. Var. und 25 Abs. 2 StGB durch den Rechtsanwender zu respektieren und damit die Haftung des mittelbaren Täters und des Mittäters auf die oben dargelegten[252] Fälle der Subsumierbarkeit unter die Straftatbestände des Besonderen Teils zu beschränken.

Zusammengefasst erschöpft sich der Formalismus des hiesigen Konzeptes also in der „formalistischen Eingliederung" der Täterschaftsfrage in die Frage der Tatbestandsverwirklichung und dem Ernstnehmen der Wortlautgrenze bei der Tatbestandauslegung. Im Übrigen wird aber – ähnlich der Tatherrschaftslehre – einer materiellen Auslegung des Straftatbestandes der Vorzug eingeräumt.

3. Zwischenergebnis

Der heute herrschende „gemäßigt-extensive" Tatbegriff überzeugt. Auf seiner Grundlage lassen sich der mittelbare Täter und der Mittäter – abgesehen von den wenigen Fällen eines nichtkausalen mittäterschaftlichen Tatbeitrages – unter die Tatbestände der einfachen Erfolgsdelikte subsumieren. Die §§ 25 Abs. 1 2. Var. und 25 Abs. 2 StGB sind (dennoch) konstitutiv, weil sie die (Täter-)Haftung des mittelbaren Täters und des Mittäters auch dort ermöglichen und einfordern, wo eine Subsumtion unter den Tatbestand, so wie er im Besonderen Teil formuliert ist, nicht möglich ist. Der konstitutiven Funktion der §§ 25 Abs. 1 2. Var. und 25 Abs. 2 StGB ist auf der Grundlage des restriktiven Täterbegriffs gerecht zu werden, indem man die §§ 25 Abs. 1 2 und 25 Abs. 2 StGB als „Tatbestandsergänzungsnormen" begreift, die die in ihnen enthaltenen Merkmale „vor die Klammer ziehen" und als unselbstständige Tatbestände die Handlungsmerkmale der Tatbestände des Besonderen Teils erweiternd modifizieren. Der Tatherrschaftsgedanke stellt sich insoweit – wie jedes potentielle „Täterkriterium" – als Auslegungskriterium („Tatkriterium") dar. Als solches ist er im Rahmen der Auslegung

252 S. 84 ff.

der einfachen Erfolgsdelikte bei der objektiven Zurechnung zu verorten und im Rahmen der Auslegung des durch § 25 Abs. 1 2. Var. StGB ergänzten Tatbestandes als Voraussetzung für das Handeln „durch einen anderen". Sofern man die Tatherrschaft auch als notwendiges Merkmal der Mittäterschaft begreift, ist sie zudem Auslegungskriterium für das „gemeinschaftliche" Handeln durch den Betreffenden in dem durch § 25 Abs. 2 StGB ergänzten Tatbestand.

VI. Zur Abgrenzung von Täterschaft und Teilnahme

Im Folgenden sollen die Implikationen, die aus dem hier vorgeschlagenen Täterkonzept für die Frage der Abgrenzung von Täterschaft und Teilnahme folgen, zusammenfassend dargelegt werden.

1. Primat der Täterschaft

Auf der Grundlage eines Konzeptes, das den Täterbegriff konsequent an die Tatbestandsverwirklichung bindet, ist eine Abgrenzung von Täterschaft und Teilnahme im eigentlichen Sinne des Begriffs verfehlt. Denn Täterschaft und Teilnahme stehen nicht gleichberechtigt nebeneinander: Die Täterschaft ist bei diesem Verständnis die sich aus der Verwirklichung eines – unter Umständen durch § 25 Abs. 1 2. Var. StGB oder 25 Abs. 2 StGB modifizierten – Straftatbestandes ergebende Primärhaftung, während sich die Teilnahme als nachrangige Sekundärhaftung darstellt, die nur für den Fall in Frage kommt, dass der Betreffende den jeweils in Rede stehenden Tatbestand nicht verwirklicht und damit selbstverständlich Täter ist.[253]

2. Abgrenzung über die Auslegung

Ungeachtet dieser dogmatischen Grundsatzerwägung sieht sich der (Straf-) Rechtsanwender natürlich regelmäßig mit Sachverhalten konfrontiert, die durch die Mitwirkung mehrerer Beteiligter gekennzeichnet sind und bei denen sich die Frage stellt, ob der jeweilige Beteiligte als Täter oder als Teilnehmer einzuordnen und zu bestrafen ist. Möchte man in diesen Fällen trotz der strukturellen Nachrangigkeit der Teilnahme und ihrer aus den §§ 26, 27 StGB folgenden spezifischen Voraussetzungen mit Blick auf die Frage, ob der jeweils Beteiligte als Täter oder als Teilnehmer einzuordnen ist, von Abgrenzung sprechen, so ist dogmatisch das alleinentscheidende Abgrenzungskriterium das der Tatbestandsverwirklichung: Wer den Straftatbestand verwirklicht, ist Täter, wer nicht, ist gegebenenfalls – das heißt unter den Voraussetzungen der §§ 26, 27 StGB – Teilnehmer. Bei einem streng tatbestandsbezogenem Verständnis der Täterschaft folgt aus dem

253 Vgl. auch LK/*Schünemann*, 12. Aufl., Vor §§ 26, 27 Rn. 4, 6; *Schnürer*, Das Gesamtgeschäft beim Handeltreiben mit Betäubungsmitteln, S. 105.

Umstand, dass weitere Beteiligte „auf den Plan treten" und deshalb auch eine Teilnahme zumindest nicht von vorneherein ausgeschlossen erscheint – beim Alleintäter scheidet Teilnahme mangels fremder Haupttat immer aus – keine grundsätzliche dogmatische Neubewertung der Täterschaftsfrage. Sie definiert sich auch im Falle mehrerer am Geschehen Mitwirkender für den Einzelnen – wie beim Alleintäter – über die Tatbestandsverwirklichung. Dabei steht nicht in Frage, dass in Fällen, in denen mehrere Personen an einem strafrechtsrelevanten Geschehen beteiligt sind, das Verhalten des Einzelnen auf den ersten (und gegebenenfalls auch noch auf den zweiten) Blick sowohl eine Einordnung als Täter als auch als Teilnehmer möglich erscheinen lässt. Das Problem ist strukturell aber ein Subsumtionsproblem und seine Lösung deshalb über die Auslegung des – gegebenenfalls durch § 25 Abs. 1 2. Var. StGB oder 25 Abs. 2 StGB ergänzten – Straftatbestandes zu suchen.[254] Ebendies ist auf der Grundlage eines modernen Tatbegriffs auch möglich, der eine normative Betrachtung der Tatbestandsmerkmale unter Berücksichtigung aller Auslegungsmethoden – wobei das „Minimalgewicht" des Wortlauts in Form der Wortlautgrenze freilich heute durch das verfassungsrechtliche Gesetzlichkeitsprinzip vorgegeben ist – zulässt, ohne entweder einseitig an einem naturalistischen Kausalitätsdogma oder allein am Lebenssprachgebrauch orientiert zu sein.

Es ist danach bei genauer Betrachtung strukturell nicht richtig, im Rahmen der Prüfung, ob jemand einen Tatbestand verwirklicht hat, nach der Abgrenzung zur Teilnahme zu fragen: Mit der Beantwortung der Frage nach der Straftatbestandsverwirklichung geht die Beantwortung der Frage nach der Abgrenzung von Täterschaft und Teilnahme einher. Allerdings sind die praktischen Folgen, die sich daraus für die Entscheidung ergeben, ob der Beteiligte im konkreten Fall „als Täter" oder „als Teilnehmer" bestraft wird, in der Breite gesehen recht gering. Denn auch wenn sich die Frage der Täterschaft und mit ihr die Frage der Abgrenzung zur Teilnahme in der Frage nach der Tatbestandsverwirklichung erschöpft, so ist letztere bekanntlich häufig nicht leicht zu beantworten und man kann sich in den Grenzfällen darüber streiten, ob nun noch eine (eigene) Verwirklichung des Tatbestandes vorliegt – und damit Täterschaft – oder nicht – und damit unter den weiteren Voraussetzungen der §§ 26, 27 StGB Teilnahme

254 Vgl. auch in jüngster Zeit *Schnürer*, Das Gesamtgeschäft beim Handeltreiben mit Betäubungsmitteln, S. 135 ff., der diesen Weg jedenfalls in dem speziellen Fall der Abgrenzung von Täterschaft und Teilnahme beim Handeltreiben mit Betäubungsmitteln beschreitet.

in Betracht kommt. Es verschiebt sich zunächst nur die dogmatische Perspektive.[255] So lässt sich zum Beispiel auch bei einer strikten Einordnung als „bloßes“ Auslegungskriterium ebenfalls darüber streiten, in welchem Umfang der Tatherrschaftsgedanke einen überzeugenden Sachgesichtspunkt darstellt und welche Anforderungen gegebenenfalls an das Innehaben von Tatherrschaft zu stellen sind.

255 Dass sich auch de lege lata praktisch bedeutsame Konsequenzen aus dem hier vorgeschlagenen Täterkonzept ergeben, wird im nächsten Abschnitt dargelegt werden.

VII. Praktische Konsequenzen des erarbeiteten Konzeptes

Ungeachtet dessen, dass sich die vorliegende Arbeit als Grundlagenarbeit versteht, sollen im Folgenden (nur) einige für die Anwendungspraxis erhebliche Konsequenzen des dargelegten, streng tatbestandsbezogenen Täterkonzeptes beleuchtet werden. Hiermit ist zum einen die Absicht verbunden, dem Konzept schärfere Konturen zu verleihen. Zum anderen soll hierdurch vor Augen geführt werden, dass es – wenngleich bereits betont worden ist, dass sich gegenüber den aktuellen Täterkonzepten in der Summe mit Blick auf die Praxis gar nicht allzu viele Unterschiede ergeben – nicht nur um ein „dogmatisches Umräumen von Möbeln“ geht, sondern den Grundsatzerwägungen auch praktische Relevanz zukommt.

1. Zur Frage des Kriteriums der Tatherrschaft bei den Sonderdelikten

Im Hinblick auf die – auch Pflichtdelikte genannten – Sonderdelikte[256] stellt sich für die Tatherrschaftslehre – wie dem Prinzip nach für jede Lehre, die neben der Tatbestandsverwirklichung ein allgemeingültiges Täterkriterium aufstellen möchte – das Problem, dass der jeweilige Tatbestand auf die eine oder andere Art und Weise[257] eine tatbestandsspezifische Auswahl der potentiellen Täter trifft, die auf ein sonstiges Täterkriterium – wie beispielsweise die Tatherrschaft – keine Rücksicht nimmt.

Auf der einen Seite müsste – um im Beispiel der Tatherrschaftslehre zu bleiben – auch der sogenannte Extraneus – also derjenige, der nicht zu dem durch den Tatbestand eingeschränkten Täterkreis gehört, weil er nicht Träger der vom Tatbestand vorausgesetzten Sonderpflicht ist[258] – der Gleichung der

256 Dazu, was diese Deliktskategorie kennzeichnet, siehe *Krey/Esser*, AT, Rn. 227 ff.; *Roxin*, AT II, § 25 Rn. 267 ff.; *Stratenwerth/Kuhlen*, AT, § 8 Rn. 2 ff. Vertiefend auch *Krause*, Sonderdelikte im Wirtschaftsstrafrecht, S. 31 ff.

257 Beispielsweise, indem der Tatbestand eine besondere Stellung des Betreffenden verlangt, aus der sich die besondere Pflicht ergibt (z.B. die Amtsträgereigenschaft bei den Amtsdelikten) oder durch die Beschreibung einer Situation, aus der besondere Pflichten erwachsen (z.B. die Unfallbeteiligung bei § 142 StGB). Hierzu *Stratenwerth/Kuhlen*, AT, § 8 Rn. 4 f.

258 *Wessels/Beulke/Satzger*, Rn. 744.

Tatherrschaftslehre nach konsequenterweise Täter des jeweiligen Sonderdelikts sein, wenn er Tatherrschaft hat. Dies lassen die Tatbestände der Sonderdelikte aber offensichtlich nicht zu. Und es geht dann auch soweit ersichtlich niemand davon aus, dass auch der Extraneus Täter des jeweiligen Sonderdelikts ist, wenn er nur Tatherrschaft innehat. *Roxin* als der Begründer der modernen Tatherrschaftslehre begründet dies damit, dass es bei den Pflichtdelikten, wie er sie nennt, auf die Tatherrschaft nicht ankomme, sondern nur auf die Verletzung der Sonderpflicht.[259] Andere sind der Ansicht, dass die Tatherrschaft auch bei den Sonderdelikten das entscheidende Täterkriterium darstellt, aber eben nur für den Intraneus – also denjenigen, der zu dem durch den Tatbestand eingeschränkten Täterkreis gehört, weil er Träger der vom Tatbestand vorausgesetzten Sonderpflicht ist –, so dass Täterkriterien hier letztlich kumulativ sowohl die Tatherrschaft als auch die Zugehörigkeit zu dem durch den Tatbestand eingegrenzten Kreis der potentiellen Täter sind.[260]

Auf der anderen Seite steht die Frage, ob auch der Intraneus zur Begründung der Täterschaft Tatherrschaft innehaben muss. Das wird von den soeben genannten Ansichten entsprechend unterschiedlich beantwortet. *Roxin* verneint die Tatherrschaft als Täterkriterium für die Sonderdelikte gänzlich.[261] Andere bejahen die Tatherrschaft als notwendiges Täterkriterium auch für den Intraneus bei den Sonderdelikten.[262] Dabei bemüht man sich teilweise allerdings um eine „normative Interpretation" der Tatherrschaft. Es soll danach – anders als bei den Allgemeindelikten – nicht der tatsächliche Einfluss auf das Geschehen, sondern der rechtliche entscheidend sein, der sich wiederum gerade in der Zugehörigkeit zu dem tatbestandlich festgelegten Täterkreis begründen soll, da nur durch diese Zugehörigkeit überhaupt eine Straftat begangen werden kann.[263] Weil damit Tatherrschaft hat, wer Intraneus ist, und nicht, wer einen tatsächlich maßgebenden Einfluss auf das Geschehen ausübt, läuft das auf eine Aushöhlung des Tatherrschaftsgedankens und dasselbe Ergebnis hinaus, wie wenn man die Tatherrschaft als Täterkriterium für die Sonderdelikte ganz fallen lässt: Ob man annimmt, dass es neben der Zugehörigkeit zum tatbestandlichen Täterkreis der Tatherrschaft als Täterkriterium nicht bedarf, oder annimmt, dass sich die Tatherrschaft – in Abkehr von dem allgemeinen Verständnis der Tatherrschaft als

259 *Roxin*, AT II, § 25 Rn. 267 ff.; *ders.*, Täterschaft und Tatherrschaft, S. 352 ff.
260 Vgl. *Krey/Esser*, AT, Rn. 869 f. m.w.N.
261 *Roxin*, AT II, § 25 Rn. 267 ff.; *ders.*, Täterschaft und Tatherrschaft, S. 352 ff.
262 *Krey/Esser*, AT, Rn. 869 f. m.w.N.
263 *Jescheck/Weigend*, AT, S. 669 f.

tatsächlich (mit-)maßgeblichem Einfluss auf das Geschehen – bei den Sonderdelikten jedenfalls aus der Zugehörigkeit zum tatbestandlichen Täterkreis ergibt, macht keinen Unterschied.

Richtig ist zunächst, dass bei den Sonderdelikten nur der Intraneus Täter sein kann. Die Begründung hierfür lautet entsprechend dem hier vertretenen Täterkonzept richtigerweise: Wenn sich die Täterschaft allein an der Frage der Tatbestandsverwirklichung festmacht, so kann Täter auch nur sein, wer etwaige vom Tatbestand geforderte Eigenschaften mitbringt respektive sich in der vom Tatbestand geforderten (Sonder-)Pflichtenstellung befindet. Die dahingehenden Tatbestandsmerkmale müssen zur Tatbestandsverwirklichung vorliegen, wie alle anderen Tatbestandsmerkmale auch. Die Tatherrschaftslehre steht dagegen vor dem dargelegten Problem, zu erklären, warum bei den Sonderdelikten der Extraneus nicht Täter ist, auch wenn er Tatherrschaft innehat. Eine befriedigende Begründung hierfür kann die Tatherrschaftslehre nicht anbieten. Im Wege steht ihr dabei ihr Verständnis der Tatherrschaft als Täterkriterium (statt als potentielles Auslegungskriterium) und der damit verbundene Absolutheitsanspruch. Die Gleichung „Täter ist, wer Tatherrschaft hat" geht hier offensichtlich nicht auf. Wenn dies auch von den Vertretern der Tatherrschaftslehre – wegen der Evidenz des Verstoßes einer konsequenten Anwendung der Tatherrschaftsformel auch bei den Sonderdelikten gegen den nullum-crimen-Satz – anerkannt wird, so liegt darin letztlich auch ein Anerkenntnis dessen, dass der Maßstab der Täterschaft letzten Endes allein die Tatbestandsverwirklichung und nicht die Tatherrschaft ist.

Die Frage, ob auch der Intraneus Tatherrschaft zur Begründung der Täterschaft innehaben muss, lässt sich nach dem hier vertretenen Konzept nicht pauschal beantworten. Es ergibt sich vielmehr eine differenzierte Betrachtung in Abhängigkeit vom jeweils in Rede stehenden Sonderdeliktstatbestand: Der Intraneus muss zur Begründung seiner Täterschaft (auch) den (restlichen) Tatbestand verwirklichen. Ob die Tatbestandsverwirklichung im Übrigen auch Tatherrschaft voraussetzt, hängt davon ab, welcher Auslegungsmaßstab an den jeweiligen (gegebenenfalls auch durch § 25 StGB ergänzten) Sonderdeliktstatbestand anzulegen ist.[264] Auch die Sonderdeliktstatbestände geben letztlich mit Blick auf das von dem besonders Verpflichteten vorausgesetzte Verhalten kein einheitliches Bild ab und eröffnen ihrem Wortlaut nach unterschiedlich weite Auslegungsspielräume. Dabei wird man hinsichtlich der Frage, welcher Auslegungsmaßstab anzulegen ist, neben dem – das deutsche Strafrecht insgesamt

264 Ähnlich *Stratenwerth/Kuhlen*, AT, § 12 Rn. 40.

prägenden – Telos Rechtsgüterschutz auch eine etwaige vorstrafrechtliche besondere Pflichtenstellung zu berücksichtigen haben.

Als Problemkonstellation wird mit Blick auf die Frage, ob auch der Intraneus Tatherrschaft innehaben muss, insbesondere der Einsatz eines Extraneus durch den Intraneus zur Verwirklichung des deliktischen Ziels diskutiert.[265] Der Intraneus soll sich vor dem Hintergrund, dass der Extraneus den Tatbestand nicht verwirklicht und damit eine Anstiftung des Extraneus durch den Intraneus nicht in Betracht kommt, seiner Bestrafung nicht „kurzerhand" durch den Einsatz eines Extraneus entziehen können.

Dabei ist als Lösungsansatz zunächst nicht überzeugend, das Rechtsinstitut der mittelbaren Täterschaft heranzuziehen, also nach hiesigem Konzept die Tatbestandsbeschreibung mittels § 25 Abs. 1 2. Var. StGB um das Merkmal „durch einen anderen" zu ergänzen[266], dann aber den an die mittelbare Täterschaft – an das Handeln „durch einen anderen" – anzulegenden Maßstab soweit aufzuweichen, dass es dem durch den Gedanken der auf Tatherrschaft des Hintermannes beruhenden Instrumentalisierung des Vordermannes geprägten Leitbild der mittelbaren Täterschaft ganz augenscheinlich nicht mehr entspricht.[267] Das schließt eine mittelbare Täterschaft des Intraneus durch den Einsatz eines Extraneus nicht per se aus. Es ist lediglich die willkürlich anmutende Aufweichung des an das „Handeln-durch-einen-anderen" angelegten Auslegungsmaßstabes, der dogmatisch nicht tragfähig ist. Ist das Verhalten des Intraneus als Handeln „durch den Extraneus" einzuordnen, so kann er als (mittelbarer) Täter bestraft werden.

Indes bedarf es des Rechtsinstituts der mittelbaren Täterschaft unter Umständen zur Haftungsbegründung des Intraneus auch gar nicht. Das ist dann der Fall, wenn der jeweilige Sonderdeliktstatbestand hinsichtlich des von dem Intraneus „verlangten" Verhaltens eine „gemäßigt-extensive" Auslegung zulässt, die das den Extraneus einspannende Verhalten des Intraneus zu erfassen vermag.

So stellt es sich beispielsweise bei § 266 Abs. 1 2. Var. StGB dar, dessen Tatbestandshandlung – Verletzung einer Vermögensbetreuungspflicht – einen hohen Abstraktionsgrad aufweist und an eine außerstrafrechtliche Sonderpflicht anknüpft. In dem Fall, dass der Intraneus (als Träger der Vermögensbetreuungspflicht)

---

265 LK/*Schünemann*, 12. Aufl., § 25 Rn. 133 ff.

266 In Bezug auf § 203 Abs. 1 StGB beispielsweise: „Wer unbefugt ein fremdes Geheimnis (…) durch einen anderen offenbart, das ihm als Arzt anvertraut worden oder sonst bekanntgeworden ist (…)"

267 Für eine „normativ" geprägte mittelbare Täterschaft in diesen Fällen z.B. *Jescheck/Weigend*, AT, S. 669; wie hier *Dehne-Niemann*, NZWiSt 2015, 366, 369.

einen Extraneus dazu veranlasst, ihm (dem Intraneus) anvertraute Gelder beiseitezuschaffen, verletzt der Intraneus seine Vermögensbetreuungspflicht auch, wenn er keinen tatherrschaftsbegründenden Einfluss auf den Extraneus ausübt.[268] Die besondere Pflichtenstellung des Intraneus, der mit der Übernahme der Vermögensbetreuungspflicht besonderes Vertrauen für sich in Anspruch nimmt, und der Telos Vermögensschutz sprechen für die Einordnung des Verhaltens des Intraneus als vermögensbetreuungspflichtverletzend im Sinne der Norm, ohne dass ihr Wortlaut dem entgegenstünde.

Dem Grunde nach Entsprechendes gilt auch – um ein weiteres Beispiel anzuführen – mit Blick auf § 142 Abs. 1 StGB, dessen Tatbestandshandlung – das „Sich-Entfernen“ – zwar nicht an eine außerstrafrechtliche Sonderpflicht anknüpft, aber ebenfalls einen Auslegungsspielraum eröffnet, der über den Gedanken der Tatherrschaft hinausgreift: Bittet ein Unfallbeteiligter einen Nichtunfallbeteiligten, ihn vom Unfallort wegzufahren und kommt jener der Bitte nach, ohne dass der Unfallbeteiligte bestimmenden Einfluss auf ihn ausübt, so spricht der Telos der Norm – namentlich die Sicherung der durch den Unfall entstandenen zivilrechtlichen Ansprüche der Unfallgeschädigten[269] – für eine „gemäßigt-extensive“ Auslegung der Norm, die das Verhalten des Unfallbeteiligten erfasst. Dabei nimmt das Sprachgefühl mit Blick auf den Wortlaut der Norm mitnichten Anstoß daran, in dem Verhalten des Unfallbeteiligten – dem „Sich-Wegfahren-lassen“ – ein „Sich-Entfernen“ zu sehen, auch wenn der Unfallbeteiligte keinen bestimmenden Einfluss auf den Fahrer ausübt.[270]

Anders liegt es dagegen beispielsweise bei der Falschbeurkundung im Amt gemäß § 348 Abs. 1 StGB. Tathandlungen sind hier das „Falsch-Beurkunden“ respektive das „Falsch-Eintragen“ oder „Falsch-Eingeben“. Hierbei handelt es sich – ähnlich wie es zum Beispiel auch bei dem in § 242 Abs. 1 StGB vom Gesetz genutzten Begriff des „Wegnehmens“ einer fremden Sache der Fall ist – um plastische Begriffe, die den Akt der Urkundenherstellung bzw. Vornahme von Veränderungen in Registern, Büchern oder Dateien bei geringem Abstraktionsgrad anschaulich beschreiben. Das ist mit Blick auf den mit Verfassungsrang versehenen Bestimmtheitsgrundsatz (Art. 103 Abs. 2 GG, § 1 StGB) unter

---

268 LK/*Schünemann*, 12. Aufl., § 25 Rn. 43, 133.

269 *Fischer*, § 142 Rn. 2.

270 Entscheidend ist für das „Sich-Entfernen“ nur, dass ein willentliches Verlassen des Unfallortes vorliegt (vgl. *Fischer*, § 142 Rn. 21 f. m.w.N.). Dagegen kann in einem dem Willen des Unfallbeteiligten zuwiderlaufenden „Entfernt-werden“ kein „Sich-Entfernen“ mehr gesehen werden (a.A. BayObLG NJW 1982, 1059; wie hier *Wessels/Hettinger/Engländer*, BT 1, Rn. 1112).

rechtsstaatlichen Gesichtspunkten begrüßenswert, führt aber andererseits zwangsläufig zu einem geringen Auslegungsspielraum. Bedient sich das Gesetz (bzw. der Gesetzgeber) dennoch solch plastischer Begriffe, sind diese indessen in einem deduktiven, durch das Analogieverbot als Ausfluss des Gesetzlichkeitsprinzips geprägten Strafrechtssystem vom Strafrechtsanwender ernst zu nehmen. Bittet der zuständige Amtsträger einen befreundeten Extraneus, an seiner statt als Amtsträger aufzutreten und Tatsachen falsch zu beurkunden oder in Register, Bücher oder Dateien einzutragen bzw. einzugeben, und kommt der Extraneus der Bitte nach, so beurkundet der Amtsträger deshalb nicht selbst falsch bzw. trägt oder gibt nicht selbst falsch ein. Hieran ändert sich auch nichts dadurch, dass der Amtsträger dem mit seinem Amt verbundenen besonderen Vertrauen der Allgemeinheit in ihn, welches § 348 Abs. 1 StGB zu schützen sucht[271], durch sein Verhalten ebenfalls nicht gerecht wird. Insoweit könnte nur die tatbestandliche Haftungsexpansion gemäß § 25 Abs. 1 2. Var. StGB oder auch gemäß § 25 Abs. 2 StGB Abhilfe schaffen, was aber an das Vorliegen der Voraussetzungen der mittelbaren Täterschaft – ein Handeln „durch den Extraneus" – bzw. der Mittäterschaft – ein Handeln „gemeinschaftlich mit dem Extraneus" geknüpft ist. Ein punktuelles Herabsetzen des Auslegungsmaßstabes zum Zweck der Vermeidung einer Strafbarkeitslücke, die sich aus der fehlenden Amtsträgereigenschaft des Freundes ergeben könnte, ist – abgesehen davon, dass zumindest im vorliegenden Beispielsfall eine Strafbarkeit des Extraneus wegen Urkundenfälschung gemäß § 267 Abs. 1 StGB und eine Anstiftung des Amtsträgers hierzu nicht ausgeschlossen ist – dabei kaum begründbar. Liegen die Voraussetzungen der mittelbaren Täterschaft bzw. der Mittäterschaft nicht vor, ist die Strafbarkeitslücke als Ausdruck des Gesetzlichkeitsprinzips de lege lata hinzunehmen. Es ist nicht Aufgabe des Richters, als Strafrechtsanwender Strafbarkeitslücken zu schließen.[272]

2. Zur Strafbarkeit des Tatmittlers als Gehilfe des mittelbaren Täters

In aller Regel wird in den Fällen der mittelbaren Täterschaft nach einer Strafbarkeit des Tatmittlers als Teilnehmer an dem von dem mittelbaren Täter begangenen Delikt nicht gefragt. Die Frage hiernach erscheint ungeachtet grundlegender, die Beteiligungsdogmatik betreffender Gesichtspunkte meist schon deshalb

271 Vgl. BGHSt 37, 209.

272 Vgl. zuletzt BVerfG NJW 2007, 1666 ff.

fernliegend, weil der vom mittelbaren Täter für seine Zwecke genutzte Defekt des Tatmittlers, der dessen Bestrafung als (unmittelbaren) Täter (in der Regel) ausschließt, auch einer Bestrafung als Teilnehmer entgegensteht. So fehlt es dem Tatmittler, der einem vom mittelbaren Täter ausgenutzten Tatumstandsirrtum unterliegt, augenscheinlich auch an dem für eine Teilnahme an der Tat des mittelbaren Täters erforderlichen Vorsatz. Und der mit vorgehaltenem Knüppel zu einer Körperverletzung zulasten eines Dritten Genötigte handelt auch mit Blick auf eine Beihilfe zu der von dem mittelbaren Täter durch ihn begangenen Tat offensichtlich schuldlos. Es gibt indessen Konstellationen, in denen ein Defekt, der eine Bestrafung des Tatmittlers als Täter ausschließt, nicht auf die Frage der Teilnahmestrafbarkeit durchgreift. Das betrifft namentlich Fälle, in denen es dem Tatmittler an einem vom Straftatbestand vorausgesetzten Merkmal fehlt, welches der Teilnahmetatbestand nicht (von ihm) verlangt, da es hier der fremden Haupttat zugeordnet ist. So stellt es sich insbesondere bei den Sonderdelikten im Falle eines sogenannten „qualifikationslosen dolosen Werkzeugs“ dar, wenn sich ein Extraneus von einem Intraneus für dessen Zwecke einspannen lässt.[273] Ebenfalls hierher gehören die viel diskutierten Fälle des sogenannten „absichtslos dolosen Werkzeugs“, in denen es dem Tatmittler an einer vom Tatbestand verlangten, über den objektiven Tatbestand „hinausschießenden“ Absicht fehlt.[274]

Klarstellend sei zunächst darauf hingewiesen, dass an dieser Stelle nicht die Frage im Fokus steht, welche Anforderungen an die mittelbare Täterschaft im Falle des sogenannten „qualifikationslosen dolosen Werkzeugs“ und des sogenannten „absichtslos dolosen Werkzeugs“ zu stellen sind. Im vorangegangenen Unterabschnitt wurde bereits dahingehend Stellung bezogen, dass ein Herabsetzen der an die mittelbare Täterschaft zu stellenden Anforderungen zur Schließung von Strafbarkeitslücken im Falle eines „qualifikationslosen“ Vordermannes nicht zu überzeugen vermag.[275] Gleiches gilt letztlich für den Fall

---

273 LK/*Schünemann*, 12. Aufl., § 25 Rn. 133; OLG Stuttgart NStZ 2016, 155 ff.; zur Frage der Strafbarkeit des Intraneus im Falle des Einsatzes eines Extraneus durch ihn siehe den vorigen Unterabschnitt.

274 LK/*Schünemann*, 12. Aufl., § 25 Rn. 138; *Hillenkamp*, JuS 2003, 157, 160 f.; *Wessels/Beulke/Satzger*, Rn. 775. Wenngleich diese Fallgruppe seit der Aufnahme der Drittzueignungsabsicht durch das Sechste Gesetz zur Reform des Strafrechts im Jahr 1998 (BGBl. I S. 164) in § 242 Abs. 1 StGB und § 249 Abs. 1 StGB keine allzu große Rolle in der Praxis mehr spielt, so bleibt sie doch mit Blick auf § 252 StGB von Relevanz, da die Drittzueignungsabsicht hier nicht in den Tatbestand aufgenommen worden ist.

275 Ähnlich *Stratenwerth/Kuhlen*, AT, § 12 Rn. 38 ff.

eines „absichtslosen" Vordermannes.[276] Legt man dies zugrunde, so stellt sich die Frage nach der Gehilfenstrafbarkeit des sogenannten „qualifikationslosen dolosen Werkzeugs" und des sogenannten „absichtslos dolosen Werkzeugs" regelmäßig schon mangels fremder Haupttat nicht. Die Frage der Strafbarkeit des Tatmittlers als Gehilfe des mittelbaren Täters bleibt aber zum einen von Interesse, wenn man eine „normativ" begründete mittelbare Täterschaft aufgrund einer „normativen" Tatherrschaft anerkennt.[277] Zum anderen stellt sich diese Frage aber auch ohne Anerkennung einer „normativ" begründeten mittelbaren Täterschaft in den Fällen des „qualifikationslosen" oder „absichtslosen" Vordermannes, wenn man eine mittelbare Täterschaft nach den allgemeinen Grundsätzen bejaht, es dem Vordermann aber trotz der Einflussnahme auf ihn nur an der tatbestandlichen Qualifikation oder Absicht fehlt. Hier ist an die Fälle des „Täters hinter dem Täter" zu denken.[278] Beispielsweise kann sich der (persönlich haftende) Inhaber eines inhabergeführten mittelständischen Unternehmens unter Ausnutzung der unternehmerischen Organisationsstruktur nachgeordneter Mitarbeiter bedienen, um bei drohender Zahlungsunfähigkeit Vermögensbestandteile von diesen im Sinne des § 283 Abs. 1 StGB beiseiteschaffen zu lassen. Auch wenn die Mitarbeiter „dolos" – also in Kenntnis aller Umstände – handeln, machen sie sich mangels Haftung für die bestehenden Verbindlichkeiten nicht gemäß § 283 Abs. 1 StGB strafbar.[279] Sie könnten sich aber als Gehilfen der gemäß §§ 283 Abs. 1, 25 Abs. 1 2. Var. StGB durch sie begangenen Straftat ihres Vorgesetzten strafbar machen.

Hieran lässt sich aus grundsätzlichen Erwägungen zweifeln. So lässt sich auf der Grundlage der Verhaltenszurechnungsdogmatik berechtigterweise die Frage stellen, ob mit Blick auf den Gehilfen von der von § 27 Abs. 1 StGB verlangten fremden Haupttat („einem anderen zu dessen [...] Tat") gesprochen werden kann, wenn die Haupttat durch die Rechtsfiktion der Zurechnung der Gehilfenhandlung an den Hintermann als eigene konstruiert wird.[280] Die Haupttat erscheint für den Gehilfen nicht fremd, wenn konstruktive Voraussetzung der Haupttat ihre Komplettierung durch die Zurechnung des Gehilfenverhaltens

276 Vgl. auch *Jakobs*, AT, 21. Abschn. Rn. 104; *Roxin*, Täterschaft und Tatherrschaft, S. 338 ff.; *Schmidhäuser*, AT, § 14 Rn. 98.

277 Z.B. *Jescheck/Weigend*, AT, S. 669 f.; *Lackner/Kühl/Heger*, § 25 Rn. 4.

278 Hierzu *Wessels/Beulke/Satzger*, Rn. 782 ff.

279 Zum Sonderdeliktscharakter des § 283 Abs. 1 StGB siehe BGH NJW 2013, 949 f.

280 *Dehne-Niemann*, JuS 2008, 589, 592, der sogar von einer Überschreitung der Wortlautgrenze des § 27 StGB ausgeht.

über § 25 Abs. 1 2. Var. StGB ist.[281] Das Gehilfenverhalten ist dann nämlich konstruktiver Teil der durch Verhaltenszurechnung gewonnenen Gesamttat, die – so betrachtet – schwerlich „fremde" Haupttat für den Gehilfen sein kann. Dieses Problem stellt sich auf der Grundlage eines streng tatbestandsbezogenen Täterkonzepts allerdings gerade nicht bzw. jedenfalls nicht in entsprechender Weise. Zwar verwirklicht der mittelbare Täter auch hier den Straftatbestand selbstverständlich nur unter Berücksichtigung des Verhaltens des Tatmittlers. Ohne das Verhalten des Tatmittlers könnte das Verhalten des Hintermanns nicht unter Handeln (sei es Wegnehmen, Täuschen oder anderes) „durch einen anderen" subsumiert werden. Da die Frage der Tatbestandsverwirklichung aber für jeden Beteiligten individuell beantwortet wird, erfolgt dogmatisch keine Komplettierung der materiellen Tat des Hintermanns im Sinne der Verhaltenszurechnungsdogmatik. Der mittelbare Täter begeht gerade selbst eine Tat im Sinne des § 11 Abs. 1 Nr. 5 StGB, die als solche für den Vordermann die eines anderen ist.

Allerdings drängt sich auf der Grundlage eines streng tatbestandsbezogenen Täterkonzeptes dafür die Frage auf, ob der Tatmittler, der selbst tatbestandsmäßig handelt, dennoch als Gehilfe (statt als Täter) bestraft werden kann. Auf den ersten Blick scheint dies im Widerspruch zu dem Postulat zu stehen, dass derjenige, der den Straftatbestand verwirklicht, immer Täter ist. Dies ist freilich nicht der Fall, weil dem Vordermann hier zwar tatbestandsmäßiges Handeln, nicht aber Straftatbestandsverwirklichung zu attestieren ist. Die Frage der Straftatbestandsverwirklichung erschöpft sich nicht in der nach dem tatbestandsmäßigen Handeln. Zu dem zu verwirklichenden Straftatbestand gehören dem Grunde nach alle objektiven und subjektiven (Tatbestands-)Merkmale. Der „qualifikationslose" wie der „absichtslose" Tatmittler erfüllen aber gerade nicht alle Tatbestandsmerkmale und scheiden eben deshalb als Täter aus.

Für den Fall, dass man die Voraussetzungen der mittelbaren Täterschaft in der jeweiligen Konstellation des sogenannten „qualifikationslosen dolosen Werkzeugs" und des sogenannten „absichtslos dolosen Werkzeugs" als gegeben ansieht, spricht auf der Grundlage eines streng tatbestandsbezogenen Täterkonzeptes daher nicht nur nichts gegen eine Bestrafung des „qualifikationslos dolosen" wie auch des „absichtslos dolosen" Werkzeugs, sondern sie liegt sogar dogmatisch näher als auf der Grundlage des Verhaltenszurechnungskonzeptes.

281 In diesem Sinne *Dehne-Niemann*, JuS 2008, 589, 592.

3. Zur Strafbarkeit des über seinen Einfluss irrenden mittelbaren Täters

Im Folgenden wird eine sich im Spannungsfeld von mittelbarer Täterschaft und Anstiftung bewegende vieldiskutierte Irrtumskonstellation in den Blick genommen, nämlich die Frage, wie derjenige zu bestrafen ist, der einen vermeintlich über die Umstände irrenden, tatsächlich aber bösgläubigen Vordermann (vermeintlich) zu seinen Zwecken einsetzt.[282] Zum Beispiel, wenn A den B unter der Behauptung, dass die Sache ihm (dem A) gehöre, bittet, dem C eine – tatsächlich diesem gehörende – Sache (im Sinne des § 242 Abs. 1 StGB) wegzunehmen und ihm (dem A) zu übergeben. B durchschaut den Manipulationsversuch, spielt aber mit, weil er den C ohnehin nicht leiden kann. In derartigen Fällen wird mit Blick auf den Hintermann teilweise eine versuchte Tatbegehung in mittelbarer Täterschaft angenommen[283], teilweise spricht man sich stattdessen für eine vollendete Anstiftung aus[284]. Ebenso wird versuchte Tatbegehung in mittelbarer Täterschaft neben vollendeter Anstiftung bejaht.[285] Schließlich wird eine Strafbarkeit des Hintermannes auch ganz verneint.[286]

Zur Lösung der Streitfrage auf der Grundlage eines streng tatbestandsbezogenen Täterkonzeptes muss man sich zunächst vor Augen führen, dass die konsequente Gleichsetzung der Frage der Täterschaft mit der der Tatbestandsverwirklichung zu einer konsequenten Einordnung ersterer in die heute anerkannte und gesetzlich vorgezeichnete Deliktsstruktur führt. Letztere differenziert bekanntermaßen nach objektiven und subjektiven Tatbestandskomponenten, wobei der subjektive Tatbestand insbesondere – das heißt abgesehen von etwaigen von verschiedenen Tatbeständen geforderten überschießenden Innentendenzen – den mit dem objektiven Tatbestand kongruenten Tatbestandsvorsatz enthält (§§ 15, 16 StGB). Dementsprechend müssen zur Begründung der Haftung (auch) des mittelbaren Täters die Tatbestandsvoraussetzungen objektiv vorliegen und es muss ein diesbezüglicher Vorsatz bestehen, wie das bei jedem vollendeten Vorsatzdelikt der Fall ist. Es gelten insofern die allgemeinen Regeln

282 Ein Überblick zum Stand der Diskussion zu dieser Konstellation sowie zu – weniger umstrittenen – weiteren die mittelbare Täterschaft betreffenden Irrtumskonstellationen findet sich bei *Wessels/Beulke/Satzger*, Rn. 786 ff.

283 MK/*Joecks*, § 25 Rn. 161 ff.; SK/*Hoyer*, § 25 Rn. 144 f.; *Kudlich*, JuS 2003, 755, 758.

284 *Kühl*, AT, § 20 Rn. 87; Sch/Sch/*Heine*, 28. Aufl., Vorbem. §§ 25 ff. Rn. 76; *Wessels/Beulke/Satzger*, Rn. 787.

285 LK/*Schünemann*, 12. Aufl., § 25 Rn. 146 f.

286 *Krack*, GS f. Eckert, 467 ff.

objektiver und subjektiver Tatbestandsmäßigkeit. Fehlt es an der Erfüllung eines objektiven Tatbestandsmerkmals, liegt der subjektive Tatbestand aber vollumfänglich vor, so kommt eine Versuchsstrafbarkeit nach den allgemeinen Regeln der §§ 22 ff. StGB in Betracht.[287] Auf die Frage eines darüber hinausgehenden Täterwillens kommt es überhaupt nicht an[288], auf die Frage der Tatherrschaft nur insoweit, als sie einen zu Recht anerkannten Auslegungsmaßstab für das Handeln – im Beispielsfall: das „Wegnehmen" – „durch einen anderen" darstellt[289].

Daraus folgt zunächst, dass der Hintermann nicht wegen vollendeter Tatbegehung in mittelbarer Täterschaft bestraft werden kann, weil das Tatbestandsmerkmal des Handelns „durch einen anderen" objektiv nicht erfüllt ist.[290] Im gebildeten Beispielsfall hat A objektiv nicht „durch den B weggenommen", da eine den B instrumentalisierende „Wissensherrschaft" des A über den B tatsächlich nicht vorlag. Entgegen der Vorstellung des A wurde B durch ihn nicht manipuliert. Allerdings hat A – um im Beispielsfall zu bleiben – gemäß § 22 StGB nach seiner Vorstellung von der Tat unmittelbar dazu angesetzt, dem C die Sache „durch B wegzunehmen". Der subjektive Tatbestand ist vollumfänglich erfüllt – wohl kaum jemand wird bestreiten, dass A wegen (vorsätzlichen) Diebstahls in mittelbarer Täterschaft gemäß §§ 242 Abs. 1, 25 Abs. 1 2. Var. StGB zu bestrafen gewesen wäre, wenn sein Plan aufgegangen wäre. Dies gilt insbesondere auch mit Blick auf den ebenfalls darauf gerichteten Vorsatz des A, die Sache „durch einen anderen" – den B – wegzunehmen: A hat sich Umstände vorgestellt – namentlich die erfolgreiche Instrumentalisierung des B infolge seiner Manipulation –, die im Falle ihres tatsächlichen Vorliegens das Tatbestandsmerkmal erfüllt hätten. Der Hintermann – hier A – kann also wegen versuchter Tatbegehung in mittelbarer Täterschaft bestraft werden, sofern der Versuch – wie im Beispielsfall gemäß § 242 Abs. 2 StGB – strafbar ist.

Dagegen scheidet eine Bestrafung wegen Anstiftung des Vordermanns auch dann aus, wenn der Hintermann den Tatentschluss des Vordermanns objektiv hervorgerufen hat, wenn im Beispielsfall also der A den B erst auf die Idee gebracht hat, den (fremdnützigen) Diebstahl zu begehen. Zwar ist das Bedürfnis, die Mitwirksamkeit des A an der letztlich eingetretenen Rechtsgutverletzung – der A ist im Sinne des Conditio-sine-qua-non-Gedankens kausal für die

287 Zum Eintritt des mittelbaren Täters und des Mittäters in den Versuch, der in den an dieser Stelle diskutierten Fallkonstellationen aber unproblematisch ist (a.A. *Krack*, GS f. Eckert, 467 ff.), siehe das nächste Unterkapitel.

288 So aber noch *Baumann*, JZ 1958, 230, 232.

289 Hierüber hinausgreifend *Roxin*, Täterschaft und Tatherrschaft, S. 270 ff.

290 Insoweit scheint heute Konsens zu bestehen; anders noch *Baumann*, JZ 1958, 230 ff.

Verletzung des Eigentums des C geworden – strafrechtlich abzubilden, nachvollziehbar. In Anbetracht des Telos Rechtsgüterschutz mag eine Strafbarkeit wegen Versuchs als nicht sachgerecht erscheinen.[291] Dies ist aber dann irrelevant, wenn eine „Vollendungsstrafbarkeit" nicht mehr aus dem haftungsbegründenden Tatbestand hergeleitet werden kann. So liegt der Fall hier mit Blick auf einen Diebstahl des A (also seine täterschaftliche Bestrafung): Ungeachtet des Umstands, dass A kausal für die Eigentumsverletzung geworden ist, hat er weder selbst weggenommen noch durch einen anderen weggenommen, wobei aber sein Vorsatz auf letzteres gerichtet war, weshalb er zumindest wegen Versuchs bestraft werden kann. Diese „Vollendungsstrafbarkeitslücke" kann nicht einfach dadurch geschlossen werden, dass man gleichsam eine „Auffangvollendungsstrafbarkeit" durch die Teilnahmevorschriften annimmt. Auch die Teilnahmestrafbarkeit ist an das Vorliegen bestimmter, sich aus § 26 StGB und § 27 Abs. 1 StGB ergebenden (objektiven wie subjektiven) „Teilnahmetatbestandsmerkmale" gebunden. Auch diese sind als Strafbarkeitsvoraussetzungen ernst zu nehmen (Art. 103 Abs. 2 GG) und dürfen im Interesse des Rechtsgüterschutzes zwar weit ausgelegt, nicht aber überdehnt werden. Insbesondere gibt es keinen Automatismus in der Form, dass fehlende Täterschaft – in vorliegender Konstellation: fehlende Vollendungstäterschaft – in die (Vollendungs-)Teilnahme führt. An dieser Stelle zeigt sich die Problematik einer Tatherrschaftslehre, die die Tatherrschaft zum Tätermerkmal erhebt: Teilnahme ist nicht „Mitwirkung ohne Tatherrschaft"[292], Teilnahme ist Anstiftung oder Beihilfe unter den gesetzlichen Voraussetzungen der §§ 26, 27 StGB.

Dementsprechend kommt eine Bestrafung des A wegen vollendeter Anstiftung – um zum Beispielsfall zurückzukehren – nur in Betracht, wenn dieser – mag dies auch banal klingen – vorsätzlich den B zu dessen vorsätzlich begangener rechtswidriger Tat bestimmt hat. Dabei wird man den objektiven Teilnahmetatbestand noch recht unproblematisch bejahen können: Mit dem von B begangenen (fremdnützigen) Diebstahl liegt eine vorsätzlich begangene rechtswidrige (Haupt-)Tat des B vor. Auch wird man objektiv ein Bestimmen des B durch A zu dieser Tat in Anbetracht des tatsächlichen Hervorrufens des Tatentschlusses von B durch kommunikative Einflussnahme seitens des A annehmen können.[293] Es fehlt aber am subjektiven Tatbestand[294]: A hat nicht

291 *Wessels/Beulke*, 42. Aufl., Rn. 549.

292 So *Roxin*, Täterschaft und Tatherrschaft, S. 268; LK/*Schünemann*, 12. Aufl., § 25 Rn. 147.

293 *Fischer*, § 26 Rn. 6; a.A. *Puppe*, NStZ 2006, 424 ff.

294 Ebenso SK/*Hoyer*, § 25 Rn. 145.

„vorsätzlich" den Tatentschluss des B zur Begehung der vorsätzlichen, rechtswidrigen Tat – des Diebstahls – hervorgerufen. Objektiver und subjektiver Tatbestand sind nicht kongruent. Seinem Vorstellungsbild nach hat A gerade keinen deliktischen Tatentschluss – keinen Entschluss zur Begehung eines Diebstahls – des B hervorgerufen, sondern einen deliktischen Tatenschluss des B vielmehr gerade zum Zweck der Instrumentalisierung des B manipulativ ausgeschlossen. Das gilt auch, wenn man an den Vorsatz des A im Hinblick auf die rechtliche Einordnung des von B erwarteten Verhaltens richtigerweise nur den Maßstab einer Parallelwertung in der Laiensphäre[295] anlegt: Die Vorstellung des A, den B zur Wegnahme veranlassen zu können bzw. seiner Vorstellung nach auch tatsächlich zu veranlassen, begründet sich gerade in der Annahme, der B werde infolge der Täuschung davon ausgehen, dem C eine ihm (dem A) gehörende Sache wegzunehmen, und deshalb nicht davon ausgehen, etwas Illegales zu tun. Genau die vorgestellten Umstände, die den Vorsatz des A hinsichtlich der Wegnahme „durch B" begründen, schließen den Anstiftervorsatz aus. A kann nicht gleichzeitig Vorsatz haben, einen Tatentschluss des B manipulativ auszuschließen und hervorzurufen.

Insofern ist es auch nicht damit getan, darauf zu verweisen, dass es keines besonderen Teilnehmerwillens bedürfe.[296] Eines besonderen, im Sinne eines über die gesetzlichen Voraussetzungen hinausgehenden Teilnehmerwillens bedarf es nicht, wohl aber des vom Teilnahmetatbestand geforderten Vorsatzes. Ebenso geht die Annahme fehl, der fehlende Vorsatz könne durch einen Tatherrschaftswillen ersetzt werden.[297] Einen Tatherrschaftswillen kennt das Strafgesetzbuch nicht. Beim Tatherrschaftswillen handelt es sich – wie bei der Tatherrschaft selber – um ein Auslegungskriterium, das zur Beantwortung der Frage herangezogen wird, ob ein Tatbestand des Besonderen Teils verwirklicht ist. Es erschließt sich nicht, wieso dieses den gesetzlich geforderten (Teilnahme-) Vorsatz ersetzen können sollte.

Dabei liegt in der Annahme einer (vollendeten) Anstiftung anstelle oder zusätzlich zur Annahme eines Versuchs in mittelbarer Täterschaft auch eine Analogie zulasten des Hintermannes, weil ihm hierdurch eine (teilnahmetatbestandsmäßige) Verantwortlichkeit für die Rechtsgutverletzung zugewiesen wird, die nicht besteht. Er ist hierdurch auch belastet, wenn er „sowieso" wegen Versuchs in mittelbarer Täterschaft bestraft werden kann. In Fällen, in denen es an

---

295 Vgl. *Wessels/Beulke/Satzger*, Rn. 353.
296 LK/*Schünemann*, 12. Aufl., § 25 Rn. 147.
297 *Wessels/Beulke/Satzger*, Rn. 787.

einer Versuchsstrafbarkeit fehlt (vgl. § 23 Abs. 1 StGB), ist es ohnehin augenscheinlich, dass die Analogie zulasten des Hintermannes geht.

Zu guter Letzt „bedarf" es der Abbildung der Kausalität des Vordermanns für die auf sein Verhalten folgende Rechtsgutsverletzung durch die Annahme einer (vollendeten) Anstiftung zumindest in der weit überwiegenden Zahl der Fälle, in denen das versuchte Delikt – wie im Beispielsfall – strafbar ist, aber auch nicht, weil der Umstand, dass der Hintermann letztlich eine Rechtsgutsverletzung verursacht hat, ohne weiteres im Rahmen der Strafzumessung als Auswirkung der Tat berücksichtigt werden kann (§ 46 Abs. 1 Satz 2 StGB).

4. Zum Eintritt des mittelbaren Täters und des Mittäters in den Versuch

Dem Grunde nach haften der mittelbare Täter und der Mittäter gleich dem Alleintäter für den Versuch. Soweit der Tatbestand um das Handeln „durch einen anderen" gemäß § 25 Abs. 1 2. Var. StGB oder das „gemeinschaftliche" Handeln gemäß § 25 Abs. 2 StGB ergänzt wird, gilt die in den jeweiligen Tatbeständen des Besonderen Teils von § 23 Abs. 1 StGB geforderte Anordnung der Versuchsstrafbarkeit bei Vergehen ebenfalls für den modifizierten Tatbestand. Auch ändert sich am Verbrechenscharakter eines Delikts durch die entsprechende Modifikation nichts (§§ 23 Abs. 1, 12 Abs. 1 StGB). Mit Blick auf die materiellen Voraussetzungen der Versuchsstrafbarkeit ergeben sich zunächst hinsichtlich des Tatentschlusses keine Besonderheiten. Der Betreffende muss – entsprechend dem Vorsatz beim vollendeten Delikt – das Handeln „durch einen anderen" respektive mit anderen „gemeinschaftlich" in seine Vorstellung mit aufgenommen haben.[298] Einer genaueren Betrachtung bedarf aber die Frage des unmittelbaren Ansetzens. Denn nach dem vorgeschlagenen Konzept beruht die Strafbarkeit des mittelbaren Täters und des Mittäters auf der *eigenen Tatbestandsverwirklichung* des (gegebenenfalls) modifizierten Tatbestandes *durch eigenes Verhalten.* Welche Konsequenzen sich daraus für das viel diskutierte Problem des unmittelbaren Ansetzens bei der mittelbaren Täterschaft[299] und bei der Mittäterschaft[300] ergeben, soll im Folgenden beleuchtet werden.

---

298 Siehe hierzu schon den vorangehenden Unterabschnitt.

299 Einen Überblick zum Meinungsstand bietet *Hillenkamp/Cornelius*, AT, 15. Problem.

300 Hierzu findet sich ein Überblick zum Meinungsstand jeweils bei LK/*Hillenkamp*, 12. Aufl., § 22 Rn. 170 ff. und MK/*Hoffmann-Holland*, § 22 Rn. 138 ff.

a) Das unmittelbare Ansetzen des mittelbaren Täters

Nach den Vertretern der sogenannten Einzellösung[301] soll für den Versuchsbeginn des mittelbaren Täters der Beginn seines Einwirkens auf den Tatmittler maßgebend sein. Nach den Vertretern der sogenannten Gesamtlösung[302] soll es dagegen für den mittelbaren Täter auf das Ansetzen des Tatmittlers zur Tatbestandsverwirklichung ankommen. Schließlich soll nach den Vertretern der sogenannten Allgemeinen Theorie über die Frage des unmittelbaren Ansetzens bei der mittelbaren Täterschaft nach den gleichen Maßstäben zu entscheiden sein wie bei der Alleintäterschaft. Das bedeutet für die Anhänger des Gefährdungsgedankens als allgemeinem Auslegungsmaßstab, dass dieser auch zur Beantwortung der Frage des unmittelbaren Ansetzens des mittelbaren Täters heranzuziehen ist.[303] Für die Anhänger der (modifizierten) Zwischenaktslehre bedeutet es entsprechend, dass auch die Frage des unmittelbaren Ansetzens des mittelbaren Täters danach zu entscheiden ist, ob sich das Geschehen nach der Vorstellung des mittelbaren Täters anknüpfend an seine Einflussnahme auf den Tatmittler bereits in einem Stadium befindet, in dem dieses ohne weitere wesentliche Zwischenschritte in die Tatbestandsverwirklichung einmündet.[304]

Zuzustimmen ist auf der Grundlage eines streng tatbestandsbezogenen Täterkonzeptes – ungeachtet der Frage des generell an das unmittelbare Ansetzen gemäß § 22 StGB anzulegenden Auslegungsmaßstabes – der „Allgemeinen Theorie". Ausgangspunkt der Überlegungen ist insoweit, dass es, da die Strafbarkeit hier unter Ablehnung des Verhaltenszurechnungsgedankens alleine auf die eigene Straftatbestandsverwirklichung des mittelbaren Täters gestützt wird, auch für die Versuchsstrafbarkeit des mittelbaren Täters nur auf sein unmittelbares Ansetzen zu seiner Tatbestandsverwirklichung ankommen kann. Das ist die notwendige Konsequenz aus einer individualisierten Betrachtung der Frage der Tatbestandsverwirklichung. Denn dem Konzept liegt die Annahme zugrunde, dass es zwar (selbstverständlich) ein das Verhalten aller Mitwirkenden implizierendes Gesamtgeschehen gibt – den tatsächlichen Sachverhalt, den

---

301 *Baumann/Weber/Mitsch*, AT, § 29 Rn. 155; *Puppe*, GA 2013, 514, 530; *Schilling*, Der Verbrechensversuch des Mittäters und des mittelbaren Täters, S. 104.

302 *Krack*, ZStW 110 (1998), 611, 628; *Küper*, JZ 1983, 361, 369; *Lackner/Kühl/Heger*, § 22 Rn. 9; *Stratenwerth/Kuhlen*, AT, § 12 Rn. 105.

303 BGHSt 30, 363; 40, 268 ff.; BGH NStZ 1986, 547; MK/*Hoffmann-Holland*, § 22 Rn. 137; Sch/Sch/*Eser/Bosch*, § 22 Rn. 54a; *Wessels/Beulke/Satzger*, Rn. 857 f.

304 HK-GS/*Ambos*, § 22 Rn. 33; LK/*Hillenkamp*, 12. Aufl., § 22 Rn. 158, 162; SSW-StGB/*Kudlich/Schuhr*, § 22 Rn. 55 ff.

man „untechnisch" auch als Gesamttat bezeichnen kann –, es materiell-rechtlich aber keine Gesamttat gibt, da es keine konstruierte Gesamttatbestandsverwirklichung (im Sinne des § 11 Abs. 1 Nr. 5 StGB) gibt: Für jeden Mitwirkenden wird die Frage der schuldhaften Verwirklichung von Unrecht selbst beantwortet. Dementsprechend ergeben sich in den dogmatischen Grundlagen keine Unterschiede zwischen dem Alleintäter und dem mittelbaren Täter: Dieser wie jener muss (selbst) nach seiner Vorstellung von der Tat *zu seiner Tatbestandsverwirklichung* unmittelbar ansetzen.[305] Ein Unterschied ergibt sich lediglich mit Blick auf den zu verwirklichenden Tatbestand: Die Tatbestandsverwirklichung des modifizierten Tatbestandes verlangt ein Handeln „durch einen anderen". Es muss also beispielsweise nicht unmittelbar „zur Wegnahme" angesetzt werden, sondern zur „Wegnahme durch einen anderen". „Wegnahme durch einen anderen" ist echtes Tatbestandsmerkmal. Insgesamt muss der mittelbare Täter also beispielsweise (selbst) nach seiner Vorstellung von der Tat unmittelbar dazu ansetzen, eine fremde bewegliche Sache *durch einen anderen wegzunehmen* (§§ 242 Abs. 1, 25 Abs. 1 2. Var, 22 StGB). Dies zugrunde gelegt gilt aber der – freilich seinerseits umstrittene[306] – allgemeine, also gerade vom einzelnen Straftatbestand gelöste Auslegungsmaßstab für das unmittelbare Ansetzen im Sinne des § 22 StGB.[307]

---

305 Vgl. auch LK/*Hillenkamp*, 12. Aufl., § 22 Rn. 157 f.

306 *Wessels/Beulke/Satzger*, Rn. 850.

307 Wird die Haftung bei den einfachen Erfolgsdelikten durch eine gemäßigt-extensive Auslegung anhand der objektiven Zurechnung begründet, ergibt sich mit Blick auf die Versuchsproblematik dem Grunde nach nichts anderes. Hier muss der mittelbare Täter selbst unmittelbar zur Verwirklichung des nicht modifizierten Tatbestandes ansetzen (also mit Blick auf § 212 Abs. 1 StGB zum Beispiel unmittelbar dazu ansetzen zu töten). Es ist insofern „noch einsichtiger", dass dem Grunde nach derselbe Maßstab gelten muss wie beim Alleintäter. Aber auch die im folgenden erörterten Gesichtspunkte sind auf den Fall einer Haftungsbegründung des mittelbaren Täters durch gemäßigt-extensive Auslegung der einfachen Erfolgsdelikte übertragbar: Die mit Blick auf die Frage des unmittelbaren Ansetzens bestehende Schwierigkeit, dass wegen der Zwischenschaltung des Vordermanns nicht notwendig, aber häufig(er) bei der mittelbaren Täterschaft das Geschehen nicht unmittelbar durch die Handlung des mittelbaren Täters beziehungsweise infolge seiner Handlung (auf der Grundlage seiner Vorstellung vom Geschehensablauf) in die Tatbestands(-voll-)verwirklichung einmünden soll, besteht gleichermaßen, egal, ob die Handlung noch durch Auslegung eines nicht modifizierten Tatbestandes erfasst werden kann oder es zur tatbestandlichen Erfassung einer (über § 25 Abs. 1 2 Var. StGB möglichen) Erweiterung des Tatbestandes bedarf.

Wenngleich damit an sich bereits erschöpfend zu der Streitfrage Stellung genommen ist, soweit diese spezifisch „täterbegriffliche" Implikationen enthält, sollen noch einige ergänzende Überlegungen zum unmittelbaren Ansetzen des mittelbaren Täters angestellt werden: Der Fehler der Einzellösung liegt darin begründet, aus der im Ausgangspunkt richtigen Erkenntnis, dass die Strafbarkeit des mittelbaren Täters an *seiner* Handlung – und nicht der des Vordermanns – anknüpft, zu schließen, dass ein unmittelbares Ansetzen zum Einwirken auf den Vordermann auch notwendig den Eintritt in den Versuch bedeutet.[308] Denn es muss ausweislich des – angesichts eines dem Rechtsgüterschutz verpflichteten Strafrechts auch überzeugenden – Wortlauts des § 22 StGB nicht zur Tathandlung angesetzt werden, sondern zur „Verwirklichung des Tatbestandes"[309] und dies „unmittelbar". Ein unmittelbares Ansetzen zur Tathandlung – und erst recht die Vornahme der Tathandlung – bedeutet zwar regelmäßig auch ein Ansetzen zur Tatbestandsverwirklichung. Dies gilt aber dann nicht, wenn die Tathandlung auf der Grundlage der Tätervorstellung noch nicht unmittelbar in die (Voll-)Verwirklichung[310] des Tatbestandes führt, weil zwischen Tathandlung und Tatbestands(-voll-)verwirklichung noch wesentliche Zwischenschritte zu erfolgen haben bzw. – wenn man auf das Gefährdungskriterium abstellt – noch keine Gefahr der Tatbestands(-voll-)verwirklichung besteht.[311] Und gerade so liegt es nicht notwendig, aber häufig(er) bei der mittelbaren Täterschaft, weil das Geschehen erst über das vom mittelbaren Täter intendierte Verhalten des Vordermanns in die (Voll-)Verwirklichung des Tatbestandes führt respektive führen soll. Dementsprechend kann das Ansetzen zur Einwirkung auf den Vordermann bereits ein Ansetzen zur Tatbestandsverwirklichung und damit den Versuchseintritt bedeuten – nämlich wenn das vom mittelbaren Täter anvisierte Verhalten des Tatmittlers nicht als noch wesentlicher Zwischenschritt auf dem Weg zur Tatbestands(-voll-)verwirklichung zu werten ist bzw. sich schon mit der Einwirkung die Gefahr der Tatbestands(-voll-)verwirklichung nach der Vorstellung des mittelbaren Täters konkretisiert –, es muss es aber nicht. Entscheidend für die Beantwortung der Frage des unmittelbaren Ansetzens ist

308 Ähnlich SK/*Jäger*, § 22 Rn. 39.

309 Hierzu LK/*Hillenkamp*, 12. Aufl., § 22 Rn. 96 ff.

310 Nur vollständige Tatbestandverwirklichung ist Tatbestandverwirklichung.

311 Insoweit lässt sich die Konstellation dann, wenn der mittelbare Täter seine Einwirkung auf den Vordermann bereits abgeschlossen hat, als Unterfall des (freilich im Hinblick auf den Zeitpunkt des unmittelbaren Ansetzens auch umstrittenen) beendeten Versuchs einordnen (vgl. auch SK/*Jäger*, § 22 Rn. 40). Zum beendeten Versuch siehe LK/*Hillenkamp*, 12. Aufl., § 22 Rn. 131 ff.

damit jedenfalls der vom mittelbaren Täter angenommene Geschehensablauf vom Beginn seiner Einflussnahme bis zur Tatbestands(-voll-)verwirklichung und damit insbesondere das von ihm intendierte Verhalten des Tatmittlers. Stellt es sich bei wertender Betrachtung auf der Grundlage der Vorstellung des mittelbaren Täters als noch zu erfolgender letzter wesentlicher Zwischenschritt zur (Voll-)Verwirklichung des Tatbestandes dar bzw. ruft erst dieses die Gefahr der (Voll-)Verwirklichung des Tatbestandes hervor, so ist erst mit dem Ansetzen des Tatmittlers zu seinem – seinerseits auch den nicht modifizierten Tatbestand erfüllenden – Beitrag ein unmittelbares Ansetzen des mittelbaren Täters zur Tatbestandsverwirklichung anzunehmen.[312] Stellt es sich bei wertender Betrachtung auf der Grundlage der Vorstellung des mittelbaren Täters aber so dar, dass der Zwischenschritt des Tatmittlers, der auf dem Weg zur Tatbestands(-voll-)verwirklichung liegt, nicht als wesentlich zu beurteilen ist, und sich die Gefahr der (Voll-)Verwirklichung des Tatbestandes bereits durch die Einwirkung konkretisiert, so ist bereits mit dem Ansetzen des mittelbaren Täters zu seiner Einwirkung auf den Tatmittler – wenn der Erfolg der Einwirkung unsicher ist, auch erst mit „erfolgreichem Entlassen" des Tatmittlers – ein unmittelbares Ansetzen zur Tatbestandsverwirklichung anzunehmen.[313]

---

312 Davon, genauer zu untersuchen, nach welchen weiteren Wertungsgesichtspunkten wiederum die Frage zu entscheiden ist, wann das vom mittelbaren Täter intendierte Verhalten des Tatmittlers einen *wesentlichen* Zwischenschritt darstellt beziehungsweise sich die Gefahr der Tatbestands(-voll-)verwirklichung bereits mit der Einwirkung auf den Tatmittler konkretisiert, wird hier Abstand genommen, da damit bereits speziell die Versuchsdogmatik betreffende Fragen aufgeworfen sind. Beispielsweise wird man in dem vom mittelbaren Täter intendierten Verhalten des Tatmittlers jedenfalls dann einen noch wesentlichen Zwischenschritt hin zur Tatbestands(-voll-)verwirklichung zu sehen haben, wenn es auf der Grundlage der Vorstellung des mittelbaren Täters vom Geschehensablauf unsicher ist, ob seine Einflussnahme von Erfolg gekrönt sein wird. So lag es zum Beispiel im Fall der Passauer Giftfalle, in der ein Apotheker eine Schnapsflasche gefüllt mit Gift statt Schnaps für etwaige Einbrecher in der Nacht bereitgestellt hatte, die dann aber gar nicht auftauchten, wobei der Apotheker auch lediglich mit der Möglichkeit eines erneuten Auftauchens der Einbrecher gerechnet hatte (BGHSt 43, 177 – auch der BGH hat in dieser Konstellation einen Eintritt in den Versuch verneint).

313 Dies wird man jedenfalls dann anzunehmen haben, wenn nach der Vorstellung des mittelbaren Täters mit hoher Wahrscheinlichkeit mit einer entsprechenden Reaktion des Tatmittlers in engem räumlich-zeitlichen Zusammenhang zu rechnen ist. So zum Beispiel, wenn A seinem angetrunkenen, als eifersüchtig und gewalttätig bekannten Freund B wahrheitswidrig im Club erklärt, der C habe sich gerade an seine Freundin „rangemacht", um dem C eine Abreibung durch B zu bescheren.

b) Das unmittelbare Ansetzen des Mittäters

Mit Blick auf die Frage des Versuchseintritts des Mittäters werden – äquivalent zur Frage des Versuchseintritts des mittelbaren Täters – auch eine sogenannte Einzellösung und eine sogenannte Gesamtlösung vertreten. Nach ersterer soll die Frage des Versuchseintritts bei der Mittäterschaft für jeden Mittäter gesondert danach zu beurteilen sein, ob der Mittäter bereits zu seinem Tatbeitrag unmittelbar angesetzt hat.[314] Nach letzterer sollen alle Mittäter gemeinsam die Grenze zur Versuchsstrafbarkeit überschreiten, wenn einer von ihnen zur Verwirklichung der Gesamttat unmittelbar ansetzt.[315] Dabei ist – anders als bei der Frage des Versuchseintritts des mittelbaren Täters – die Gesamtlösung die deutlich überwiegend vertretene Meinung. Eine „Allgemeine Theorie" spielt im Diskurs um den an das unmittelbare Ansetzen des Mittäters anzulegenden Auslegungsmaßstab dagegen kaum eine Rolle.[316]

Indessen ist auf der Grundlage eines streng tatbestandsbezogenen Täterkonzeptes auch mit Blick auf die Frage des Versuchseintritts des Mittäters eine „Allgemeine Theorie" zu postulieren. Dem Grunde nach gelten insofern die zur Frage des Versuchseintritts des mittelbaren Täters angestellten Überlegungen hier entsprechend; sie sollen aber nochmals mit Blick speziell auf die Mittäterschaft dargelegt werden:

Ausgangspunkt der Überlegungen ist auch hier, dass es, da die Strafbarkeit unter Ablehnung des Verhaltenszurechnungsgedankens alleine auf die eigene Straftatbestandsverwirklichung des Mittäters gestützt wird, auch für die Versuchsstrafbarkeit des Mittäters – wie für jeden Täter – nur auf *sein* unmittelbares Ansetzen zu *seiner* Tatbestandsverwirklichung ankommen kann. Das ist die notwendige Konsequenz aus einer individualisierten Betrachtung der Frage der Tatbestandsverwirklichung. Eine individualisierte Betrachtung der Frage der Tatbestandsverwirklichung steht gerade im Widerspruch zur Annahme einer materiell-rechtlichen (!) Gesamttat im Sinne einer konstruierten Gesamttatbestandsverwirklichung: Nach hiesigem Konzept wird für jeden Mitwirkenden

---

314 *Roxin*, AT II, § 29 Rn. 297; *Schilling*, Der Verbrechensversuch des Mittäters und des mittelbaren Täters, S. 114 ff.; *Stein*, Die strafrechtliche Beteiligungsformenlehre, S. 318.

315 BGHSt 36, 249; 39, 236 f.; 40, 301; BGH StV 2007, 187; *Fischer*, § 22 Rn. 21 f.; *Ingelfinger*, JZ 1995, 704, 712 ff.; LK/*Hillenkamp*, 12. Aufl., § 22 Rn. 173; MK/*Hoffmann-Holland*, § 22 Rn. 139; Sch/Sch/*Eser*/*Bosch*, § 22 Rn. 55; *Wessels*/*Beulke*/*Satzger*, Rn. 855b.

316 Ansätze in diese Richtung finden sich bei SK/*Rudolphi*, 8. Aufl., § 22 Rn. 19a und – an die Vorauflage anknüpfend – bei SK/*Jäger*, § 22 Rn. 35.

die Frage der schuldhaften Verwirklichung von Unrecht (auf der Grundlage des Gesamtgeschehens, das – untechnisch – auch Gesamttat genannt werden mag) selbst beantwortet. Eine Gesamttatbestandsverwirklichung, zu der unmittelbar angesetzt werden könnte, gibt es dementsprechend schlechterdings nicht. Folglich ergeben sich in den dogmatischen Grundlagen auch keine Unterschiede zwischen dem Alleintäter und dem Mittäter: Dieser wie jener muss (selbst) nach seiner Vorstellung von der Tat *zu seiner Tatbestandsverwirklichung* unmittelbar ansetzen. Ein Unterschied ergibt sich auch hier – wie beim mittelbaren Täter – lediglich mit Blick auf den zu verwirklichenden Tatbestand: Die Verwirklichung des modifizierten Tatbestandes verlangt ein Handeln mit anderen „gemeinschaftlich". Der Mittäter muss also beispielsweise nicht unmittelbar „zur Wegnahme" ansetzen, sondern zur „gemeinschaftlichen Wegnahme". Dies zugrunde gelegt gilt aber der – wie gesagt freilich seinerseits umstrittene[317] – allgemeine, also gerade vom einzelnen Straftatbestand gelöste Auslegungsmaßstab für das unmittelbare Ansetzen im Sinne des § 22 StGB.[318]

Dem entspricht auch hier im Ausgangspunkt die Einzellösung, die richtig erkennt, dass die Strafbarkeit (auch) des Mittäters nur an sein Verhalten anknüpfen kann. Die Gesamtlösung mag zwar praktische Vorzüge besitzen[319], die als solche auch nicht in Abrede gestellt werden sollen. Sie vereinfacht die Beantwortung der Frage des unmittelbaren Ansetzens in den Fällen der Mittäterschaft

317 *Wessels/Beulke/Satzger*, Rn. 850.

318 Wird die Haftung bei den einfachen Erfolgsdelikten durch eine gemäßigt-extensive Auslegung anhand der objektiven Zurechnung begründet, ergibt sich mit Blick auf die Versuchsproblematik – hier wie beim mittelbaren Täter – nichts anderes. Der Mittäter muss dann selbst unmittelbar zur Verwirklichung des nicht modifizierten Tatbestandes ansetzen (also mit Blick auf § 212 Abs. 1 StGB zum Beispiel unmittelbar dazu ansetzen zu töten). Es ist insofern „noch einsichtiger", dass dem Grunde nach derselbe Maßstab gelten muss wie beim Alleintäter. Aber auch die im folgenden erörterten Gesichtspunkte sind auf den Fall einer Haftungsbegründung des Mittäters durch gemäßigt-extensive Auslegung der einfachen Erfolgsdelikte übertragbar: Die mit Blick auf die Frage des unmittelbaren Ansetzens bestehende Schwierigkeit, dass wegen des funktionalen Zusammenwirkens mit anderen nicht notwendig, aber häufig bei der Mittäterschaft das Geschehen nicht in unmittelbarem Zusammenhang mit seiner Handlung (auf der Grundlage seiner Vorstellung vom Geschehensablauf) in die Tatbestands(-voll-)verwirklichung einmünden soll, besteht gleichermaßen, gleichgültig, ob die Handlung noch durch Auslegung eines nicht modifizierten Tatbestandes erfasst werden kann oder es zur tatbestandlichen Erfassung einer (über § 25 Abs. 2 StGB möglichen) Erweiterung des Tatbestandes bedarf.

319 Vgl. *Küper*, Versuchsbeginn und Mittäterschaft, S. 70; Sch/Sch/*Eser/Bosch*, § 22 Rn. 55.

insgesamt und vermeidet, dass der seinen Beitrag plangemäß erst spät(er) Leistende „zufallsbedingt privilegiert" wird. Allerdings genügt sie auf der Grundlage des Verhaltenszurechnungsgedankens – wie gezeigt – den Anforderungen an eine dogmatisch widerspruchsfreie Begründung strafrechtlicher Verantwortung nicht. Gleichermaßen wie beim vollendeten Delikt tatbestandsverwirklichendes Verhalten nicht zugerechnet werden kann, ist dies auch beim versuchten Delikt nicht möglich, sondern jeder Mittäter muss zur Haftungsbegründung ein Verhalten an den Tag legen, das für ihn (!) ein unmittelbares Ansetzen zur Verwirklichung des Tatbestandes darstellt. Daraus folgt, dass ein Mittäter jedenfalls nicht in den Versuch eintritt, bevor er nicht unmittelbar zu seinem Tatbeitrag angesetzt hat.[320]

Der Fehler der Einzellösung begründet sich – wie bei der mittelbaren Täterschaft – aber auch hier darin, den Blick allein auf die Tathandlung (des jeweiligen Mittäters) zu verengen.[321] Denn auch der Mittäter muss – wie jeder Täter – ausweislich § 22 StGB nicht unmittelbar zur Tathandlung, sondern unmittelbar zur Tatbestandsverwirklichung ansetzen.[322] Dabei stellt das Ansetzen zur (eigenen) Tathandlung nur dann auch ein Ansetzen zur Tatbestandsverwirklichung – also zum Beispiel zur gemeinschaftlichen Wegnahme – dar, wenn auf der Grundlage der Mittätervorstellung ein entsprechender Unmittelbarkeitszusammenhang zwischen seiner Tathandlung und der Tatbestands(-voll-)verwirklichung besteht, wenn also bei wertender Betrachtung keine wesentlichen Zwischenschritte mehr zwischen der Tathandlung des Mittäters und der vollständigen Verwirklichung des Tatbestandes liegen bzw. – stellt man auf den Gefährdungsgedanken ab – das tatbestandlich geschützte Rechtsgut bei Vornahme der (eigenen) Tathandlung bereits konkret gefährdet (oder sogar schon verletzt) ist. Daraus folgt, dass die Versuchshaftung des einzelnen Mittäters voraussetzt, dass er sowohl zu seinem Tatbeitrag angesetzt hat als auch sich das Gesamtgeschehen bereits (nach seiner Vorstellung vom Geschehensablauf) in einem mindestens „tatbestandsvollverwirklichungsnahen Stadium" befindet.

Beschließen also beispielsweise A, B, C und D, einen Einbruchsdiebstahl gemeinsam in der Weise zu begehen, dass A das ganze Vorhaben im Vorfeld plant und organisiert und B, C und D die Ausführung vor Ort übernehmen,

---

320 Insoweit übereinstimmend: *Roxin*, AT II, § 29 Rn. 297; *Schilling*, Der Verbrechensversuch des Mittäters und des mittelbaren Täters, S. 114 ff.; SK/*Rudolphi*, 8. Aufl., § 22 Rn. 19a und SK/*Jäger*, § 22 Rn. 35.

321 Ähnlich SK/*Rudolphi*, 8. Aufl., § 22 Rn. 19a und SK/*Jäger*, § 22 Rn. 35.

322 Vgl. insoweit die Ausführungen zum unmittelbaren Ansetzen des mittelbaren Täters, S. 139 ff.

wobei sich D am verabredeten Abend erheblich verspätet und erst zu helfen beginnt, die auserkorene Lagerhalle auszuräumen, als B und C damit schon längst beschäftigt sind, so tritt A (erst) zusammen mit B und C in den Versuch ein, wenn sich diese vor Ort anschicken, die Lagerhalle auszuräumen, obwohl er seine Beiträge längst erbracht hat. Zwar hat A seinen „rechtsfeindlichen Willen" bereits betätigt, es fehlt aber noch an dem von § 22 StGB geforderten Unmittelbarkeitszusammenhang zur – hier die Gewahrsamsverschiebung voraussetzenden – Verwirklichung des Tatbestandes.[323] D tritt dagegen – anders als A, B und C – erst in den Versuch ein, wenn er sich anschickt, beim Ausräumen der Lagerhalle zu helfen, weil er erst dann seinen rechtsfeindlichen Willen in die Tat umsetzt (genauer: in eine Handlung umsetzt). Ein Unmittelbarkeitszusammenhang besteht (auf der Grundlage der Vorstellung des D vom Geschehensablauf) zwischen seinem Handeln und der Verwirklichung des Tatbestandes – der gemeinschaftlichen Wegnahme – dann ohne weiteres. Es mag in dem Fall, dass die Polizei eintrifft, wenn B und C gerade – noch bevor D am Tatort aufgetaucht ist – damit beschäftigt sind, das Tor zur Lagerhalle aufzubrechen, auf den ersten Blick ungerecht – weil nur vom Zufall abhängig – erscheinen, dass A, B und C die Strafe aus §§ 242 Abs. 1, 22 StGB (in Verbindung mit § 243 Abs. 1 Satz 1 und 2 Nr. 1 StGB) trifft, D dagegen nicht. Das ist aber die notwendige Konsequenz eines Tat- und Schuldstrafrechts, das nur eine gesetzlich bestimmte Haftung für dasjenige zulässt, was man selbst getan hat und nicht für das, was man vorhatte zu tun oder was andere getan haben. Eine Haftung nach dem Prinzip „mitgefangen, mitgehangen" ist damit nicht vereinbar. Zur Verdeutlichung sollen die beiden Einbrecher X und Y, die nichts miteinander zu tun haben, betrachtet werden. Der Einbrecher X wird von der Polizei geschnappt, nachdem er in eine Lagerhalle eingebrochen ist, während er dort nach der von ihm begehrten Beute sucht. Der Einbrecher Y wird von der Polizei erwischt, während er sich – jedenfalls noch in erheblicher Entfernung zum Tatort – in seinem Wagen mit Einbruchswerkszeug im Gepäck auf dem Weg zu der von ihm ausgesuchten Lagerhalle befindet. Auch hier mag das Gerechtigkeitsempfinden dadurch, dass X wegen versuchten Diebstahls bestraft wird, während Y durch das „Glück, früh genug erwischt worden zu sein," nicht wegen versuchten Diebstahls bestraft werden kann, obwohl seine „böse Gesinnung" offensichtlich ist, strapaziert werden. Dies ist aber auch hier das richtige Ergebnis, weil § 22 StGB zu Recht die Entfaltung

323 Im Ergebnis besteht insoweit also Übereinstimmung mit der Gesamtlösung. Nur begründet sich dieses nicht in einer Zurechnung des in den Versuch eintretenden Verhaltens von B und C.

eines auf die Deliktsbegehung gerichteten *Verhaltens, das bereits in einem Unmittelbarkeitszusammenhang zur Tatbestands(-voll-)verwirklichung steht*, verlangt. Y unterscheidet sich von X genauso wie D von A, B und C dadurch, dass die jeweilige rechtsfeindliche Gesinnung noch keinen Niederschlag in einem in einem Unmittelbarkeitszusammenhang zur Tatbestandsverwirklichung stehenden Verhalten gefunden hat.

Allein dass D sich – naturgemäß anders als der Alleintäter Y – mit A, B und C im Vorfeld ins Benehmen über die geplante Tatbegehung gesetzt hat, vermag hieran nichts zu ändern. Dem „Sichinsbenehmensetzen" fehlt es als solchem „erst recht" an einem Unmittelbarkeitsbezug zur Tatbestands(-voll-)verwirklichung. Für die Phase zwischen dem „Sichinsbenehmensetzen" und dem Versuchseintritt hat der Gesetzgeber im Übrigen mit der „Verbrechensverabredung" gemäß § 30 Abs. 2 StGB eine Regelung geschaffen, die den Unwert des „Sichinsbenehmensetzens" gerade (beteiligungs-)tatbestandsförmig erfasst. Hätte D sich also mit A, B und C nicht zu einem Einbruchsdiebstahl, sondern zu einem Raub verabredet, würde er keinesfalls straflos davonkommen, sondern gemäß §§ 249 Abs. 1, 25 Abs. 2, 30 Abs. 2 StGB bestraft werden. Dass der Gesetzgeber nur die „Verbrechensverabredung" – und nicht auch die „Vergehensverabredung" – unter Strafe gestellt hat, bleibt dem Rechtsanwender nur zu akzeptieren. Darüber hinaus steht für den Fall, dass die Idee zum Einbruchdiebstahl von ihm stammt, eine Strafbarkeit des D wegen Anstiftung, und für den Fall, dass die Idee zwar nicht von ihm stammt, er die Versuchstat von A, B und C aber über ein reines „Sichinsbenehmensetzen" hinaus – sei es auch nur psychisch[324] – gefördert hat, eine Beihilfe im Raum. Das sich wohl wegen der Augenscheinlichkeit des Glücks des D gegenüber seinen Genossen mehr noch als bei dem an sich nicht weniger glücklichen Y aufdrängende Argument der zufallsbedingten Privilegierung des D relativiert sich also stark dadurch, dass dieser keineswegs straflos davonkommen muss. Denn anders als bei dem Alleintäter Y kommt bei D gerade wegen des „Drittbezuges" seines „Gesamtverhaltens" trotz des Umstands, dass er nicht in den Versuch eingetreten ist, eine Bestrafung in Betracht – nur eben mangels eigener Versuchsstraftatbestandsverwirklichung nicht als Versuchs(-mit-)täter, sondern lediglich als Teilnehmer unter den Voraussetzungen (!) der §§ 26, 27 Abs. 1 oder 30 Abs. 2 StGB. Dieses weitaus differenziertere und dem Verhalten des D besser gerecht werdende Bewertungsspektrum wird durch eine – auf dem Boden der Prinzipien des deutschen Strafrechts mindestens sehr fragwürdigen – Zurechnung des Versuchseintritts von A, B und C an D kurzerhand ausgehebelt.

---

324 BGHSt 40, 315; BGH wistra 1999, 386; BGH NStZ 2012, 316.

5. Zur Beteiligung an einem Begehungsdelikt durch Unterlassen

Über die sich im dogmatischen Spannungsfeld von Täterschaft, Teilnahme und Unterlassen bewegende Frage, wie die Beteiligung an einem Begehungsdelikt durch Unterlassen einzuordnen ist, ist ein reger Meinungsaustausch festzustellen.[325] So wird einerseits vertreten, dass der Unterlassende grundsätzlich nur Gehilfe sein könne, weil die Tatherrschaft beim aktiv Handelnden liege.[326] Auf der anderen Seite des Meinungsspektrums steht die Annahme, dass die Beteiligung an einem Begehungsdelikt durch Unterlassen grundsätzlich Täterschaft sei, weil die Verletzung der strafbegründenden Garantenpflicht zur Täterschaft führe.[327] Darüber hinaus finden sich differenzierende Ansätze, nach denen auch bei der Beteiligung an einem Begehungsdelikt durch Unterlassen eine Abgrenzung von Täterschaft und Teilnahme im Einzelfall geboten sein soll. Als Abgrenzungskriterium wird teilweise auf eines der aus dem Bereich der Begehungsdelikte bekannten Kriterien abgestellt, namentlich auf den Täter- respektive Teilnehmerwillen[328] oder auch auf die Tatherrschaft[329]. Teilweise wird nach dem Gegenstand der Garantenpflicht unterschieden. Dem Grunde nach begründe die Verletzung einer Schutzpflicht Täterschaft, während die Verletzung einer Überwachungspflicht zur Teilnahme führe.[330]

Um sich einer Antwort auf die aufgeworfene Frage zu nähern, ist zunächst zur Grundannahme des hiesigen Konzeptes zurückzukehren, wonach sich die Frage der Täterschaft in der nach der Tatbestandsverwirklichung erschöpft. Verwirklicht also derjenige, der nicht in das Geschehen eingreift, den Unterlassungstatbestand, welcher sich aus dem jeweiligen im Besonderen Teil niedergelegten Tatbestand und § 13 Abs. 1 StGB zusammensetzt, so ist er (Unterlassungs-)Täter.[331] Daran ändert sich allein aufgrund des Umstands, dass

---

325 Ein Überblick über die Ansätze, die sich herausgebildet haben, findet sich bei Sch/Sch/*Heine*/*Weißer*, Vorbem. §§ 25 ff. Rn. 90 ff.

326 *Gallas*, JZ 1960, 686, 687; *Jescheck*/*Weigend*, AT, S. 696; *Lackner*/*Kühl*/*Kühl*, § 27 Rn. 5; *Ranft*, ZStW 94 (1982), 815, 828 ff., 845.

327 *Roxin*, AT II, § 31 Rn. 140 ff.; SK/*Rudolphi*, 8. Aufl., vor § 13 Rn. 37 ff.; *Stratenwerth*/*Kuhlen*, AT, § 14 Rn. 13.

328 BGHSt 2, 151; 4, 21; 13, 166; 43, 396; 45, 303 f.

329 MK/*Joecks*, § 25 Rn. 281; *Rengier*, AT, § 51 Rn. 18 ff.

330 *Gropp*, AT, § 11 Rn. 27; *Herzberg*, Täterschaft und Teilnahme, S. 82 ff.; *Krey*/*Esser*, AT, Rn. 1181 ff.; LK/*Schünemann*, 12. Aufl., § 25 Rn. 211 f.

331 In diese Richtung auch MK/*Freund*, § 13 Rn. 266, der die Tatbestandsverwirklichung als die maßgebliche Fragestellung benennt.

mit der Begehungstat eine potentielle Haupttat im Sinne des § 27 Abs. 1 StGB zur Verfügung steht, nichts. Die Abgrenzung zwischen (Unterlassungs-)Täterschaft und (Unterlassungs-)Teilnahme erfolgt also – wenn man so möchte – über die Auslegung des Unterlassungstatbestandes.

Legt man dies zugrunde, so erschließt sich, dass der Auffassung, die die Beteiligung an einem Begehungsdelikt durch Unterlassen grundsätzlich als täterschaftliches Unterlassen einordnet, Recht zu geben ist: Keines der genannten Kriterien, deren Nichtvorliegen zu einem teilnehmerschaftlichen Unterlassen führen soll, überzeugt als – im Wege der Auslegung zu fordernde – Voraussetzung des Unterlassungstatbestandes.

Eine Tatherrschaft des Beteiligten im Sinne einer aktiven Steuerung des Geschehens ist im Fall des Unterlassens gerade ausgeschlossen und wäre als Auslegungskriterium im Unterlassungstatbestand mithin strukturwidrig.[332] Eine lediglich „potentielle Tatherrschaft“[333] im Sinne der Möglichkeit einer Erfolgsabwendung wird man nicht exklusiv dem täterschaftlichen Unterlassungstatbestand zuordnen können. Die zumutbare Möglichkeit einer Erfolgsabwendung ist auch für eine Teilnahme durch Unterlassen zu fordern, da (im Rechtssinne) Unmögliches strafrechtlich nicht verlangt werden kann. Auch der Gedanke einer Quantifizierung der „potentiellen Tatherrschaft“[334] ist schließlich nicht tragfähig. Zum einen fehlte dem Merkmal „hinreichend gewichtige potentielle Tatherrschaft“ die Abgrenzungsschärfe. Zum anderen ist es die Garantenpflicht, die den Unterlassenden auch bei „geringerer potentieller Tatherrschaft“ im Falle des Nichtintervenierens trotz Möglichkeit hierzu materiell zu einer Zentralfigur des Geschehens macht. Mehr als die zumutbare Möglichkeit der Erfolgsabwendung ist für den Unterlassungstatbestand daher nicht zu fordern.

Ungeachtet der Frage, ob sich ein „Täterwille“ als Auslegungsmaßstab bei anderen Deliktstypen anbietet, ist er jedenfalls hier gleichermaßen wie der Tatherrschaftsgedanke aufgrund der strukturellen Besonderheiten des unechten Unterlassungsdelikts als Auslegungsmaßstab abzulehnen. Da sich die innere Einstellung des Beteiligten zum Erfolgseintritt nicht in einem aktiven Verhalten wiederspiegelt, ginge auch diesem Kriterium, für das sich zudem keine Anhaltspunkte im gesetzlichen Unterlassungstatbestand finden, jede Abgrenzungsschärfe ab. Die Beantwortung der Frage, ob das tatbestandliche

---

332 Ähnlich LK/*Schünemann*, 12. Aufl., § 25 Rn. 209; LK/*Weigend*, 12. Aufl., § 13 Rn. 90.

333 Hierfür sprechen sich LK/*Weigend*, 12. Aufl., § 13 Rn. 94, und Sch/Sch/*Heine*/*Weißer*, Vorbem. §§ 25 ff. Rn. 102, als Abgrenzungskriterium aus.

334 Vgl. Sch/Sch/*Heine*/*Weißer*, Vorbem. §§ 25 ff. Rn. 102.

Unterlassungsunrecht verwirklicht wird, würde davon abhängig gemacht, ob der Unterlassende dem Erfolgseintritt mehr oder weniger kritisch gegenübersteht.[335]

Die ganz grundsätzlich fehlende dogmatische Konsistenz einer „Abgrenzung" anhand der genannten Kriterien offenbart sich darin, dass sie keinen generellen Beitrag zur Beschreibung des tatbestandlichen Unterlassungsunrechts zu leisten vermögen. Dies wäre nur dann der Fall, wenn sie sich unabhängig davon, ob „zufällig" eine Haupttat im Sinne des § 27 Abs. 1 StGB zur Verfügung steht, als Auslegungskriterien eigneten. So dürfte es sich aber evident nicht darstellen: Sowohl die Verfechter einer „hinreichend gewichtigen potentiellen Tatherrschaft" als auch die eines Täterwillens als Abgrenzungskriterium dürften diesen Kriterien zur Vermeidung von Strafbarkeitslücken den Rücken kehren, sobald keine taugliche Haupttat zur Verfügung steht.

Die sich in der Beliebigkeit des Umgangs mit der Frage des tatbestandlichen Unrechts manifestierende dogmatische Inkonsistenz wird besonders eindringlich durch die Meinung vor Augen geführt, die danach differenzieren möchte, ob eine Schutzpflicht oder eine Überwachungspflicht besteht: Alleine, weil eine taugliche Haupttat zur Verfügung steht, soll eine Überwachungspflicht, die sonst als Garantenpflicht anerkannt ist, nun nicht mehr zur Erfüllung des (täterschaftlichen) Unterlassungstatbestandes ausreichen. Gleichzeitig erschließt sich nicht, wieso eine Hilfeleistung durch Unterlassen im Falle einer Schutzpflicht nicht auch Unterlassungsteilnahmeunrecht darstellen sollte. Wenn die Schutzpflicht als die gewichtigere Garantenpflicht eingeordnet wird, so müsste diese zur Begründung von Unterlassungsteilnahmeunrecht erst recht genügen, wenn ein Schutzpflichtiger einem anderen zu dessen Tat Hilfe durch Unterlassen leistet.

Richtig ist, dass damit die Unterlassungstäterschaft gegenüber der Unterlassungsteilnahme eine erheblich größere Rolle spielt, als es bei den Begehungsdelikten der Fall ist.[336] Dies findet seinen Grund in der offeneren Gestaltung des Unterlassungstatbestandes.[337] Ein berechtigtes Bedürfnis, die Teilnahme deshalb als Schuldkorrektiv der Unrechtsfrage heranzuziehen, folgt daraus aber nicht. Abgesehen von den auch im Bereich der Begehungsdelikte hiergegen

335 In diesem Sinne auch LK/*Schünemann*, 12. Aufl., § 25 Rn. 208.

336 Sch/Sch/*Heine*/*Weißer*, Vorbem. §§ 25 ff. Rn. 92.

337 Eine Teilnahme durch Unterlassen kommt aber dann in Betracht, wenn der sich aus dem Tatbestand des Besonderen Teils und § 13 Abs. 1 StGB zusammensetzende Unterlassungstatbestand weitere Merkmale aufweist, die der nicht intervenierende Garant nicht verwirklicht (vgl. auch *Roxin*, Täterschaft und Tatherrschaft, S. 477 ff.). Das ist beispielsweise der Fall, wenn der Museumswächter den Bilderdiebstahl nicht verhindert, ohne (Selbst- oder Fremd-)Zueignungsabsicht zu haben.

sprechenden Argumenten[338] hat der Gesetzgeber gesehen, dass der Schuldgehalt des Unterlassungstäters hinter dem des Begehungstäters zurückbleiben kann, und deshalb die Möglichkeit der Strafmilderung gemäß § 13 Abs. 2 StGB geschaffen. Fälle, in denen die Schuld des Unterlassungstäters nicht schwer wiegt und mit derjenigen eines Begehungsteilnehmers vergleichbar ist, können hinsichtlich der Rechtsfolge, in der sich das Maß der Schuld wiederspiegelt, gerade der aktiven Beihilfe gleichgestellt werden.

338 Siehe dazu, dass ein Heranziehen der Teilnahme als Schuldkorrektiv bereits bei den Begehungsdelikten nicht überzeugt, oben S. 41 ff.

VIII. Resümee

Ausfluss der verfassungsmäßig verbrieften Garantiefunktion der Tatbestände ist die Forderung nach der Tatbestandsbezogenheit des Täterbegriffs. Dieser werden die gängigen Täterkonzepte nur bedingt gerecht. Resultierend aus der Erkenntnis, dass sich die Frage der Täterschaft nicht ohne dogmatische Strukturbrüche von der nach der Tatbestandsverwirklichung lösen lässt und nicht zuletzt aus dem Bestreben, der Garantiefunktion der Tatbestände bestmöglich gerecht zu werden, ist eine unmittelbare Bindung der Frage der Täterschaft an die der Tatbestandsverwirklichung, also eine konsequente Tatbestandsbezogenheit des Täterbegriffs und damit ein inhaltlicher Gleichlauf von Täter- und Tatbegriff, zu postulieren. Täter ist hiernach immer und nur, wer einen gesetzlichen Straftatbestand verwirklicht, die Frage nach der Täterschaft nichts anderes als die Frage nach der Tatbestandsverwirklichung.

Damit ist das eigentliche und einzige Abgrenzungskriterium zwischen Täterschaft und Teilnahme die Tatbestandsverwirklichung. Das hindert nicht daran, allgemeingültige respektive auf bestimmte Deliktsgruppen mit übereinstimmenden Strukturmerkmalen bezogene einheitliche Auslegungskriterien zu etablieren. Die Kriterien, die heute zur Abgrenzung von Täterschaft und Teilnahme herangezogen werden, wie insbesondere die Tatherrschaft oder der Täterwille, sind damit als solche also nicht notwendig abgelehnt. Richtigerweise handelt es sich bei derartigen Kriterien aber nicht um *Täter*kriterien, sondern um *Auslegungs*kriterien.

Am Beispiel des Tatherrschaftskriteriums: Es ist nicht Täter, wer Tatherrschaft innehat, sondern wer Tatherrschaft innehat, verwirklicht unter Umständen (!) den Tatbestand und ist (allein) deshalb Täter. Damit kann der Tatherrschaftsgedanke als Kriterium der Tatbestandsverwirklichung zwar immer dann über die Täterschaft mitentscheiden, wenn er mit Blick auf den jeweiligen Straftatbestand als Auslegungskriterium überzeugt. Er kann die Begründung der Täterschaft durch die Subsumtion unter den Tatbestand aber nicht ersetzen und könnte auch eine Überschreitung der Wortlautgrenze nicht rechtfertigen.

Der restriktive Täterbegriff steht allerdings im Spannungsverhältnis zwischen dem richtigen Bekenntnis zur unmittelbaren Bindung der Täterschaft an die Tatbestandsverwirklichung und der praktischen Notwendigkeit und in § 25 StGB gesetzlich niedergelegten Täterstrafbarkeit desjenigen, der phänotypisch nicht alleine, sondern durch einen instrumentalisierten Dritten bzw. arbeitsteilig mit anderen das deliktische Geschehen (mit-)bewirkt. Dieses Spannungsverhältnis kann weder durch eine überdehnende Auslegung der Tatbestände gelöst werden – dies lässt die Garantiefunktion der Tatbestände aus Art. 103 Abs. 2 GG nicht zu – noch sollte es durch die Rechtsfiktion einer Verhaltenszurechnung gelöst werden – dies führt zu dogmatischen Strukturbrüchen, die insbesondere dem inneren Konnex von Gesetzlichkeitsprinzip und Schuldprinzip zuwiderlaufen. Vielmehr kann auf der Grundlage eines konsequent tatbestandsbezogenen Täterbegriffs auch die (Täter-)Strafbarkeit des mittelbaren Täters und des Mittäters friktionslos nur mit der eigenen Verwirklichung des die Täterstrafe statuierenden Tatbestandes durch den mittelbaren Täter bzw. den Mittäter begründet werden.

Dem steht indessen nichts im Wege: Das Verhalten des mittelbaren Täters – verstanden als derjenige, der phänotypisch nicht alleine, sondern durch einen instrumentalisierten Dritten das deliktische Geschehen (mit-)bewirkt – und des Mittäters – verstanden als derjenige, der phänotypisch nicht alleine, sondern arbeitsteilig mit anderen das deliktische Geschehen (mit-)bewirkt – lässt sich auf der Grundlage des heute herrschenden und überzeugenden gemäßigt-extensiven Tatbegriffs in den praktisch bedeutsamen Fällen der einfachen Erfolgsdelikte regelmäßig subsumieren und damit als eigene Tatbestandsverwirklichung auffassen. In den (wenigen) Fällen, in denen eine Subsumtion auch unter den Tatbestand der einfachen Erfolgsdelikte nicht möglich ist, und bezüglich der großen Zahl an verhaltensgebundenen Delikten, bei denen eine Subsumtion aufgrund des zu geringen Auslegungsspielraumes der Norm ausscheidet, liegt die mit einem konsequent tatbestandsbezogenen Täterkonzept zu vereinbarende Lösung in einem Verständnis der §§ 25 Abs. 1 2. Var. und 25 Abs. 2 StGB als „Tatbestandsmodifikationsnormen“: Die §§ 25 Abs. 1 2. Var. und 25 Abs. 2 StGB sind als Normen zu begreifen, die zwar „vor die Klammer gezogene“, aber integrale Merkmale der Tatbestände des Besonderen Teils enthalten; sie generieren „echte“ Varianten der Tatbestände des Besonderen Teils.

Mit dem aus diesem Konzept folgenden Primat der Täterschaft gehen für die Frage der Abgrenzung von Täterschaft und Teilnahme zunächst weniger Konsequenzen einher, als es den Anschein haben mag. Denn auch wenn die Abgrenzungsthematik konsequent als Frage der Tatbestandsverwirklichung und damit Auslegungsfrage verstanden wird, bleibt klärungsbedürftig, welche Kriterien als Auslegungskriterien heranzuziehen sind und, ob diese in der jeweiligen Fallkonstellation vorliegen oder nicht. Aus der Annahme eines restriktiven Täterbegriffs resultiert gerade nicht auch die Annahme eines restriktiven Tatbegriffs.

Der restriktive Täterbegriff zwingt aber zu einer dezidierten Auseinandersetzung mit den gesetzlichen Voraussetzungen der Strafbarkeit und versperrt den Weg einer Loslösung von diesen mittels einer „verselbstständigten

Abgrenzungsdogmatik“ zum Komplex Täterschaft und Teilnahme. Diese These hat ihre Bestätigung schließlich in den exemplarischen Auseinandersetzungen mit einigen umstrittenen Problemkonstellationen – die nun nicht nochmals dargelegt werden sollen – gefunden.

Da sich zudem offenbart hat, dass § 25 StGB in seiner gegenwärtigen Fassung letztlich nur wenig Klarheit in die Frage des Täterbegriffs zu bringen vermag, sei es abschließend erlaubt, auf der Grundlage des hier erarbeiteten Täterkonzeptes einen Vorschlag für eine Formulierung des § 25 StGB zu unterbreiten. Nach hiesigem Dafürhalten sollte § 25 StGB in nur einem Absatz lauten:

„Als Täter wird bestraft, wer die im Tatbestand eines Strafgesetzes niedergelegte Handlung selbst, durch einen anderen oder mit anderen gemeinschaftlich vornimmt und damit den Tatbestand des Strafgesetzes verwirklicht.“

Literaturverzeichnis

Baumann, Jürgen, Mittelbare Täterschaft oder Anstiftung bei Fehlvorstellungen über den Tatmittler?, JZ 1958, S. 230 ff.

Baumann, Jürgen / *Weber*, Ulrich / *Mitsch*, Wolfgang, Strafrecht, Allgemeiner Teil, 11. Auflage, Bielefeld 2003

Becker, Christian, Das gemeinschaftliche Begehen und die sogenannte additive Mittäterschaft, Baden-Baden 2009

Behrendt, Hans-Joachim, Affekt und Vorverschulden, Baden-Baden 1983

Beling, Ernst, Die Lehre vom Verbrechen, Tübingen 1906

Bertel, Christian, Begehungs- oder Unterlassungsdelikt, JZ 1965, S. 53 ff.

Beulke, Werner / *Bachmann*, Gregor, Die „Lederspray-Entscheidung" – BGHSt 37, 106, JuS 1992, S. 737 ff.

Beulke, Werner / *Hillenkamp*, Thomas, Der praktische Fall – Strafrecht: Ein folgenschweres Verhältnis, JuS 1975, S. 309 ff.

Binns, Martin, Inus-Bedingung und strafrechtlicher Kausalbegriff, Baden-Baden 2001

Bloy, Rene, Die Beteiligungsform als Zurechnungstypus im Strafrecht, Berlin 1985

ders., Grenzen der Täterschaft bei fremdhändiger Tatausführung, GA 1996, S. 424 ff.

Bohnert, Joachim, Zwischen Elsholz und Wittbrietzen, Jura 1996, S. 38 ff.

Bottke, Wilfried, Täterschaft und Gestaltungsherrschaft, Heidelberg 1992

Bruns, Hermann, Kritik der Lehre vom Tatbestand, Bonn u.a. 1932

Bunn, Friedrich Karl, Extensiver und restriktiver Täterbegriff, Frankfurt am Main 1970

von Buri, Maximilian, Ueber Causalität und deren Verantwortung, Leipzig 1873

ders., Über Kausalität und Teilnahme, ZStW 2 (1882), S. 232 ff.

ders., Die Causalität und ihre strafrechtlichen Beziehungen, Stuttgart 1885

Conrad, Gerhard, Die „akzessorische" Teilnahme und sog. mittelbare Täterschaft unter Berücksichtigung des Jugendgerichtsgesetzes, Breslau-Neukirch 1937

Dehne-Niemann, Jan, Tatbestandslosigkeit der Drittbesitzerhaltungsabsicht und Beteiligungsdogmatik, JuS 2008, S. 589 ff.

ders., Beiseiteschaffen eines Grundstücks in der Zwangsversteigerung durch einen Nichtschuldner als Vereiteln der Zwangsvollstreckung des Vollstreckungsschuldners?, NZWiSt 2015, S. 366 ff.

Dencker, Friedrich, Kausalität und Gesamttat, Berlin 1996

zu Dohna, Alexander, Der Aufbau der Verbrechenslehre, 4. Auflage, Bonn 1950

Dold, Dennis, Die actio libera in causa als Sonderfall der mittelbaren Täterschaft, GA 2008, S. 427 ff.

Ellbogen, Klaus, Der Brand im Asylbewerberheim, Jura 1998, S. 483 ff.

Engisch, Karl, Die Kausalität als Merkmal der strafrechtlichen Tatbestände, Tübingen 1931

Fell, Tobias, Abgrenzung von (Mit-)Täterschaft und Beihilfe, JuS 1994, S. 624

Fischer, Thomas, Strafgesetzbuch, 65. Auflage, München 2018. Zitiert: *Fischer*

Franzheim, Horst, Die Teilnahme an unvorsätzlicher Haupttat, Berlin 1961

Freund, Georg, Strafrecht, Allgemeiner Teil, 2. Auflage, Berlin/Heidelberg 2009

Frisch, Wolfgang, Die Conditio-Formel, Festschrift für Gössel, Heidelberg 2002, S. 51 ff.

Frister, Helmut, Schuldprinzip, Verbot der Verdachtsstrafe und Unschuldsvermutung als materielle Grundprinzipien des Strafrechts, Berlin 1988

ders, Strafrecht, Allgemeiner Teil, 7. Auflage, München 2015

Fuhrmann, Heinz-Helmut, Das Begehen der Straftat gem. § 25 Abs. 1 StGB, Frankfurt am Main u.a. 2004

Gallas, Wilhelm, Strafbares Unterlassen im Fall einer Selbsttötung, JZ 1960, S. 686 ff.

ders., Die moderne Entwicklung der Begriffe Täterschaft und Teilnahme im Strafrecht, Beiträge zur Verbrechenslehre, Berlin 1968, S. 130 ff.

Geerds, Friedrich, Täterschaft und Teilnahme, Jura 1990, S. 173 ff.

Geisler, Claudius, Zur Vereinbarkeit objektiver Bedingungen der Strafbarkeit mit dem Schuldprinzip, Berlin 1998

Gropp, Walter, Strafrecht, Allgemeiner Teil, 4. Auflage, Berlin u.a. 2015

Grünhut, Max, Grenzen strafbarer Täterschaft und Teilnahme, JW 1932, S. 366 ff.

Haas, Volker, Die Theorie der Tatherrschaft und ihre Grundlagen, Berlin 2008

Hake, Manfred, Beteiligtenstrafbarkeit und „besondere persönliche Merkmale", Berlin 1994

Hartung, Fritz, Der „Badewannenfall": Eine Reminiszenz, JZ 1954, S. 430 ff.

Heinrich, Manfred, Rechtsgutszugriff und Entscheidungsträgerschaft, München 2002

Herzberg, Rolf Dietrich, Grundfälle zur Lehre von Täterschaft und Teilnahme, JuS 1974, S. 719 ff.

ders., Täterschaft und Teilnahme, München 1977

Hillenkamp, Thomas, Der praktische Fall – Strafrecht: Tricksereien und zarte Bande, JuS 2003, S. 157 ff.

ders., Strafrecht ohne Willensfreiheit? Eine Antwort auf die Hirnforschung, JZ 2005, S. 313 ff.

ders., Tatbestandlichkeit, Leitgedanken des Rechts, Heidelberg u.a. 2013, S. 1349 ff.

ders., Über den „Ausnahmevorbehalt" zu § 25 I 1. Alt. StGB, Festschrift für Schünemann, Berlin u.a. 2014, S. 407 ff.

Hillenkamp, Thomas / *Cornelius*, Kai, 32 Probleme aus dem Strafrecht, Allgemeiner Teil, 15. Auflage, München 2017

von Hippel, Robert, Deutsches Strafrecht, Band 2, Berlin 1930

Hirsch, Hans Joachim, Anmerkung zu BGH NStZ 1997, 230, NStZ 1997, S. 230 ff.

ders., Zur actio libera in causa, Festschrift für Nishihara, Baden-Baden 1998, S. 88 ff.

ders., Tatstrafrecht – ein hinreichend beachtetes Grundprinzip?, Festschrift für Lüderssen, Baden-Baden 2002, S. 253 ff.

HK-GS, Gesamtes Strafrecht, Handkommentar, 4. Auflage, (hrsg. von Dieter Dölling, Gunnar Duttge, Stefan König, Dieter Rössner), Baden-Baden 2017. Zitiert: HK-GS/*Bearbeiter*

Hörnle, Tatjana, Die verfassungsrechtliche Begründung des Schuldprinzips, Festschrift für Tiedemann, Köln/München 2008, S. 325 ff.

Horn, Eckhard, Actio libera in causa – eine notwendige, eine zulässige Rechtsfigur?, GA 1969, S. 289 ff.

Hoyer, Andreas, In Rückerinnerung an Eckhard Horn: Anfang und Ende der actio libera in causa, GA 2008, S. 711 ff.

Ingelfinger, Ralph, „Schein"-Mittäter und Versuchsbeginn, JZ 1995, S. 704 ff.

Jäger, Christian, Examens-Repetitorium, Strafrecht, Allgemeiner Teil, 8. Auflage, Heidelberg u.a. 2017

Jakobs, Günther, Strafrecht, Allgemeiner Teil, 2. Auflage, Berlin u.a. 1991

ders., Strafbarkeit juristischer Personen?, Festschrift für Lüderssen, Baden-Baden 2002, S. 559 ff.

Jescheck, Hans-Heinrich / *Weigend*, Thomas, Lehrbuch des Strafrechts, Allgemeiner Teil, 5. Auflage, Berlin 1996

Kahrs, Hans Jürgen, Das Vermeidbarkeitsprinzip und die condicio-sine-qua-non-Formel im Strafrecht, Hamburg 1968

Kaufmann, Arthur, Das Schuldprinzip, 2. Auflage, Heidelberg 1976

Kelker, Brigitte, Online-Demonstrationen – ein Fall „additiver Mittäterschaft"?, GA 2009, S. 86 ff.

Kindhäuser, Urs, Handlungs- und normtheoretische Grundfragen der Mittäterschaft, Festschrift für Hollerbach, Berlin 2001, S. 627 ff.

ders., Strafrecht, Allgemeiner Teil, 8. Auflage, Baden-Baden 2017

Kloke, Werner, Der strafrechtliche Täterbegriff, Marburg 1933

Knauer, Christoph, Die Kollegialentscheidung im Strafrecht, München 2001

Köhler, Michael, Strafrecht, Allgemeiner Teil, 1. Auflage, Berlin u.a. 1997

Kohlrausch, Eduard / *Lange*, Richard, Strafgesetzbuch, 43. Auflage, Berlin 1961

Kolz, Harald, Die Problematik der actio libera in causa, Frankfurt am Main 1970

Krack, Ralf, Der Versuchsbeginn bei Mittäterschaft und mittelbarer Täterschaft, ZStW 110 (1998), S. 611 ff.

ders., Unmittelbares Ansetzen durch einen nur vermeintlichen Tatmittler?, Gedächtnisschrift für Jörn Eckert, Baden-Baden 2008, S. 467 ff.

Krause, Eva Julia, Sonderdelikte im Wirtschaftsstrafrecht, Hamburg 2008

Krey, Volker / *Esser*, Robert, Deutsches Strafrecht, Allgemeiner Teil, 6. Auflage, Stuttgart 2016

Krüger, Sven, Der Versuchsbeginn bei mittelbarer Täterschaft, Frankfurt am Main u.a. 1994

Kudlich, Hans, Irrtumsprobleme bei der mittelbaren Täterschaft, JuS 2003, S. 755 ff.

Kühl, Kristian, Versuch in mittelbarer Täterschaft – BGHSt, 30, 363, JuS 1983, S. 180 ff.

ders., Strafrecht, Allgemeiner Teil, 8. Auflage, München 2017

Küper, Wilfried, Versuchsbeginn und Mittäterschaft, Heidelberg/Hamburg 1978

ders., Der Versuchsbeginn bei mittelbarer Täterschaft, JZ 1983, S. 361 ff.

ders., Das BVerfG, das Analogieverbot und der Bedrohungstatbestand – BVerfG, NJW 1995, 2776, JuS 1996, S. 783 ff.

ders., Die gemeinschaftliche Körperverletzung im System der Konvergenzdelikte, GA 1997, S. 301 ff.

Lackner, Karl / *Kühl*, Kristian / *Heger*, Martin, Strafgesetzbuch, Kommentar, 28. Auflage, München 2014

Lange, Richard, Der moderne Täterbegriff und der deutsche Strafgesetzentwurf, Berlin und Leipzig 1935

Lesch, Heiko, Das Problem der sukzessiven Beihilfe, Frankfurt am Main u.a. 1992

von Liszt, Franz, Strafrechtliche Aufsätze und Vorträge, Band 2, Berlin 1905

von Liszt, Franz / *Schmidt*, Eberhard, Lehrbuch des deutschen Strafrechts, Allgemeiner Teil, 26. Auflage, Berlin und Leipzig 1932

LK-StGB, Leipziger Kommentar, Strafgesetzbuch, 11. Auflage (ab 1992), 12. Auflage (ab 2006), Berlin. Zitiert: LK/*Bearbeiter*

Lony, Fritz, Extensiver oder restriktiver Täterbegriff?, Breslau-Neukirch 1934

Luzón Peña, Diego-Manuel / *Díaz y García Conlledo*, Miguel, Objektive positive Tatbestimmung und Tatbestandsverwirklichung als Täterschaftsmerkmale, Festschrift für Roxin, Berlin u.a. 2001, S. 575 ff.

Matt, Holger / *Renzikowski*, Joachim, Strafgesetzbuch, Kommentar, 1. Auflage, München 2013. Zitiert: Matt/Renzikowski/*Bearbeiter*

Maurach, Reinhart / *Gössel*, Karl Heinz / *Zipf*, Heinz, Strafrecht, Allgemeiner Teil, Teilband 2, 7. Auflage, Heidelberg u.a. 1989

Mayer, Hellmuth, Täterschaft, Teilnahme, Urheberschaft, Festschrift für Rittler, Aalen 1957, S. 243 ff.

Meyer-Goßner, Lutz / *Schmitt*, Bertram, Strafprozessordnung, 60. Auflage, München 2017. Zitiert: *Meyer-Goßner/Schmitt*

MK-StGB, Münchener Kommentar, Strafgesetzbuch, Band 1, 3. Auflage, München 2017. Zitiert: MK/*Bearbeiter*

NK-StGB, Nomos-Kommentar, Strafgesetzbuch, 5. Auflage, Band 1, (hrsg. von Urs Kindhäuser, Ulfrid Neumann, Hans-Ullrich Paeffgen), Baden-Baden 2017. Zitiert: NK/*Bearbeiter*

Noltenius, Bettina, Kriterien der Abgrenzung von Anstiftung und mittelbarer Täterschaft, Frankfurt am Main 2003

Oehler, Dietrich, Anmerkung zu BGH JZ 1970, 377, JZ 1970, S. 380 ff.

Otto, Harro, Täterschaft, Mittäterschaft, mittelbare Täterschaft, Jura 1987, S. 246 ff.

ders., Täterschaft und Teilnahme im Fahrlässigkeitsbereich, Festschrift für Spendel, Berlin u.a. 1992, S. 271 ff.

ders., Grundkurs Strafrecht, Allgemeine Strafrechtslehre, 7. Auflage, Berlin 2004

Puppe, Ingeborg, Anmerkung zu BGH JR 1992, 27, JR 1992, S. 30 ff.

dies., Der gemeinsame Tatplan der Mittäter, Festschrift für Spinellis, Athen 2001, S. 915 ff.

dies., Der Versuch des mittelbaren Täters, Festschrift für Dahs, Köln 2005, S. 173 ff.

dies., Was ist Anstiftung?, NStZ 2006, S. 424 ff.

dies., Die Architektur der Beteiligungsformen, GA 2013, S. 514 ff.

Ranft, Otfried, Garantiepflichtwidriges Unterlassen der Deliktshinderung, ZStW 94 (1982), S. 815 ff.

Rengier, Rudolf, Strafrecht, Allgemeiner Teil, 8. Auflage, München 2016

Renzikowski, Joachim, Restriktiver Täterbegriff und fahrlässige Beteiligung, Tübingen 1997

Röh, Lars, Die kausale Erklärung überbedingter Erfolge im Strafrecht, Frankfurt a. M. u.a. 1995

Roxin, Claus, Kriminalpolitik und Strafrechtssystem, 2. Auflage, Berlin 1973

ders., Mittelbare Täterschaft bei Tatausführung durch vollverantwortliche Tatmittler, JZ 1995, S. 49 ff.

ders., Strafrecht, Allgemeiner Teil, Band 2, München 2003

ders., Strafrecht, Allgemeiner Teil, Band 1, 4. Auflage, München 2006

ders., Täterschaft und Tatherrschaft, 9. Auflage, Berlin 2015

Sax, Walter, Dogmatische Streifzüge durch den Entwurf des Allgemeinen Teils eines Strafgesetzbuches nach den Beschlüssen der Großen Strafrechtskommission, ZStW 69 (1957), S. 412 ff.

ders., Der Bundesgerichtshof und die Täterlehre, JZ 1963, S. 329 ff.

Satzger, Helmut, Dreimal „in causa" – actio libera in causa, omissio libera in causa und actio illicita in causa, Jura 2006, S. 513 ff.

ders., Die eigenhändigen Delikte, Jura 2011, S. 103 ff.

Satzger, Helmut / *Schmitt*, Bertram / *Widmaier*, Gunter, StGB, Kommentar, 1. Auflage, (bearb. von Nikolaus Bosch, Andreas Ernemann, Wilhelm Schluckebier u.a.), Köln 2009. Zitiert: SSW-StGB/*Bearbeiter*

Schilling, Georg, Der Verbrechensversuch des Mittäters und des mittelbaren Täters, Köln u.a. 1975

Schlösser, Jan, Soziale Tatherrschaft, Berlin 2004

ders., Der Täter hinter dem Gehilfen, JR 2006, S. 102 ff.

Schlüchter, Ellen, Zur vorsätzlichen actio libera in causa bei Erfolgsdelikten, Festschrift für Hirsch, Berlin u.a. 1999, S. 345 ff.

Schmidhäuser, Eberhard, Strafrecht, Allgemeiner Teil, 2. Auflage, Tübingen 1984

Schnürer, Benjamin, Das Gesamtgeschäft beim Handeltreiben mit Betäubungsmitteln, Berlin 2015

Scholze-Stubenrecht, Werner, Duden – Deutsches Universalwörterbuch, 8. Auflage, Berlin 2015

Schönke/Schröder, Strafgesetzbuch, Kommentar, 29. Auflage, (bearb. von Albin Eser, Nikolaus Bosch, Jörg Eisele u.a.), München 2014. Zitiert: Sch/Sch/*Bearbeiter*

Schumann, Heribert, Strafrechtliches Handlungsunrecht und das Prinzip der Selbstverantwortung der Anderen, Tübingen 1986

SK-StGB, Systematischer Kommentar, Strafgesetzbuch, Band 1, 9. Auflage, (hrsg. von Jürgen Wolter), Köln 2017. Zitiert: SK/*Bearbeiter*

Sofos, Themistoklis I., Mehrfachkausalität beim Tun und Unterlassen, Berlin 1999

Stein, Ulrich, Die strafrechtliche Beteiligungsformenlehre, Berlin 1988

von Stephanitz, Dieter, Exakte Wissenschaft und Recht, Berlin 1970

Stratenwerth, Günter / *Kuhlen*, Lothar, Strafrecht, Allgemeiner Teil, 6. Auflage, München 2011

Toepel, Friedrich, Kausalität und Pflichtwidrigkeitszusammenhang beim fahrlässigen Erfolgsdelikt, Berlin 1992

Vormbaum, Thomas, Einführung in die moderne Strafrechtsgeschichte, Berlin/Heidelberg 2011

Weber, Ulrich, Konzeption und Grundsätze des Wirtschaftsstrafrechts (einschließlich Verbraucherschutz), ZStW 96 (1984), S. 376 ff.

Welzel, Hans, Das deutsche Strafrecht, 11. Auflage, Berlin 1969

Wessels, Johannes / *Beulke*, Werner, Strafrecht, Allgemeiner Teil, 42. Auflage, Heidelberg 2012

Wessels, Johannes / *Beulke*, Werner / *Satzger*, Helmut, Strafrecht, Allgemeiner Teil, 47. Auflage, Heidelberg 2017

Wessels, Johannes / *Hettinger*, Michael / *Engländer*, Armin, Strafrecht, Besonderer Teil, Band 1, 41. Auflage, Heidelberg 2017

Wessels, Johannes / *Hillenkamp*, Thomas, Strafrecht, Besonderer Teil, Band 2, 40. Auflage, Heidelberg 2017

Woelk, Birgit, Täterschaft bei zweiaktigen Delikten, Berlin 1994

Zimmerl, Leopold, Grundsätzliches zur Teilnahmelehre, ZStW 49 (1929), S. 39 ff.